古代教会スラヴ語入門
【選文集】

原求作

古代教会スラヴ語入門
【選文集】

水声社

序

　この本は，2021 年 8 月に水声社から刊行した『古代教会スラヴ語入門』の別冊として作ったものです。

　体裁は，古代教会スラヴ語の文献の選文集で，ロシア本国で多数刊行されている同種の本を参考にしていますが，前著の前書きでも書いた通り，私の本は，「現代ロシア語をよりよく知るための」という但し書きのついた入門書ですので，テキストの中には，古代教会スラヴ語の文献ではないものも含まれています。テキスト⑥に挙げた『戦争と平和』の一節は，19 世紀ロシア文学を読むために，古代教会スラヴ語の知識が必要なことを実感していただくためにとり上げたものですし，テキスト⑫に挙げた『セルギイ・ラドネシスキイ伝』は，15 世紀ロシアの物語です。

　テキストは合計 12 ですが，体裁は一定していません。原テキストを挙げ，それを『古代教会スラヴ語入門』で採用した標準化正書法で書き直し，同時に句読点や括弧などを補って読みやすくしたテキストをその次に挙げる，という二重テキスト形式が基本ですが，原テキストを挙げるだけで，その他の操作は省略している場合もあります。福音書の翻訳は，文語訳，口語訳含めて，各種手に入りますので，付していません。注も，くわしくつけている場合と，それほど詳しくはつけていない場合があります。いくつかのテキストには，写本のコピーを添えました。ひとつずつ，考えながら読んでいっていただけるように配慮してあります。

　『ロシア文法の要点』から 25 年かけて書き継いだ私のロシア語文法シリーズは，これをもって終わりとなります。いままでに書いたものの不備を改める作業は続けるつもりですが，新しいものを書くことはありません。

　一定量の著作を世に出そうと思えば，間違いをひとつもなくす，などという

ことは不可能です。私の本にもたくさんの間違いがありますが，長所も欠陥も含めて愛読してくださった読者の方々に，感謝を申し述べたいと思います。

　また，この25年間，私のわがままを聞き続けてくださった水声社の鈴木宏氏にも，改めて感謝を申し述べます。

目次

選文集

凡例

『古代教会スラヴ語入門』の参照個所を引くときは，「→」で示します。

> 例：→ §58。(＝『古代教会スラヴ語入門』§58 参照)

著者の他の著作の参照個所を引くときは，「→」の後，書名を示します。

> 例：→『共通スラヴ語音韻論入門』§20。

標準化正書法による書き換えに関しては，次の点を注意してください。

- нҍ, нн, ль, лн, рҍ, рн は н, л, р が軟子音であることを示す。нь, ни, ль, лн, рь, рн は н, л, р が硬子音（の異音としての半軟子音）であることを示す。

- 主として外来語で使われる，ге, гн, ке, кн, хе, хн という子音字と母音字の連続がある場合，г̃е, г̃н, к̃е, к̃н, х̃е, х̃н と綴る方法は本書ではとらない。J.Kurz の «Slovník jazyka staroslověnského» ではこの表記法が使われている。

> 例：кесарь（皇帝）は外来語をそのまま写した綴りなので，J.Kurz の «Slovník jazyka staroslověnského» では к̃есарь と表記する。

- ъ, ь の書き間違いは修正する。

> 例：вьходити → въходити

マリア福音書より
「ラザロの復活」

『罪と罰』の末尾近くのエピソードでもお馴染みの「ラザロの復活」の話をマリア福音書（『ヨハネ伝』第11章，第1節〜第44節）から。«V.Jagić, Quattuor evangeliorum versionis palaeoslovenicae codex Marianus» にしたがってテキストを示し，標準化正書法によって書き直したもの（句読点を入れる，文を区切る，小文字を大文字に直す，などの操作をして読みやすくしてあります）をその後に示します。注（最初ですので，やや詳しくつけました）は後者にそえてあります。翻訳は付しませんので，邦訳福音書を参考に読んでいってください。

[1] Бѣ же единъ болѧ лазарь. отъ витаниѧ градъца мариина. ι марты сестры ѥѧ. [2] бѣ же мариѣ помазавъшиѣ г͞а мѵрож. ι отъръши нозѣ власы своими. ѥѧже братръ ла(за)рь¹ болѣаше. [3] посъласте же сестрѣ его къ немоу глѭшти. г͞и се егоже любиши болитъ. [4] слышавъ же ι͞с рече. си болѣзнь нѣстъ къ съмръти нъ о славѣ б͞жии. да прославитъ сѧ с͞нъ б͞жии ѥѭ. [5] люблѣаше же ι͞с мартѫ и сестрѫ ѥѩ и лазарѣ. [6] егда же оуслыша ѣко болитъ. тъгда же пребыстъ на немьже бѣ мѣстѣ дъва дьни. [7] по томь же г͞ла оученикомъ. ιдѣмъ въ ιюдеѭ пакы. [8] г͞лаша емоу оученици его. оучителю. нынѣ искаахѫ тебе каменьемь побити ιюдеи. ι пакы ли идеши тамо. [9] отъвѣшта ι͞с. не дъвѣ ли на десѧте годинѣ есте въ дьни. аште кто ходитъ въ дьне не потъкнетъ сѧ. ѣко свѣтъ мира сего видитъ. [10] аште ли кто ходитъ ноштиѭ. потъкнетъ сѧ. ѣко нѣстъ свѣта о немь. [11] си рече и по семь г͞ла имъ. лазарь дроугъ нашь оусъпе. нъ идѫ да възбоуждѫ и. [12] рѣшѧ же оученици(ци)² его. г͞и аште оусъпе с͞пнъ бѫдетъ. [13] ι͞с же рече о съмръти его. они же мьнѣшѧ ѣко о оусъпении съна г͞летъ. [14] тъгда рече

имъ ис не обиноуѭ сѧ. лазаръ оумрѣтъ. [15] и радоуѭ сѧ васъ ради. да вѣрѫ имете ѣко не бѣхъ тоу. нъ идѣмъ къ немоу. [16] рече же тома нарицаемꙑ близнецъ. къ оученикомъ. идѣмъ и мꙑ да оумьремъ съ нимь. [17] пришедъ же ис въ витаниѭ обрѣте и четꙑри дьни юже имѫшть въ гробѣ. [18] бѣ же витаниѣ близъ има. ѣко пѧть на десѧте стадии. [19] и мъноꙃи отъ июдеи бѣахѫ пришъли къ мартѣ и марии. да оутѣшѫтꙑ-и о братрѣ ею. [20] марта же егда оуслꙑша ѣко ис градетъ. сърѣте и. а мариѣ дома сѣдѣаше. [21] Рече же марьта къ исоу. ги аште би съде бꙑлъ. не би братръ мои оумрълъ. [22] нъ и нꙑнѣ вѣмъ. ѣко егоже колижъдо просиши оу ба дастъ тебѣ бъ. [23] гла еи ис. въскръснетъ братръ твои. [24] гла емоу марта вѣмь ѣко въскрьснетъ въ въскрѣшение въ послѣдьнии дьнь. [25] Рече еи ис. азъ есмъ въскрѣшение и животъ. вѣроуѩи въ мѧ аште оумьретъ оживетъ. [26] и вьсѣкъ живꙑи и вѣроуѩи въ мѧ. не оумьретъ въ вѣкъ. имеши ли вѣрѫ семоу. [27] гла емоу еи ги. азъ вѣровахъ ѣко тꙑ еси хъ снъ бжии. градꙑи вь весь миръ. [28] и се рекъши иде и призъва мариѭ сестрѫ своѭ таи. рекъши оучитель се естъ и зоветъ тѧ. [29] она же ѣко оуслꙑша въста ѩдро. и иде къ немоу. [30] не бѣ же не оу ис пришелъ въ весь. нъ бѣ на мѣстѣ еще идеже сърѣте и марьта. [31] июдеи же сѫщеи съ неѭ въ домоу. и оутѣшаѭште ѭ. видѣвъше мариѭ ѣко ѩдро въста и изиде. по неи идѫ глѭще. ѣко идетъ на гробъ. да плачетъ сѧ тоу. [32] мариѣ же ѣко приде иде бѣ исъ. видѣвъши и паде емоу на ногоу. глѭшти емоу ги. аште би бꙑлъ съде. не би мои братръ оумрълъ. [33] ис же ѣко видѣ ѭ плачѫштѫ сѧ. и пришедъшаѩ съ неѭ июдеѩ плачѫштѧ сѧ. запрѣти дхоу. и възмѫти сѧ самъ [34] и рече къде положисте и. глаша емоу ги гради виждъ. [35] и просльзи сѧ исъ. [36] глаахѫ же июдеи. виждь како люблѣаше и. [37] едини же отъ нихъ рѣша. не можааше ли сь отвръзꙑи очи слѣпоуоумоу. сътворити да и сь не оумьретъ. [38] Ис же пакꙑ прѣтѧ въ себѣ приде къ гробоу. бѣ же пешть и камень належааше на неи. [39] гла ис възьмѣте камень. Гла емоу сестра оумерꙑшааго марта ги юже смръдитъ. четврѣдьневьнъ бо естъ. [40] гла еи ис. не рѣхъ ли ти ѣко аште вѣроуеши. оузьриши славѫ бжиѭ. [41] възѧсѧ же камень идеже бѣ оумерꙑ лежа. ис же възведе въ испрь очи и рече. отче хвалѭ тебѣ въздаѭ. ѣко оуслꙑша мѧ [42] азъ же вѣдѣхъ. ѣко вьсегда ме(не)³ послоушаеши. нъ народа ради стоѩштааго окръстъ рѣхъ. да вѣрѫ имѫтъ ѣко тꙑ мѧ посъла. [43] и се рекъ. гласомь велиемь възъва. лазаре гради вонъ. [44] и изиде оумерꙑ. обѧзанъ ногама и рѫкама. оукроемь и лице его оуброусомъ обѧзано. гла имъ исъ раздрѣшите и и не дѣите его ити.

【注】
1　**за** が欠ける。V.Jagić のテキストでは (　　) で補う。
2　**ци** が余分。V.Jagić のテキストでは (　　) でくくられている。
3　**нє** が欠ける。V.Jagić のテキストでは (　　) で補う。

標準化正書法で書き直したもの

[1] Бѣ же ѥдинъ болѧ[1] Лазарь[2] отъ витаниѧ градьца маринина[3] и Мартъı сестрꙑ ѩ[4]. [2] Бѣ же Мариꙗ помазавъшиꙗ[5] г(оспод)а[6] мѵрож и отърꙑши[7] ноѕѣ[8] власꙑ[9] своими, кꙗже братръ[10] Лазарь болѣаше. [3] Посъласте же сестрѣ[11] ѥго къ нѥмоу[12] гл(агол)ѭщи: «Г(оспод)и, се ѥгоже[13] любиши, болитъ.» [4] Слꙑшавъ же И(соу)с(ъ) рече: «Си[14] болѣзнь нѣстъ[15] къ съмрьти[16], нъ о[17] славѣ б(о)жии, да прославитъ сѧ с(ꙑ)нъ б(о)жии кѭ[18]». [5] Люблѣаше же И(соу)с(ъ) Мартѫ и сестрѫ ꙗ и Лазарꙗ. [6] Ѥгда же оуслꙑша ꙗко болитъ, тъгда же прѣбꙑстъ на нꙗмьже бѣ мѣстѣ[19] дъва дьни[20]. [7] По томь[21] же г(лаго)ла оученикомъ[22]: «Идѣмъ[23] въ Июдеѭ пакꙑ». [8] Гла(гола)ша ѥмоу оученици[24]ѥго: «Оучителю[25], нꙑнѣ искаахѫ тебе каменикмь[26] побити июдеи и пакꙑ ли идеши тамо». [9] Отъвѣща И(соу)с(ъ): «Не дъвѣ ли на десѧте годинѣ[27] ѥсте въ дьни[28]. Аще кто ходитъ въ дьне[28], не потъкнетъ сѧ, ꙗко свѣтъ мира сего видитъ. [10] Аще ли кто ходитъ нощиѭ, потъкнетъ сѧ, ꙗко нѣстъ свѣта о[29] немь». [11] Си[30] рече и по семь[31] гл(гол)а имъ: «Лазарь дроугъ нашь оуспе[32], нъ идѫ да възбоуждѫ и[33]». [12] Рѣша же оученици ѥго: «Г(оспод)и, аще оуспе, с(ъ)п(а)с(е)нъ бѫдетъ». [13] И(соу)с(ъ) же рече о съмрьти ѥго, они же мьнѣша ꙗко о оуспении съна г(лаго)летъ. [14] Тъгда рече имъ И(соу)с(ъ) не обиноуꙗ сѧ[34]: «Лазарь оумьретъ[35]. [15] и радоуѭ сѧ васъ ради, да вѣрѫ имете[36] ꙗко не бѣхъ тоу. нъ идѣмъ къ нѥмоу». [16] Рече же Тома нарицаемꙑ близньць[37] къ оученикомъ: «Идѣмъ и мꙑ да оумьремъ[38] съ нимь». [17] Пришедъ же И(соу)с(ъ) въ витаниѭ, обрѣте и четꙑри дьни[39] юже[40] имѫщь[41] въ гробѣ. [18] Бѣ же витаниꙗ близъ И(ероусали)ма ꙗко пѧть на десѧте стадии[42] [19] и мъноѕи[43] отъ июдеи бѣахѫ пришьли[44] къ Мартѣ и Марии, да оутѣшатꙑ-и[45] о братрѣ ѥю. [20] Марта же ѥгда оуслꙑша, ꙗко И(соу)с(ъ) градетъ[46], сърѣте[47] и, а Мариꙗ дома сѣдѣаше[48]. [21] Рече же Марьта[49] къ Исоу(соу): «Г(оспод)и, аще би сьде бꙑлъ, не би братръ мои оумьрлъ[50], [22] нъ и нꙑнѣ вѣмь[51], ꙗко ѥгоже колижьдо просиши оу б(ог)а, дастъ тебѣ б(ог)ъ[52]». [23] Г(лаго)ла ки Ис(оусъ): «Въскръснетъ братръ твои». [24] Г(лаго)ла ѥмоу Марта: «вѣмь, ꙗко въскръснетъ въ въскрѣшениѥ[53] въ

послѣдьнии дьнь». [25] Рече ки Ис(оус)ъ: «Азъ ксмь въскрѣшеник и животъ. Вѣроуꙗи[54] въ мꙗ, аще оумьретъ, оживетъ. [26] И вьсꙗкъ[55] живꙑ[56] и вѣроуꙗи въ мꙗ не оумьретъ въ вѣкъ. Имеши ли вѣрж семоу?» [27] Г(лаго)ла кмоу: «Еи[57], Г(оспод)и, азъ вѣровахъ, ꙗко тꙑ кси Х(ристос)ъ с(ꙑ)нъ б(о)жии. градꙑи въ весь миръ». [28] И се рекъши иде и призъва Мариж сестрж своѭ таи[58] рекъши: «Оучитель се кстъ и зоветъ тꙗ». [29] Она же ꙗко оуслꙑша въста ꙗдро[59] и иде къ нкмоу. [30] Не бѣ же не оу[60] Ис(оус)ъ пришелъ[61] въ весь[62] нъ бѣ на мѣстѣ кще идеже[63] сърѣте и Марьта. [31] Июдеи же сжщеи[64] съ нкѭ въ домоу[65] и оутѣшажще[66] ѭ. видѣвъше Мариж ꙗко ꙗдро въста и изиде, по нки идж[67] гл(агол)жще. ꙗко идетъ на гробъ, да плачетъ сꙗ[68] тоу. [32] Мариꙗ же ꙗко приде иде[69] бѣ Ис(оу)съ, видѣвъши, и паде кмоу на ногоу[70]. гл(агол)жщи кмоу: «Г(оспод)и, аще би бꙑлъ сьде, не би мои братръ оумрьлъ». [33] Ис(оус)ъ же ꙗко видѣ ѭ плачжщж сꙗ[71] и пришедъшꙗꙗ съ нкѭ июдеꙗ плачжщꙗ сꙗ, запрѣти д(оу)хоу[72]. и възмжти сꙗ самъ, [34] и рече: «Къде[73] положисте и?» Гла(гола)шꙗ кмоу «Г(оспод)и, гряди виждь[74]». [35] И просльзи сꙗ Ис(оус)ъ. [36] Гла(гол)ахж же июдеи: «виждь како люблѣаше и». [37] Юдини[75] же отъ нихъ рѣша: «Не можааше ли сь[76] отврѣзꙑи очи слѣпоуоумоу[77]. сътворити да и сь не оумьретъ». [38] Ис(оус)ъ же пакꙑ прѣтꙗ въ себѣ[78] приде къ гробоу. Бѣ же пещь и камень належааше на нки. [39] Г(лаго)ла Ис(оус)ъ: «Възьмѣте[79] камень.» Г(лаго)ла кмоу сестра оумерьшааго Марьта: «Г(оспод)и, юже[80] смрьдитъ[81] четврѣдьневьнъ[82] бо кстъ». [40] Г(лаго)ла ки Ис(оус)ъ: «Не рѣхъ ли ти, ꙗко аще вѣроукши, оузьриши славж б(о)жиж». [41] Възꙗса[83] же камень, идеже бѣ оумерꙑ лежꙗ[84]. Ис(оус)ъ же възведе въ испрь[85] очи и рече: «Отче, хвалж[86] тебѣ въздаж[87]. ꙗко оуслꙑша мꙗ. [42] Азъ же вѣдѣхъ, ꙗко вьсегда мене послоушакши. нъ народа ради стоꙗщааго окрьсть[88] рѣхъ, да вѣрж имжтъ, ꙗко тꙑ мꙗ посъла». [43] И се рекъ гласомь великмь[89] възъва. «Лазаре[90], гряди вонъ». [44] И изиде оумерꙑ обꙗзанъ[91] ногама и ржкама[92] оукрокмь[93] и лице[94] кго оуброусомь[95] обꙗзано. Г(лаго)ла имъ Ис(оу)съ, «Раздрѣшите[96] и, и не дѣите[97] кго ити».

【注】
1　分詞の述語的用法→ §304。
2　ラザロは **Лазарь** ないし **Лазаръ**。前者が普通。
3　**Мариꙗ** から作った物主形容詞（→ §277）の男性単数生格。**градьць маринъ** で「マリアの町」。**Марьта** は後ろから生格でかける。「マリアとその姉妹マルタの町」。他の写本でも同じだが，ギリシャ語原典は，マリア，マルタを属格（生格）で並べる形をとる（ギリシャ語は，物主形容詞をそれほど使わない）。**градьць Мариꙗ и Марты** でもよか

ったところ。現代ロシア語訳は где жили Мария и Марфа, сестры ее とする。

4 女性単数生格 кыѧ の誤りと思われる。他の写本では，正しく綴られている。

5 これも分詞の述語的用法。-нна という語尾については→§73。

6 господь は ĭ 語幹名詞だが，ここは o 語幹名詞の類型で変化している→§215。

7 現代ロシア語の отереть にあたる動詞。不定形語幹の分類では A2 タイプに入る。不定形は отрѣти（отрꙑти, отрьти という異形もある）。現在形は отърж, отърешн。現在語幹から作った能動分詞過去→§68。

8 双数形→§213。

9 複数造格→§196。

10 брат。сестра, матери（мать の斜格）などの r は印欧語の親族関係を表す指標で，古代教会スラヴ語では一般に братръ。現代ロシア語では р が落ちた。

11 双数形→§209。以下，双数形に注意。

12 キリストを指す。

13 関係代名詞。先行詞省略。тъ, кгоже любиши, болнтъ（あなたの愛している人が病んでいます）。→§310。се は вот のような意味。

14 →§244。

15 →§180。

16 смерть →『共通スラヴ語音韻論概説』§45。

17 ギリシャ語原典 ὑπὲρ τῆς δόξης（名誉のために）→§293。

18 女性単数造格。「死」を示す。

19 на мѣстѣ, на ннмьже бѣ Лазарь（ラザロがいたところの，その場所に）の意→§310。

20 双数形→§219。

21 〈по+ 処格〉は「～の後で」。現代ロシア語の потом と同じ。

22 複数与格→§199。

23 1 人称複数の命令形。ѣ が現れることに注意→§104。

24 複数主格→§199。

25 呼格→§196。

26 集合名詞→§218 脚注。

27 →§286。годннѣ は双数（годнна は「時間」の意）。

28 дьнн も дьне も単数処格→§219。

29 ギリシャ語原典 ἐν αὐτῷ（彼の中に）→§293。

30 中性複数対格→§244。

31 この семь も処格。

32 оусънжтн（< u-sŭp-nǫti）のアオリスト 3 人称単数。sŭp から作る→§62。

33 「彼を」の意の対格。

34 обнновати сѧ は「避ける」という意味。не обнноуѩ сѧ は，「躊躇せず」「ただちに」。

35 アオリスト 3 人称単数。тъ を拾う→§64。

36 これは нмѣтн ではなく，ѩтн の現在形→補説 5。

37 нарнцаемꙑ は，男性単数主格の語尾→§264。古代教会スラヴ語のテキストでは，形容詞，分詞の男性単数主格に，しばしばこの語尾が使われるので注意。トマスは使徒のひとりで，「（キリストの）双子」と呼ばれていた。

38 前の Идѣмъ は命令形だが，この оумьремъ は現在形。ѣ と є の対応に注意。

39 →§219，§283。

40 оуже に同じ。

41 この нмꙑць は，能動分詞現在短語尾の男性単数対格→§123。четꙑри дьнн は，状況語ではなく，нмꙑць の補語。〈н 彼が（対格）〉，〈в гробѣ 棺の中で〉，〈четꙑри дьнн нмꙑць 4 日をもっている（対格）〉のを обрѣте 見つけた〉という意味（対格を 2 つ並べ

ることについては→ §307)で,「彼が棺の中ですでに 4 日間入れられているのをみつけた」の意味になる。

42 距離の単位。στάδιον＝約 180 メートル。

43 「多くの人」。第 2 硬口蓋化による綴り。

44 プルパーフェクト→ §143。

45 оутѣшатъ и → оутѣшатъı-и。оутѣшатъ は現在形 3 人称複数。ъ н が融合して ъı になり,かつ и が残った。и は女性双数対格→ §235。

46 грѧсти → §36。

47 сърѣсти(「会う」の意)のアオリスト 3 人称単数。

48 現代ロシア語の сидеть に当たる語は сѣдѣти。

49 ギリシャ語 Μάρθα。しばしば ъ が挿入される→『共通スラヴ語音韻論概説』§118 脚注。

50 仮定法→ §144。

51 вѣдѣти → §165。

52 кгоже は先行詞を省略した形の関係代名詞。кгоже просиши оу б(ог)а, дастъ тебѣ б(ог)ъ は,то, кгоже просиши оу б(ог)а, дастъ тебѣ б(ог)а(神に人が要求するところのものは,神が与えてくれる)という意味で,кгоже ～ б(ог)а は現代ロシア語の普遍人称文に近い。колижьдо は副詞だが кто(ここは кому)бы то ни было(誰であれ)という意味の語で,挿入された感じ。「誰であれ,人が神に望めば,神はそれを与えてくれる」といった意味。

53 въскрѣшеник(vŭskrěš'jenije < vŭs-krĕs-jenĭje)が本来の形。現代ロシア語の отношение などと同じ。現代ロシア語の воскресение は,s が j の影響を受けない新しい形。

54 能動分詞現在長語尾→ §125。

55 これは вьсакъ でもよい→ §255。

56 男性単数主格。

57 これは да(yes)の意味。

58 「密かに」の意。

59 「すばやく」の意。

60 не оу で еще не の意味。

61 бѣ пришелъ でプルパーフェクト→ §143。

62 вьсь(村)。

63 где の意。

64 бъıти の能動分詞現在長語尾男性複数主格。短語尾から作った長語尾→ §125。

65 → §201。

66 能動分詞現在だが,これは短語尾。

67 単純アオリスト 3 人称複数→ §56。

68 плакати は сѧ をつけて使われる場合もある。「泣く」の意で,сѧ がなくてもほぼ同じ。

69 注 63 に同じ。

70 双数形→ §213。

71 「ѭ(彼女が,対格)плачѫщѭ сѧ(嘆いているのを,対格)видѣ(見た)」。次の видѣ ～ пришедъшаѩ съ нкѭ июдеѩ плачѧщиѩ сѧ も同じ構造の文→ §307。

72 запрѣтити доухоу は「嘆く」の意。

73 где → §297。

74 грѧди は грѧсти(→ §36)の命令形。виждь は → §118。

75 кдинъ の男性複数主格。「ある者たちは」の意。

76 この сь と次の сь は,いずれも指示代名詞だが,別人を表す。最初の сь はキリスト自身を指し,сь отвръзъıн(отврѣсти の能動分詞過去長語尾男性単数主格)очи слѣпоомоу(盲いの目を開いた人)。не можааше ли сь отврьзъıн очи слѣпоомоу сътворити で,「盲いの目を開いた人が да 以下のこと(ラザロが死なないということ)をできなかった

のか」という意味。2つ目の **сь** はラザロを指す。

77 **слѣпꙑꙶ** の男性単数与格。一般に，**слѣпоукмоу**, **слѣпоугꙋмоу**, **слѣпоумоу** などが使われる。現代ロシア語の слепому は，代名詞の影響によって生まれた新しい形→§264, §267。**слѣпоугꙋмоу** は，一般にみられる形ではない。他のテキストで使われている形を示す。ゾグラフォス福音書 **слѣпоугемоу**（標準化正書法で **слѣпоукмоу**），サヴァの書 **слѣпьцю**（名詞を使う），アッセマニ福音書 **слѣпоумоу**，オストロミール福音書 **слѣпоугоумоу**。

78 **прѣтити въ себѣ** で「動揺する」「心を動かされる」。

79 **възꙑати** の2人称複数の命令形→§104。

80 уже の意。

81 「悪臭を放つ」の意。

82 **четврѣдьневьнꙑꙶ** は「4日目である」という意味の形容詞。

83 アオリスト3人称単数→§59。

84 **оумерꙑ** は能動分詞過去短語尾男性単数主格。**бѣ ～ лежа** は分詞の述語的用法→§304。「死んで横たわっている」の意。

85 **испрь**（= **въиспрь**）は вверх の意。

86 **хвалѫ** が正しい。他の福音書では **хвалꙗ** となる。

87 不定形は **въздаꙗти**。

88 「まわりに」の意。ここは副詞。

89 「大きい」の意。物主形容詞 **божии**（→§277）と同じ変化。

90 **Лазарь** の呼格なら **Лазарю**，**Лазарь** の呼格なら **Лазаре** →§196。ここは後者。

91 **оумерꙑ**, **обꙗзанъ** は，どちらも男性単数主格の語尾。

92 双数形→§213。

93 **оукрои**（覆い布）の単数造格。

94 →§207。

95 **оуброусъ** は「飾り布」。

96 **д** は挿入音→『共通スラヴ語音韻論概説』§119 脚注。現代ロシア語の ноздрь（→『ロシア語史講話』§40）などと同じで，挿入音の入った形が正規の形。

97 **дѣите** は **дѣꙗти** の命令形。**не дѣите** で，「邪魔するな」の意。

テキスト②

ゾグラフォス福音書より
「放蕩息子の帰還」

　　ゾグラフォス福音書から「放蕩息子の帰還」のエピソード（『ルカ伝』第15章，第11節〜第32節）。«V.Jagić, Quattuor evangeliorum codex Glagoliticus olim Zographensis nunc Petropolitanus» にしたがってテキストを挙げ，標準化正書法による書き換えをおこなったものをその後に付します。注（2つめのテキストですので，簡略化しました）は後者に付します。

[11] ...чкъ етеръ ιмѣ дъва сна [12] ι рече мьнιι снъ ею оцю оче даждь мι· достоιнжι҇м часть· ιмѣньѣ· ι раздѣлι ιма ιмѣньє· [13] ι не по мнозѣхъ дьнехъ· събъравъ· все мьнιι снъ· отιде на странж далече· ι тоу расточι ιмѣньє своє жιвы блждьно· [14] ιждιвъшю же емоу вьсѣ· быстъ гладь крѣпъкъ на странѣ тоι· ι тъ начатъ лιшιтι са· [15] ι шьдъ прιлѣпι са едιномь отъ жιтелъ тоιм страны· ι посъла ι на села своѣ· пастъ свιнιι [16] ι желааше насытιтι са· отъ рожьць ιм҇же ѣдѣахж свιнιм· ι нιкътоже даашє моу· [17] вь себѣ же прιшьдъ рече· колιкоу наιмьнικъ оца моего ιзбываҗтъ хлѣбι· азъ же сьде гладомь гъыблж· [18] въставъ ιдж къ оцю моемоу· ι рекж емоу· оче съгрѣшιхъ на нбо ι прѣдъ тобоҗ· [19] юже нѣсмь достоιнъ нарешти са снъ твоι· сътворι ма· ѣко едιного отъ наιмьнικъ твоιхъ· [20] ι въставъ ιде къ оцю своемоу· еште же емоу далече сжштю· оузьрѣ ι оцъ его ι мιлъ емоу быс· ι текъ нападе на въιж его· ι облобыза ι· [21] рече же емоу снъ· оче· съгрѣшιхъ на нбо ι прѣдъ тобоҗ· юже нѣсмь достоιнъ нарешти са снъ твоι· сътворι ма· ѣко едιного отъ наιмьнικъ твоιхъ· [22] рече же оцъ къ рабомъ своιмъ· скоро ιзнесѣте одеждж прѣвжж· ι облѣцѣте ι· ι дадιте прьстень на ржкж его· ι сапогы на нозѣ· [23] ι прιведъше тельць оупιтѣныι·

18

заколѣте· ι ѣдъше да веселимъ сѧ· [24] ѣко сн̄ъ мои сь мрътвъ бѣ ι оживе· ιзгыблъ бѣ ι обрѣте сѧ· ι начашѧ веселити сѧ· [25] бѣ же сн̄ъ его старѣι на селѣ· ι ѣко грады приближи сѧ къ домоу· ι слыша пѣниѣ· ι ликы· [26] ι призъвавъ единого отъ рабъ· въпрашааше ι· чьто оубо си сѫтъ· [27] онъ же рече емоу· братъ твои приде ι заклꙗ о̄цъ твои· тельць оупитѣны· ѣко съдрава ι приѧтъ· [28] разгнѣва же сѧ· ι не хотѣаше вънити· о̄цъ же его ιшьдъ молѣаше ι· [29] онъ же отъвѣштавъ рече о̄цю своемоу· се колико лѣтъ работаѭ тебѣ· ι николиже заповѣди твоеѧ не прѣстѫпихъ ι мьнѣ николиже не далъ еси козьлѧте· да съ дроугы моιми възвеселилъ сѧ бимь· [30] егда же сн̄ъ твои· ιзѣды твое ιмѣнье· съ любодѣιцами· приде· ι заклꙗ емоу телець питомъ· [31] онъ же рече емоу чѧдо· ты всегда съ мноѭ еси ι в'сѣ моѣ твоѣ сѫтъ· [32] възвеселити же сѧ ι въздрадовати подовааше· ѣко братръ твои сь· мрътвъ бѣ ι оживе· ιзгыблъ бѣ ι обрѣте сѧ·

標準化正書法で書き直したもの

[11] Ч(ловѣ)къ етеръ имѣ дъва с(ы)на, [12] и рече мьнии[1] с(ы)нъ кю[2] о(ть)цоу; «О(ть)че, даждь ми достоинѫѭ чѧсть имѣньꙗ». И раздѣли има имѣнье. [13] И не по мнозѣхъ дьнехъ събъравъ все мьнии[3] с(ы)нъ отиде на странѫ далече[4] и тоу расточи имѣнье свое живы[5] блѫдьно. [14] Иждивъшоу же емоу[6] вьсꙗ, бысть гладъ крѣпъкъ на странѣ тои, и тъ начѧтъ[7] лишити сѧ [15] и шьдъ прилѣпи сѧ[8] единомь отъ житель[9] тоꙗ страны, и посъла и на села своꙗ пастъ[10] свинии[11] [16] и желааше насытити сѧ отъ рожьць ꙗже ꙗдѣахѫ[12] свиниꙗ· и никътоже даааше емоу[13], [17] въ себѣ же пришьдъ рече: «Коликоу наимьникъ о(ть)ца моего избывѫѭтъ[14] хлѣби, азъ же сьде гладомь гыблѭ. [18] Въставъ идѫ къ о(ть)цоу моемоу и рекѫ емоу: «О(ть)че, съгрѣшихъ на н(е)бо и прѣдъ тобоѭ, [19] юже[15] нѣсмь достоинъ нарещи сѧ с(ы)нъ твои, сътвори мѧ ꙗко единого отъ наимьникъ твоихъ. » [20] Въставъ иде къ о(ть)цоу своемоу. Еще же емоу далече сѫщоу[16], оузьрѣ и о(ть)ць его, и милъ емоу бꙑс(тъ)[17], и текъ[18] нападе на вꙑѭ его и облобꙑза и. [21] Рече же емоу с(ы)нъ: «О(ть)че, съгрѣшихъ на н(е)бо и прѣдъ тобоѭ, юже нѣсмь достоинъ нарещи сѧ с(ы)нъ твои, сътвори мѧ, ꙗко единого отъ наимьникъ твоихъ. » [22] Рече же о(ть)ць къ рабомъ своимъ: «Скоро изнесѣте[19] одеждѫ прьвѫѭ[20], облѣцѣте и, и дадите прьстень на рѫкѫ его и сапогы на нозѣ. [23] И приведъше тельць оупитѣны[21], заколѣте, и ꙗдъше[22] да веселимъ сѧ, [24] ꙗко с(ы)нъ мои сь мрътвъ бѣ и оживе, изгыблъ бѣ[23]

19

и обрѣте сѧ.» И начашѧ веселити сѧ. [25] Бѣ же с(ы)нъ ѥго старѣи[24] на
селѣ и ѣко градъı[25] приближи сѧ къ домоу и слъıша пѣниѩ и ликъı[26], [26]
и призъвавъ ѥдиного отъ рабъ, въпрашааше и: «Чьто оубо си[27] сѫтъ?»
[27] Онъ же рече ѥмоу: «Братъ твои приде и закъла[28] о(ть)ць твои тельць
оупитѣнъı, ѣко съдрава и приѩтъ[29]». [28] Разгнѣва же сѧ и не хотѣаше
вънити. О(ть)ць же ѥго ишьдъ[30] молѣаше и. [29] Онъ же отъвѣщавъ рече
о(ть)цоу своѥмоу: «Се колико лѣтъ работаѭ тебѣ и николиже заповѣди
твоѥѩ не прѣстѫпихъ, и мьнѣ николиже не далъ ѥси[31] козьлѧте[32], да съ
дроугъı[33] моими възвеселилъ сѧ бимь[34]. [30] ѥгда же с(ы)нъ твои изѣдъı[35]
твоѥ имѣнье съ любодѣицами приде, и закла ѥмоу телець питомъı». [31]
Онъ же рече ѥмоу: «Чѧдо, тъı всегда съ мноѭ ѥси и вьсѣ моѣ твоѣ[36] сѫтъ.
[32] Възвеселити же сѧ и въздрадовати[37] подовааше, ѣко братръ твои сь[38]
мрътвъ бѣ и оживе, изгъıблъ бѣ и обрѣте сѧ».

【注】

1　「より小さい」という意味の比較級→§271。「弟」のこと。
2　双数形生格→§235。
3　мьни の ии が縮約する→§271。
4　「遠くに」という意味の副詞（本来は далекъıи の比較級）だが，前の странѫ にかかる。
5　男性単数主格の語尾→§265。以下，この語尾がしばしば使われる。
6　独立与格。из-жити → иждити（蕩尽する）。
7　アオリスト 3 人称単数。тъ を拾う→§63。
8　「くっつく」の意。処格要求。
9　житель の複数生格→§196。
10　目的詞→§42。
11　свиниѩ の複数生格（→§209）と思われる。目的詞はしばしば生格補語をとる→§42。
　　ギリシャ語原典は χοίρους で複数対格。
12　→§160。
13　ѥмоу。ѥ が落ちる。
14　коликоу は коликъ（どれほどの）の与格。наимьникъ は複数生格。「どれほどの数の使
　　用人たちに，食物が十分あるか」が直訳。избъıвати は「十分ある」の意。次の хлѣби
　　が複数主格（→§196）で主語。наимьникъ の語根 им(im) は，ѩти の語根と同じで，
　　im, em の両形がある→補説 5。現代ロシア語では наёмник だが，古代教会スラヴ語では
　　もっぱら наимьникъ が使われる。
15　оуже。
16　独立与格。
17　「息子のことが不憫になった」の意。
18　течи の能動分詞短語尾男性単数主格→§71。「急ぐ」「走る」の意。
19　ѣ がでてきているから，命令形→§104。以下，命令形の語尾に注意。
20　「第一級の」「上等の」の意。
21　ここは оупитѣти の受動形動詞過去。оупитѣнъıни という形容詞もある。
22　→§156。
23　プルパーフェクト→§143。изгъıблъ の不定形は изгъıбнѫти。

20

24　比較級→ §273。

25　гръсти（→ §36）の能動分詞現在短語尾。

26　「宴会」の意。

27　中性複数主格→ §244。

28　不定形は заклати。ъ は余分。

29　アオリスト 3 人称単数。тъ を拾う→ §63。

30　изшьдъ。з が脱落。

31　パーフェクト→ §143。

32　→ §228。

33　дроугъ（友達）の複数造格。

34　〈да ＋叙想法〉→ §144。

35　изѣсти（食いつくす）の能動分詞過去短語尾。ꙗсти（食べる）は，本来 ěsti。語頭に j が生じ（→『共通スラヴ語音韻論概説』§133），ěsti > jěsti > jasti (ꙗсти) となる→ §155 脚注。ěsti に母音で終わる接頭辞が付された場合，母音と ě のあいだに「くさびの子音 j」が生じ，jě は ja に変わる（po-ěsti > pojěsti > pojasti (поꙗсти))。ꙗсти に子音で終わる接頭辞（→ §293）が付された場合は，「くさびの子音 j」が生じず，ě がそのまま残る (sūn-ěsti (сънѣсти), iz-ěsti (изѣсти))。→補遺④。

36　вьсꙗ, моꙗ, твоꙗ はすべて中性複数主格。

37　д は挿入音→『共通スラヴ語音韻論概説』§119。

38　→ §244。

テキスト③

アッセマニ福音書より
「山上の説教」

　アッセマニ福音書から「山上の説教」の一部（『マタイ伝』第5章，第1節～第16節。ただし第13節を欠く）。«Jos.Vajs - Jos.Kurz, Evangeliarium Assemani» にしたがってテキストを挙げ，標準化正書法による書き換えをおこなったものをあげます（注は後者に付します。3つめのテキストなので，さらに簡略化しました）。その後，グラゴール文字のテキスト（当該部分は枠で囲みました）を示します。

キリール文字のテキスト

[1] и оⷻзьрѣвъ же народъи· възиде на горѫ· и ѣко сѣде· пристѫпиша къ немоу оⷻченици его· [2] И отврьзъ оⷻста своѣ оⷻчааше ıа гл҃ѧ· [3] Блажени ници дх҃мь ѣко тѣхь есть цр҃ство нбⷭ҇ъное· [4] Блажени плачѫштии сѧ ѣко ти оⷻтѣшать сѧ· [5] Блажени кротции ѣко ти наслѣдѧть землıѫ· [6] Блажени алчѫщии и жаждѫщии правъды· ѣко ти насытѧть сѧ· [7] Блажени милостивıи ѣко ти помиловани бѫдѫть· [8] Блажени чисти срⷣцмь ѣко ти б҃а оⷻзьрѧть· [9] Блажени съмирѣѭщеи ѣко ти сн҃ве бж҃и нарекѫт сѧ· [10] Блажени изгнании правъды ради· ѣко тѣ ест цр҃ство нбⷭ҇ное· [11] Блажени есте егда поносѧть вамъ· чл҃ци и иждежѫть въ· и рекѫть вьсь зьль гл҃ь на вы лъжѫште мене ради· [12] Радоуите сѧ и веселите· ѣко мьзда ваша многа есть на нб҃сехъ· [13] 欠落 [14] въи есте свѣть вьсемоу мıроу· Не можеть градь оⷻкрыти сѧ врьхоу горы стоѩ· [15] Ни въжагаѭть свѣтильника· и поставлѣѭть подь спѫдомь· нъ на свѣщьницѣ· и свѣтить вьсѣмь ıже въ

22

храминѣ сѫтъ· [16] Тако да просвѣтитъ сѧ свѣтъ вашъ прѣдъ чл͞кы· да оуꙁьрѫтъ ваша добраѣ дѣла· и прославѧтъ о͞ца вашего іже естъ на н͞бсехъ·

標準化正書法で書き直したもの

[1] И оуꙁьрѣвъ же народы въꙁиде на горѫ и ꙗко сѣде¹, пристѫпишѧ къ нкмоу оученици кго. [2] И отврѣꙁъ² оуста своꙗ оучааше ѧ г(лаго)лѧ. [3] «Блажени нищи д(оу)х(о)мь ꙗко тѣх кстъ ц(ѣса)р(ь)ство н(е)б(е)сьнок. [4] Блажени плачѧщии³ сѧ ꙗко ти⁴ оутѣшѧтъ сѧ. [5] Блажени кротции ꙗко ти наслѣдѧт ꙁемлѭ. [6] Блажени алчѫщии и жаждѫщии⁵ правьды, ꙗко ти насытѧтъ сѧ. [7] Блажени милостивии, ꙗко ти помиловани бѫдѫтъ. [8] Блажени чисти ср(ъ)д(ь)ц(е)мь ꙗко ти б(ог)а оуꙁьрѧтъ. [9] Блажени съмирꙗѭщеи, ꙗко ти с(ъ)н(о)ве б(о)ж(н)и нарекѫт сѧ. [10] Блажени иꙁгнании правды ради, ꙗко тѣ⁶ кст ц(ѣса)р(ъ)ство н(е)б(е)с(ь)нок. [11] Блажени ксте кгда поносѧтъ вамъ· чл(овѣ)ци и иждендѫтъ⁷ вы и рекѫтъ вьсь ꙁълъ гл(агол)ъ на вы лъжѫще⁸ мене ради. [12] Радоуите сѧ и веселите⁹, ꙗко мьꙁда ваша многа кстъ на н(е)б(е)сехъ. [13] 欠落 [14] Вы ксте свѣтъ вьсемоу мироу. Не можетъ градъ оукрыти сѧ врьхоу¹⁰ горы стоꙗ. [15] Ни въжагаѭтъ свѣтильника и поставлꙗѭтъ подъ спѫдомь, нъ на свѣщьницѣ, и свѣтитъ вьсѣмъ иже въ храминѣ сѫтъ. [16] Тако да просвѣтитъ сѧ свѣтъ вашь прѣдъ чл(овѣ)кы, да оуꙁьрѧтъ ваша добраꙗ дѣла и прославѧтъ о(ть)ца вашего иже кстъ на н(е)б(е)сехъ.

【注】

1　不定形は сѣдѣти でなく сѣсти。アオリスト 3 人称単数。

2　отврѣсти（現在形 отврьꙁѫ, отврьꙁеши 〜）の能動分詞過去短語尾。

3　плакати は JE 語幹動詞だから，плачѫщии が正しい。I 語幹動詞との取り違え。

4　→ §244。

5　不定形は жадати（現在形 жаждѫ, жаждеши 〜）

6　тѣхъ の誤り。「天国はその人たちの（もの）」。他のテキストは тѣхъ とする。次の кст は原典 ъ が欠ける。

7　иꙁгнати の現在形→補説 7。

8　лъгати は JE 語幹動詞。現在形は лъжѫ, лъжеши 〜 と変化する。ここは лъжѫще が正しい（他の福音書は正しく綴られる）。I 語幹動詞との取り違え。現代ロシア語の лгать は мочь などの影響で，лгу, лжёшь 〜という現在形を持つにいたった（補遺⑤参照）。

9　веселите сѧ の сѧ は省略された。

10　ここは，生格支配の前置詞。「〜の上に」の意。

23

グラゴール文字のテキスト

[1] ⰱ ⰲⱏⰸⰾⱓⰱⰾⰵⱀⰻ ⱌⰵ ⱂⱉⱅⱃⱑⰱⱆⰵⱅ· ⰲⱏⰸⰾⱓⰱⰾⰵⱀ ⱂⱏ ⰾⱓⰱⱏⰲⰵ· ⰱ ⰴⰰ ⱁⰰⰵⱀ·
ⱂⱏⱅⱃⱆⱞⰵⱅⱅⱎⰵ ·ⰻⰱ ⱃⱑⱀⰲⰱ· ⰲⰰⰲⰵⱃⱆⰲⱆⰵ ⰵⰾⰾⰵ· [2] ⰱ ⱔⱆⱃⱏⰱⰵⱀⰻ ⰲⰰⰲⱆⱅ
ⰵⰲⱔⰾ ⰲⰰⰲⱅⱅⱎⰵ ⱔⰵ ⰾⰾⰰⰵ· [3] 巴ⱅⱏⰺⱔⱃⰲ ⱃⱔⰲⱄ ⰰⰾⱔⰲⰵ ⰲⱑⱔ ⱎⰰⰾ
ⱔⰰⱎⰵ ⰲⰾⰰⰲⱆⱔⰱ ⱃ巴ⰰⰵⱃⱔⰲ· [4] 巴ⱋⱅⱏⰺⱔⱃⰲ ⱇⰰⱅⰴⰵⱎⱎⰵ ⰰⰵ ⱄⰺⱔ
ⱎⰱ ⰲⱏⱎⰰⱎⰵⱓⰵ ⰰⰵ· [5] 巴ⱋⱅⱏⰺⱔⱃⱞ ⰺⰱⰰⱎⰲⰵⰵ ⱄⰺⱔ ⱎⱁ ⱃⰲⰺⰰⰰⰾⰵⱎ
ⱁⱁⰵⰲⱁⰵ [6] 巴ⱋⱅⱏⰺⱔⱃⰲ ⱅⰰⱉⰵⰵⱎⱆⱆ ⰱ ⱞⰵⰻⰰⰺⰵⱓⰲⰵ ⱂⱏⱅⰲⰱⰵⱀⰱ·
ⱄⰺⱔ ⱎⱁ ⱂⱅⰱⰰⰵⱅⱆⰾⰵⱎⰵ ⰰⰵ· [7] 巴ⱋⱅⱏⰺⱔⱃⰲ ⱅⰲⰰⱔⰱⱎⱞⱆⱆⰲ ⰰⰺⱔ ⱎⱁ
ⱅⱔⱌⱞⱅⰰⱔⱂⱅⱃⰲ 巴ⱔⰵⰰⱔⰵⱎⰵ· [8] 巴ⱋⱅⱏⰺⱔⱃⱞ ⰲⱂⱔⱎⰲ ⰻⰵⰺⰲⱎⰵ ⰰⰺⱔ ⱎⱁ
巴ⱅ ⰲⱏⰸⰾⰵⰱⰵⱎⰵ· [9] 巴ⱋⱅⱏⰺⱔⱃⰲ ⰱⰵⱓⰲⰱⰺⰰⰵⱓⰲ ⰰⰺⱔ ⱎⱁ ⰱⱃⱓⰵ 巴ⱏⱏ
ⱂⱏⱅⱏⱔⰺⰵⱓ ⰰⰵ· [10] 巴ⱋⱅⱏⰺⱔⱃⰲ ⱉⱔⰺⰵⱃⱅⱃⱞⰲ ⱂⱏⱅⱆⰱⰵ ⰺⱅⰰⱞ ⰰⰺⱔ ⱎⰰ
ⰵⰱⱎ ⰲⱏⰸⰲⰲⱅ ⱃⱏ巴ⰺⱔⱔⰵ· [11] 巴ⱋⱅⱏⰺⱔⱃⱞ ⰵⰰⱎⰵ ⰵⱉⱔⱅ ⱅⱆⱃⱔⰵⰵⱎⰵ ⰲⱅⱞⱞⰵ·
ⰲⰰⰾⱞ ⰱ ⰱⱉⰺⰱⱔⱃⱔⰵⰾⰵ ⰲⱁⰾ· ⰱ ⰺⱆⱔⰵⰾⰵ ⰲⱁⰰⰱ ⱅⱁⰱⰰⰱ ⰾⰰⰱ ⱂⱏ ⰲⱁⰱⱞ
ⰱⱉⰲⱎⰵⱎⰾⱎⱓ ⰲⰰⱃⱔ ⰺⱅⰰⱞ· [12] ⰺⱅⰱⰲⰱⰲⱎⱓ ⰰⰵ ⰱ ⰲⱑⱔⰺⰰⰱⰲⱓ· ⰰⰺⱔ ⰲⰰⰵⱁⰱ
ⰲⱅⱎⱅ ⰲⱃⱔⰺⱅ ⰵⱔⱎⰵ ⱂⱏ ⱂ巴ⰺⰵⰾⰱⰵ· [13]欠落 [14] ⰲⱁⰱⰵⰾⰵⰲⰵ ⰵⱔⱎⱓ ⰺⰲⰰⱎⰵ
ⰲⱁⰱⱔⰲⰱⰲ· ⱞⱞⱅⰾⱔⱅ· ⱃⱔ ⰲⱔⰺⱉⱎⱎⰵ ⰾⰺⱅⰰⰱ ⰵⱔⱎⰵ ⰰⰵ ⰲⰱⰵⰱⰲⰵ· ⰾⱔⰺⱞⱂ
ⰺⰲⱔⱔⰵ· [15] ⱃⰲ ⰲⱁⰱⱅⰰⰾⱅⱉⰵⰾⰵ ⰺⰲⰰⰾⱆⰱⰺⱃⱂⱅⰱ ⰱ ⱅⱃⰺⰰⱅⰺⰲⰰⱉⰵⰾⰵ
ⱅⱏⰱⰾⰵ ⰱⱅⱃⰵⰺⱃⱎⰲⰵ· ⱃⰲ ⱂⱏ ⰰⰲⱔⱐⰵⱃⱂⱅⰲⰰ· ⰱ ⰰⰲⱔⰱⱎⱀⰵ ⰲⰱⰵⱃⰰⰵ
ⱎⱔⰵ ⰲⰵ ⰺⰺⱅⰲⰵⱃⱂ ⰰⰵⰵⱎⰵ· [16] ⱎⱅⱔ ⱞⱅ ⱅⰺⰺⱔⰲⰺⱎⱅ ⰰⰵ ⰰⰲⱔⰱⰵ
ⰲⱏⱎⰲ ⱅⰺⰱⰰⰵ ⰲⰰⱔⰵⱎⱞ ⱅⱅ ⰲⱏⰸⰾⰵⰾⰵⰲⰵ ⰲⱏⱎⱅ ⰺⱔ巴ⰺⱅⰰ ⰺⰺⰰⱅ ⰱ
ⱂⱏⰺⱔⱃⰰⱏⰲⰵⱎⰵ ⰵⰲⱅ ⰲⱏⱎⱉⱔⰺ ⱞⱞⰺⰵ ⰵⱔⱎⰵ ⱂⱏ ⱂⱏⰱⱔⰵⰾⰵ

24

1~12

テキスト④

福音書対応「イエスの処刑」

　四福音書に等しく描かれるイエス処刑の記述を，『マルコによる福音書』（第15章，第16節から第41節まで）で読んでみます。五つの福音書（マリア福音書Ⓜ，ゾグラフォス福音書Ⓩ，アッセマニ福音書Ⓐ，サヴァの書Ⓢ，オストロミール福音書Ⓞ）を対応させてみましょう（第33節から第41節まで，アッセマニ福音書，サヴァの書，オストロミール福音書の3つは記述を欠きます）。アオリスト，インペーフェクトがいろいろな形で使われていることに注意してください（下線を引いた部分）。訳は邦訳福音書を参照してください。標準化正書法による書き換え，句読点などの補助，単語の欠けた部分を（　　　）で補う，などの作業も省略します。オストロミール福音書のみ є と к を区別し，残りの4つは区別せず，すべて є となっている（→ §11）こと，現在形3人称単数および複数の語末の母音は東スラヴ系の文献であるオストロミール福音書のみ ь，残りは ъ である（→ §84）ことに注意。それぞれのテキストが，どの原典をもとにしているのかは不明ですが，現行のギリシャ語原典を適宜参照します。

Ⓜ (16) воини		жє	вѣса[2]	иса	вънѫтрь на дворъ.	
Ⓩ воини		жє	вєдошѧ	i[3]	вънѫтрь на дворъ·	
Ⓐ воини	имъше[1]		иса	вѣса	и	на дворъ кь канафѣ[4]·
Ⓢ воини				вєдошѧ	iса.	на дворъ каиафинъ
Ⓞ воини	имъше		иса	вѣдошѧ	и	вънѫтрь на дворъ

【注】1　ѩти の能動分詞過去短語尾形→補説3。ⒶとⓄのみある。ギリシャ語原典には該当する語がない。

2　　ᲁᲔᲡᲢᲘ のアオリスト→§56。

3　　この ı は代名詞→§235。以下，接続詞の ᴎ(ı) と代名詞の ᴎ(ı) が混在する。

4　　地下牢のこと。ⒶとⓈのみある。ギリシャ語原典にはない。前の ᲒᲔᲜᲐᲢᲠᲔ もギリ
　　シャ語原典にない。Ⓢに使われる ᲙᲐᲚᲐᲶᲘᲜᲞ は物主形容詞→§277。

Ⓜ	ᲔᲑᲔ	ᲔᲡᲢᲞ ᲞᲠᲔᲭᲛᲝᲠᲞ⁵.	ı ᲞᲠᲘᲖᲞᲒᲐᲘᲐ⁶	ᲒᲞᲡᲖ ᲡᲞᲘᲠᲖ⁷. (17) ı ᲝᲑᲚᲔᲣᲐ⁸	ᴎ ᲒᲞ
Ⓩ	ᲔᲑᲔ·	ᲔᲡᲢᲞ ᲞᲠᲔᲭᲛᲝᲠᲞ·	ı ᲞᲠᲘᲖᲞᲒᲐᲘᲐ	ᲒᲞᲡᲖ ᲡᲞᲘᲠᲖ·	ı ᲝᲑᲚᲔᲣᲐ	ı ᲒᲞ
Ⓐ	ᲔᲑᲔ	ᲔᲡᲢᲞ ᲞᲠᲔᲢᲝᲠᲞ·	ᴎ ᲞᲠᲘᲖᲘᲒᲐᲘᲠᲢᲞ	ᲒᲡᲖ ᲡᲞᲘᲠᲖ·	ᴎ ᲝᲑᲚᲔᲣᲐ	ᴎ ᲒᲞ
Ⓢ	ᲔᲑᲔ	ᲔᲡᲢᲞ ᲞᲠᲔᲢᲝᲠᲞ.	ᴎ ᲞᲠᲘᲖᲞᲒᲐᲘᲐ	ᲒᲡᲖ ᲡᲞᲘᲠᲖ.	ᴎ ᲝᲑᲚᲔᲙᲝᲣᲐ ı	ᲒᲞ
Ⓞ	ᲘᲑᲔ	ᲙᲡᲢᲞ ᲞᲠᲔᲢᲝᲠᲞ	ᴎ ᲞᲠᲘᲖᲞᲒᲐᲘᲠᲢᲞ	ᲒᲞᲡᲖ ᲡᲞᲘᲠᲖ·	ᴎ ᲝᲑᲚᲔᲙᲝᲣᲐ	ᴎ ᲒᲞ

5　　ギリシャ語原典 ὅ ἐστιν πραιτώριον の直訳。ὅ は中性の関係代名詞だが，それを受
　　ける語が女性名詞（τῆς αὐλῆς）なので，挿入句的な説明ととるのが一般的。現代
　　ロシア語訳は то есть в преторию。

6　　ⓂⓏⓈは ᲞᲠᲘᲖᲞᲒᲐᲢᲘ のアオリストを使い，ⒶⓄは ᲞᲠᲘᲖᲞᲒᲐᲢᲘ (ᲞᲠᲘᲖᲞᲒᲐᲢᲘ) の現
　　在形を使う。ギリシャ語原典は現在形。

7　　兵士の一団をいう。ᲒᲞᲡᲖ は→§255。

8　　ᲝᲑᲚᲔᲧᲘ（着せる）のアオリスト→§57。

Ⓜ	ᲞᲠᲐᲞᲠᲖᲛᲞ⁹.	ı ᲒᲞᲖᲚᲝᲑᲘᲣᲐ ᴎᲐ ᴎᲞ	ᲡᲞᲞᲚᲔᲢᲞᲣᲔ¹¹	ᲢᲠᲞᲜᲝᲒᲞ¹²	ᲒᲭᲜᲔᲪᲞ
Ⓩ	ᲞᲠᲐᲞᲠᲖᲛᲖ·	ı ᲒᲞᲖᲚᲝᲑᲘᲣᲐ ᴎᲐ ᴎᲞ¹⁰·	ᲡᲞᲞᲚᲔᲢᲞᲣᲔ·	ᲢᲠᲞᲜᲝᲒᲞ	ᲒᲔᲜᲞᲪᲞ
Ⓐ	ᲞᲠᲔᲭᲛᲞᲠᲖᲛᲞ·	ᴎ ᲒᲞᲖᲚᲝᲑᲘᲣᲐ ᴎᲐ ᴎᲞ	ᲡᲞᲞᲚᲔᲢᲞᲣᲔ	ᲢᲠᲞᲜᲝᲒᲞ	ᲒᲭᲜᲔᲪᲞ
Ⓢ	ᲞᲠᲔᲭᲛᲞᲠᲖᲛᲞ.	ᴎ ᲒᲞᲖᲚᲝᲑᲘᲣᲐ ᴎᲐ ᴎᲞ	ᲡᲞᲞᲚᲔᲢᲞᲣᲔ	ᲢᲠᲞᲜᲭᲜᲞ	ᲒᲔᲜᲞᲪᲞ.
Ⓞ	ᲑᲐᲒᲞᲠᲐᲜᲘᲪᲖ	ᴎ ᲒᲞᲖᲚᲝᲑᲘᲣᲐ ᴎᲐ ᴎᲞ	ᲡᲞᲞᲚᲔᲢᲞᲣᲔ	ᲢᲠᲞᲜᲝᲒᲞ	ᲒᲔᲜᲞᲪᲞ·

9　　紫色の服をいう。Ⓞのみ語彙が違う。

10　　Ⓩの ᴎ̂ は，ᴎ が軟子音であることを表している→§237。以下同様の表記がある。

11　　「編む」という動詞の能動分詞を入れた。ギリシャ語原典にもある。

12　　ᲢᲠᲞᲜᲞ（茨）から作った物主形容詞→§277。Ⓢの ᲢᲠᲞᲜᲭᲜᲞ は，同じ意味の形容
　　詞。

Ⓜ	(18) ı ᲜᲐᲧᲐᲡᲐ¹³	ᲪᲔᲚᲝᲒᲐᲢᲘ¹⁴	ᴎ.	ᲠᲐᲓᲝᲘ ᲡᲐ	ᲪᲔᲡᲠᲘᲠᲖ¹⁶	ᴎᲙᲓᲔᲜᲡᲙᲞ.
Ⓩ	ı ᲜᲐᲧᲐᲡᲐ	ᲪᲔᲚᲝᲒᲐᲢᲘ	ı·	ᲠᲐᲓᲝᲘ ᲡᲐ	ᲪᲠᲖ	ᲚᲘᲝᲓᲭᲘᲡᲙᲞ·
Ⓐ	ᴎ ᲜᲐᲧᲐᲣᲐ	ᲪᲭᲚᲞᲘᲒᲐᲢᲘ	ı·	ᲠᲐᲓᲝᲘ ᲡᲐ	ᲪᲠᲖ	ᴎᲙᲓᲔᲜᲡᲙᲞ·
Ⓢ	ᴎ ᲜᲐᲧᲐᲣᲐ	ᲪᲭᲚᲝᲒᲐᲢᲘ	ı	ᲠᲐᲓᲝᲘ ᲡᲐ	ᲪᲠᲖ	ᴎᲙᲓᲔᲘᲡᲙᲞ.
Ⓞ	ᴎ ᲜᲐᲧᲐᲣᲐ	ᲪᲭᲚᲝᲒᲐᲢᲘ	ᴎ ᲒᲚᲖᲛᲔ¹⁵	ᲠᲐᲓᲝᲘ ᲡᲐ	ᲪᲠᲖ	ᴎᲙᲓᲔᲜᲡᲙᲞ·

13　　ᲜᲐᲧᲐᲢᲘ のアオリスト→§59。

14　　「キスする」ではなく「挨拶する」の意味。ᲪᲭᲚᲝᲒᲐᲢᲘ, ᲪᲭᲚᲖᲒᲐᲢᲘ の両方の形があ
　　る。

15　能動分詞現在短語尾（→§125）だが，Ⓞのみにある。Ⓞ以外は，いきなり直接
　　話法で引く。ギリシャ語原典では，χαῖρε（挨拶などのとき使う言葉）が入る。

16　呼格→§196。

Ⓜ (19) ⳑ ⰱⰻⱑⱈⱘ[17] ⰻ ⱅⱃⱐⱄⱅⱐⰶ ⱂⱁ ⰳⰾⰰⰲⱑ.　　　　ⰻ ⱂⰾⱐⰲⰰⰰⱈⱘ[18] ⱀⰰ ⱀⱐ. ⳑ

Ⓩ 　ⳑ ⰱⱐⱑⰰⱈⱘ 　ⱅⱃⱐⱄⱅⱐⰶ ⱂⱁ ⰳⰾⰰⰲⱑ·　　　ⳑ ⱂⰾⱐⰲⰰⰰⱈⱘ ⱀⰰ ⱀⱐ· ⳑ

Ⓐ 　И ⰱⰳⱑⰰⱈⱘ ⰻ　　　ⱂⱁ ⰳⰾⰰⰲⱑ ⱅⱃⱐⱄⱅⰻⰶ·　ⰻ ⱂⰾⱓⰵⱈⱘ ⱀⰰ ⱀⱐ· ⰻ

Ⓢ 　ⰻ ⰱⰻⱁⱈⱘ ⰻ ⱅⱃⱐⱄⱅⰻⰶ ⱂⱁ ⰳⰾⰰⰲⱑ.　　　　ⰻ ⱂⰾⱐⰲⰰⱈⱘ ⱀⰰ ⱀⱐ. ⰻ

Ⓞ 　ⰻ ⰱⰻⱁⱈⱘ ⰻ　　　ⱂⱁ ⰳⰾⰰⰲⱑ ⱅⱃⱐⱄⱅⰻⰶ　ⰻ ⱂⰾⱐⰲⰰⰰⱈⱘ ⱀⰰ ⱀⱐ· ⰻ

17　Ⓐが規範的な形（標準化正書法で書き直せば ⰱⰻⰰⰰⱈⱘ →§139）。ⓂⓈⓄは ⰰⰰ が
　　縮約して ⰰ になっている。ⰻ は îj に由来する弱母音 î の反映。ⱐ と交替したのがⓏ
　　の形。

18　「唾を吐く」。ⱂⰾⱐⰲⰰⱅⰻ（ⱂⰾⱓⱘ, ⱂⰾⱓⰽⱎⰻ ～）。ⓂⓏⓈⓄは不定形から作ったインパ
　　ーフェクト。Ⓐは現在形から作ったインパーフェクト→§142。

Ⓜ ⱂⱃⱑⰳⱐⰻⰱⰰⰶⱎⱅⰵ ⰽⱁⰾⱑⱀⰰ[19] ⰽⰾⰰⱀⱑⰰⱈⱘ[20] ⱄⰰ ⰵⰿⱁⱆ.　(20) ⰻ ⰵⰳⰴⰰ ⱂⱁⱃⰶⰳⰰⱎⰰ

Ⓩ ⱂⱃⱑⰳⱐⰻⰱⰰⰶⱎⱅⰵ ⰽⱁⰾⱑⱀⰰ· ⱂⱁⰽⰾⰰⱀⱑⰰⱈⱘ　　ⰵⰿⱁⱆ·　　ⳑ ⰵⰳⰴⰰ ⱂⱁⱃⰶⰳⰰⱎⰰ

Ⓐ ⱂⱃⱑⰳⱐⰻⰱⰰⰶⱎⱅⰵ ⰽⱁⰾⱑⱀⰰ· ⱂⱁⰽⰾⰰⱀⱑⰰⱈⱘ ⱄⰰ ⰵⰿⱁⱆ·　　И ⰵⰳⰴⰰ ⱂⱁⱃⰶⰳⰰⱎⰰ[21]

Ⓢ 　　　　　　　　　　　　　　ⱂⱁⰽⰾⰰⱀⰻⰰⱈⱘ ⱄⰰ ⰵⰿⱁⱆ.　　ⰻ ⰵⰳⰴⰰ ⱂⱁⱃⰶⰳⰰⱎⰰ

Ⓞ ⱂⱃⱑⰳⱐⰻⰱⰰⰶⱑ 　ⰽⱁⰾⱑⱀⰰ 　ⱂⱁⰽⰾⰰⱀⰻⰰⰰⱈⱘ ⱄⰰ ⰽⰵⰿⱆ　ⰻ ⰽⰳⰴⰰ ⱂⱁⱃⰶⰳⰰⱎⰰ

19　Ⓢのみこの部分が欠けている。ギリシャ語原典にはある。

20　インパーフェクト。-ⰻⰰⰰⱈⱘ（-ⱑⰰⱈⱘ）が本来の語尾。Ⓩのみ ⱄⰰ を欠く。Ⓢは ⰰⰰ が
　　縮約している。

21　Ⓐは ⱄⰰ が重複している。

Ⓜ ⱄⰰ　　 ⰵⰿⱁⱆ. ⱄⱐⰲⰾⱑⱎⰰ[23]　　ⱄⱐ ⱀⰵⰳⱁ ⱂⱃⰰⱂⱃⰶⰴⱏ.　ⳑ ⱁⰱⰾⱑⱎⰰ[24]

Ⓩ ⱄⰰ　　 ⰵⰿⱁⱆ· ⱄⱐⰲⰾⱑⱎⰰ　　ⱄⱏ ⱀⰳⱁ ⱂⱃⰰⱂⱃⰶⰴⱏ·　ⳑ ⱁⰱⰾⱑⱎⰰ

Ⓐ ⱄⰰ ⱄⰰ[22] ⰵⰿⱁⱆ· Ⱄⱐⰲⰾⱑⱎⰰ　　ⱄⱏ ⱀⰵⰳⱁ ⱂⱃⱑⱂⱃⰶⰴⱐ·　ⰻ ⱁⰱⰾⱑⱎⰰ

Ⓢ ⱄⰰ　　 ⰵⰿⱁⱆ. ⱄⱐⰲⰾⱑⰽⱁⱎⰰ　ⱄⱏ ⱀⰵⰳⱁ ⱂⱃⱑⱂⱃⰶⰴⱏ.　ⰻ ⱁⰱⰾⱑⱎⰰ

Ⓞ ⱄⰰ　　 ⰽⰵⰿⱆ ⱄⱐⰲⰾⱑⰽⱁⱎⰰ　ⰽⰵⰿⱆ ⰱⰰⰳⱏⱃⱑⱀⰻⱌⱘ　ⰻ ⱁⰱⰾⱑⰽⱁⱎⰰ

22　誤記と思われる。

23　ⱄⱐⰲⰾⱑⱌⰻ（脱がす）のアオリスト→§57。

24　注8に同じ。

30

Ⓜ и въ ризы своѩ.	ι извѣсѧ[25]	и да пропьнжтъ[26] ι. (21)	ι задѣшѧ[27]
Ⓩ и вь ризы своѩ·	ι изведошѧ	ι да ι пропьнжтъ·	ι задѣшѧ
Ⓐ и въ ризы своѩ	И извѣсѧ	и да распьнжтъи·	и задѣшѧ
Ⓢ ι въ своѩ ризы.	и изведошѧ	ι да ι распьнжтъ.	и задѣшѧ
Ⓞ и въ ризу своѩ·	и изведошѧ	и да и распьнжтъ	и задѣшѧ

25　извести のアオリスト。注 2 に同じ。
26　пропѧти と распѧти。どちらも「架刑に処す」の意。Ⓐは，распьнжтъ и の ъ と и が融合し распьнжтъи（標準化正書法では распьнжтъи）になり，かつ и が次にのこった形。
27　задѣти（強制する）のアオリスト 3 人称複数。与格をとっている。強制する内容は二段下の да вьзъметъ ～ に示される。

Ⓜ мимо ходѧштоу	единомоу[29]	симоноу[30]	кѷрѣниноу	граджштю[31]
Ⓩ мимо ходѧштю	етероу	симоноу·	кѷрѣниноу	граджштю
Ⓐ мимогрѧджштоу[28]	етероу	симоноу	кѷринѣниноу·	грѧджштоу
Ⓢ мимоходѧштю	единомȣ	симоноу	керинѣнинȣ.	иджштю
Ⓞ мимоходѧштоу	единомоу	симоноу	кѷринеж	иджштоу

28　「通過する」の意。мимогрѧджштоу が正しい。
29　единъ と етеръ → §245, §281。
30　シモンは，キリストの十字架を背負わされた人物。
31　грѧсти（→ §36）と ити。

Ⓜ съ села.	отцоу	алексѧдровоу[32].	и рѷфовоу[33].	да вьзъметъ кстъ его.
Ⓩ съ села	о̅ц̅ю	алек·санꙿдровоу·	ι р(оу)фовоу·	да вьзъметъ кръстъ его
Ⓐ съ села	О̅ц̅ю	александровоу·	и роуфовоу·	да вьзъметъ крстъ его·
Ⓢ съ села	о̅ц̅ю	алексаньдровȣ	и роуфовȣ.	да вьзъметъ крстъ его.
Ⓞ съ села	о̅ц̅оу	алезандровоу	и роуфовоу·	да вьзъметъ крьстъ кго

32　物主形容詞 → §277。александровоу が正しい。
33　Ⓜのみ ѵ を使う。Ⓩは編者（V.Jagić）がカッコつきで оу を補っている。

Ⓜ (22) и привѣсѧ[34]	и на мѣсто голъгота	еже естъ съказаемо[35]	краниево
Ⓩ ι приведошѧ	ι на мѣсто кьлькота·	еже естъ съказаемо	краниево
Ⓐ И привѣсѧ	и на мѣсто голгоѳа·	Еже естъ съказаемо	краниево
Ⓢ и приведошѧ	на мѣсто голгоѳа.	еже естъ съказаемо	краниево
Ⓞ и приведошѧ	и на мѣсто голгоѳа	иже кстъ съказакмо	краникво

34 привєсти のアオリスト。注 2 に同じ。
35 съказати の受動分詞現在短語尾→§128。съказати は，現代ロシア語の сказать ほど多用されない（補説 8）が，ここで使われるような用法（「〜と呼ぶ」「〜称する」）はある。

Ⓜ мѣсто[36].	(23) ι даѣхж[37]	ємоу пити	оцѣтьно вино[38].	онъ жє нє[39]
Ⓩ мѣсто·	ι даѣхж·	ємоу· пити	оцѣтьно вино	онъ жє нє
Ⓐ мѣсто·	И даѣахж	ємоу пітι·	озмьрєно вино·	Онь жє нє
Ⓢ мѣсто.	и даιахж	ємоу пити	оцѣтьно вино.	онъ жє
Ⓞ мѣсто	и даιахж	кмоу пити	оцѣтьно вино	онъ жє нє

36 「しゃれこうべの場所」。ギリシャ語 Κρανίου Τόπος。
37 даιати のインパーフェクト。даιаахж (даѣахж) が本来の形。ⓂⓏⓈⓄ では ιаа が縮約して ιа になっている。
38 「酢をまぜた葡萄酒」。
39 Ⓢ のみ нє が欠落。

Ⓜ приιатъ.[40]	(24) ι пропьнъшє и	раздѣльшє[41]	ризы єго	мєташа[42]
Ⓩ приιатъ·	ι пропьнъшє ι·	раздѣльшє	ризы єго	мєташа
Ⓐ приιатъ·	И распєньшє и·	раздѣлиша	ризьι єго·	мєтаιжштє
Ⓢ приιатъ є	и распьнъшє ι.	раздѣлиш	ризы єго.	и мєташа
Ⓞ приιатъ	и распьнъшє и	раздѣлиша	ризы кго	мєцιжшє

40 アオリスト 3 人称単数。тъ を拾う→§63。Ⓢ は нє が脱落し，代名詞 є を補っている。このままだと意味が逆になるので，誤記と考えられる。
41 ⓂⓏ は能動分詞過去短語尾（→§70）を使い，ⒶⓈⓄ はアオリストを使う（Ⓢ は а の脱落）。ギリシャ語原典は現在形。
42 мєтати жрѣбиια は「籤を引く」。ⓂⓏⓈ はアオリストを使い，ⒶⓄ は能動分詞現在を使う。Ⓐ は мєтаιж，мєтакши 〜 という現在形語幹から作った分詞。Ⓞ は мєцιж，мєцιєши 〜 という現在形語幹から作った分詞→補説 7。

Ⓜ жрѣбиια[43]	о нａ[44].	кто что	възьмєтъ.	(25) бѣ жє година трєтиѣа[46].	ι
Ⓩ жрѣбьιа	о нａ·	къто чьто	възьмєтъ·	Бѣ жє година трьтъѣ·	ι
Ⓐ жрѣбиιа	о нａ·	кто чьто	възьмєт·	Бѣ жє годіна трєтіѣа·	и
Ⓢ жрѣбиια	о нａ. а[45]	кто что	възьмєтъ.	Бѣ жє година г҃	и
Ⓞ жрѣбиια	о ныａ·	къто чьто	възьмєть	Бѣ жє година трєтиιа	и

43 →§196。
44 〈о+ 対格〉。ここは「それらの衣を賭けて」の意味。о ныａ が正しい。
45 а は余分。
46 трєтиιа が本来の形→§289。Ⓢ は г҃ を使う→§290。

Ⓜ пропꙗсꙗ[47] и. (26) ι бѣ написанне　винѫ[49] его　написано　цсръ

Ⓩ пропѧша ι·　ι бѣ насʼпанье[48]　винꙑ　его　напʼсано　цръ

Ⓐ распꙗсꙗ и·　и бѣ написанне　винꙑ　его　написано·　исъ цръ

Ⓢ распꙗша ι　и бѣ напсанне　винꙑ　его.　напсано се　цръ

Ⓞ распꙗша и　и бѣ написанне　винꙑ　кго　написано　црь

47　注26に同じ。
48　напʼсанье の誤りと思われる。
49　написанне(написание) винꙑ は「罪標(すてふだ)」のこと。

Ⓜ июденскъ. (27) ι съ нимь　пропꙗша[50]　дъва　разбоиника.　единого

Ⓩ июдеιскъ·　ι съ нимь　распꙗша　два　разбоιника·　единого

Ⓐ июденскъ·　и сь нимъ　распꙗсꙗ·　дьва　разбоиника·　Єдиного

Ⓢ июдеιскъ　и съ нимъ　распꙗша　в̃[51]　разбоиника.　единого

Ⓞ июденскъ　и съ нимь　распꙗша　дъва　разбоиника　кдиного

50　注26に同じ。
51　→§290。

Ⓜ о деснѫж. а дроугааго[52] о шюж[53] его. (28)[54] ι събꙑстъ сꙗ　писаное еже

Ⓩ о деснѫж· а дроугааго о шюж его·　ι събꙑстъ сꙗ　пʼсаное еже

Ⓐ о деснѫж а дроугаго о шоуж его·　И събꙑстъ сꙗ　писаное· еже

Ⓢ о деснѫж а дроугаго о лѣвѫж его.　и събꙑстъсꙗ　псаное еже

Ⓞ о деснѫж а дроугааго о лѣвѫж кго　и събꙑсть сꙗ　писанне ꙗже

52　代名詞の形容詞的変化→§247。
53　шюн（標準化正書法では шоуи）は「左の」の意味の軟変化形容詞。шоуи の и が落ちた形。男性単数生格は шоукго，同与格は шоукмоу。о шоуж で「左に」。ⓈⓄは о лѣвѫж を使う。
54　第28章は現行の邦訳聖書にはない。「二人の罪人とともに数えられる，と書かれていることが実現した」の意。

Ⓜ глтъ. ι съ безаконьникома причтенъ бꙑстъ. (29) ι мимо ходꙗштеи[55]

Ⓩ глетъ ι съ безаконникома причьтенъ бꙑс·　ι мимо ходꙗштеи

Ⓐ глетъ· и съ безаконьникома причтенъ бꙑстъ·　и мимо ходꙗштіи

Ⓢ глетъ и съ безаконьникома причтенъ бꙑстъ.　и мимоходꙗщеι

Ⓞ глтъ и съ безаконьникома причьтенъ бꙑстъ　и мимо ходꙗще

55　→§125。

33

Ⓜ	хоуⷷлѣахѫ⁵⁶ и⁵⁷.	ι покꙑваѭште	главами	своими.	ι глⷮште	оуⷡа.
Ⓩ	хоуⷷлѣахѫ	ι·	покꙑваѭште	главами	своιми·	ι глѭште	оуⷡв҄а·
Ⓐ	хоуⷷлѣахѫ	и	покꙑваѭште	главами	своими·	и глⷮще	оуⷡва·
Ⓢ	хоуⷷлѣхѫ	ι	покꙑваѭще	главами	своιми.	глⷮѭще.	оуⷡва
Ⓞ	хоуⷷлѣахоу	кго·	покꙑваѭще	главами	своими	и глⷮюще	оуⷡва·

56 インパーフェクト。ⓂⓏⒶⓄが規範的な形（標準化正書法では хоулıаахѫ）。Ⓢは ıаа が縮約（標準化正書法では хоулıахѫ）。

57 3 人称の人称代名詞。Ⓞのみ кго を使う。

Ⓜ	разарѣѩи⁵⁸	цⷬквъ⁵⁹.	и трьми дьньми⁶⁰	съзидаѩ⁶¹	(30)	съпаси сѧ
Ⓩ	разарѣѩι	цⷬръкъве	ι трьми дьньми	съзидаѩ		съпⷭси сѧ
Ⓐ	разарѣѩи	цⷬквъ·	и трьми деньми	съзιдаѩ іж·		сⷯпⷭсι сѧ
Ⓢ	разараѩι	цⷬквь.	и трьми дньми	съзидаѩ		сⷯпⷭси сѧ.
Ⓞ	разараѩи	цⷬкве	и трьми дьньми	съзидаѩ		сⷯпⷭси сѧ

58 разарıати（壊す）。能動分詞長語尾男性単数主格。разарıаѩи が本来の形→§125。

59 対格の形が違うことについては→§230。

60 →§219。

61 строить の意。ここは能動分詞現在短語尾。

Ⓜ	самъ. ι	съниди съ кⷬста.	(31)	такожде и архиереи	рѫгаѭште⁶² сѧ
Ⓩ	самъ· ι	съниди съ кⷬста·		Такожде ι архиерѣι	рѫгаахѫ сѧ·
Ⓐ	самъ и	сънидι съ кⷬста·		Такожде и архиереι·	рѫгаѭще сѧ·
Ⓢ	и самъ	съниди съ кⷬста.		такожде и архиереи	рѫгахѫ сѧ
Ⓞ	самъ и	съниди съ крьста		такожде и архиереи	рѫгаѭще сѧ

62 ⓂⒶⓄは能動分詞現在短語尾。Ⓩ⒮はインパーフェクトを使う。インパーフェクトは рѫгааахѫ が本来の形。Ⓢでは аа が縮約して рѫгахѫ となっている。ギリシャ語原典は分詞。

Ⓜ		съ кънижьникы.	дроуⷢтъ къ	дроугоу	глаахѫ⁶³. ιнꙑ
Ⓩ		съ кънижьникы·	дроуⷢтъ	дроугоу	глаахѫ· ιнꙑ
Ⓐ	дроуⷢтъ къ дроугоу	съ кънижьникы и			глаахѫ· Инѣи⁶⁴
Ⓢ		съ кънижьникы.	дрⷹгъ къ	дрⷹгоу	глахѫ инꙑ
Ⓞ	дроуⷢтъ къ дроугоу	съ кънижьникы			глаахѫ инꙑ

63 インパーフェクト。а は 2 つが本来。

64 →§11。

34

Ⓜ СЪПАСЕ. АЛИ СЕБЕ НЕ МОЖЕТЪ　СЪПАСТИ　(32) Х̄Ъ Ц͠СРЪ ИЗДАИЛВЪ[65]. ДА

Ⓩ СП͠Е·　АЛИ СЕБЕ НЕ МОЖЕТЪ　СЪПАСТИ·　Х̄Ъ ЦРЬ ІЛЕВЪ·　ДА

Ⓐ СП͠СЕ·　А СЕБЕ ЛИ НЕ МОЖЕТЪ　СПАСТІ　Х̄Ъ ЦРЬ ИЛЕВЪ·　ДА

Ⓢ СП͠Е.　А ЛИ СЕБЕ НЕ МОЖЕТЪ　СП͠СТИ　Х̄Ъ ЦРЬ ИЗЛВЪ.　ДА

Ⓞ СП͠СЕ·　А СЕБЕ ЛИ НЕ МОЖЕТЪ　СЪПАСТИ　Х͠СЪ ЦРЬ ИЗ͠ЛКВЪ　ДА

65　ИЗДРАИЛЬ（イスラエル）から作った物主形容詞→§277。ИЗДРАИЛКВЪ。 Д は挿入音→『共通スラヴ語音韻論概説』§119。Ⓜは（省略符号がないので）ρ, ε が脱落している。

Ⓜ СЪНИДЕТЪ НЫНѢ　СЪ К͞РСТА.　ДА ВИДИМЪ И ВѢРѪ ИМЕМЪ І ПРОПѦТАѢ

Ⓩ СЪНИДЕТЪ НЫНѢ　СЪ КР͞СТА·　ДА ВИДИМЪ І ВѢРѪ ІМЕМЪ І ПРОПѦТАѢ

Ⓐ СЬНИДЕТЪ НЫНѢ　СЪ КР͞СТА·　ДА ВІДИМЪ И ВѢРѪ ИМЕМЪ ЕМОУ

Ⓢ СЪНИДЕТЪ НЫНІА　СЪ КРЬСТА.　ДА ВИДИМЪ И ВѢРѪ ИМЕМЪ.

Ⓞ СЪНИДЕТЬ НЫНѢ　СЪ КРЬСТА.　ДА ВИДИМЪ И ВѢРѪ ИМЕМЪ КМОУ

Ⓜ СЪ НИМЬ ПОНОШААШЕТЕ ЕМОУ.　(33) БЫВЪШИ ЖЕ ГОДИНѢ ШЕСТѢИ[66].　ТЪМА

Ⓩ СЪ НИМЬ· ПОНОШААШЕТЕ ЕМОУ.　БЫВЪШИ ЖЕ ГОДИНѢ ШЕСТѢІ·　ТЪМА

66　時を表す独立与格→§303。順序数詞は形容詞長語尾形と同じ語尾になるので，ШЕСТѢИ は正しい綴り→§265。

Ⓜ БЪІСТЪ ПО ВЬСЕИ ЗЕМИ[67]　ДО ДЕВѦТЫ͠А ГОДИНЪІ.　(34) І ВЪ ДЕВѦТѪѪ

Ⓩ Б͞ЪІС　ПО ВЬСЕІ ЗЕМЛ͠И·　ДО ДЕВѦТЫ͠А ГОДИНЪІ·　І ВЪ ДЕВѦТѪѪ ЖЕ

67　Ⓜの形は ЗЕМЬ の単数与格，Ⓩの形は ЗЕМЛІА の単数与格。

Ⓜ ГОДИНѪ ВЪЗЪПИ ИС͞Ъ　ГЛАСОМЬ ВЕЛИЕМЬ[68]　ГЛ͠А.　ЕЛИШИ ЕЛИШИ ЛИМА

Ⓩ ГОДИНѪ ВЬЗЪПИ ИС͞　ГЛАСОМЬ ВЕЛЬЕМЬ　ГЛ͠А·　ЕЛОІ　ЕЛОІ· ЛИМА

68　物主形容詞 БОЖИИ と同じ変化→§277。

Ⓜ САВАХ͞ТАНИ[69].　ЕЖЕ ЕСТЪ СЪКАЗАЕМОЕ[70]　БЖ͠Е БЖ͠Е МОИ　ВЪСКѪЖ МѦ

Ⓩ ЗАВАХЪ͞ТАНИ·　ЕЖЕ ЕСТЪ СЪКАЗАЕМО·　БЖ͠Е МОИ· БЖ͠Е МОИ ВЪСКѪЖ МѦ

69　ЕЛИШИ ～ САВАХТАНИ はアラム語。「神よ，なぜ私を見捨てられたのですか」。

70　注 35 に同じ。

Ⓜ ѡстави. (35) ι єдини   ѡтъ стоѭштихъ. слъшавъше глаахѫ. виждъ

Ⓩ ѡстави·   ι єтєри⁷¹ ѡтъ стоѭштихъ· слъшавъше глаахѫ· виждь·

71　єтєръ は形容詞短語尾形に準ずる語尾を持つ代名詞（→§248）なので，єтєри が
　　普通。ここは形容詞長語尾形と同じ語尾をとっている→§250。

Ⓜ илиѭ глашаатъ⁷². (36) тєкъ⁷³же єдинъ   исплънь гѫбѫ ѡцьта⁷⁴. ι

Ⓩ ιлиѭ глашаєтъ·   Тєкъ же єдинъ· ι исплънь гѫбѫ ѡцьта·

72　ⓂとⓏの対応については→§84 脚注。
73　тєци の能動分詞過去短語尾。ここは「走る」の意。
74　исплънь は исплънити の能動分詞過去短語尾→§69。гѫба は「海綿」。ѡцьтъ
　　は「酢」（Ⓜの ѡцьта は ѡцьта の誤り）。ここは生格。「海綿に酢をしみこます」。

Ⓜ възнєзъ⁷⁵ на тръсть напаѣше⁷⁶ и гла. нє дѣтє⁷⁷ да видимъ. аштє

Ⓩ възньзъ   на тръсть· напаѣаше ι гла· нє дѣιтє   да видимъ· аштє

75　възнисти（vŭz-niz-ti > vŭznisti →§33。「そえる」の意。現在形は възньзѫ,
　　възнизєши ～）。不定形語幹と現在形語幹のあいだに i(и) - ĭ(ь) の母音交替がある。
　　ここは，現在語幹から作った能動分詞過去。Ⓜは，ь の上にアクセントがあるた
　　めに，є になった。
76　напаιати（поить の意）。
77　дѣιати の命令形。нє дѣтє は「待て」，「やめろ」の意。

Ⓜ придєтъ илиѣ сънѫтъ⁷⁸ єго. (37) ιс̄ же поуцьь⁷⁹ гласъ вєлии⁸⁰ издъше⁸¹.

Ⓩ придєтъ ιлиѣ· сънѫтъ   єго·   Ис̄ же поуштъ гласъ вєлы· ιздъше·

78　目的詞→§43。
79　поустити の能動分詞過去短語尾→§69。
80　物主形容詞と同じ形。
81　издъхнѫти のアオリスト 3 人称単数。издъх から作る→§62。

Ⓜ (38) ι опона црⷦвнаѣ   раздъра⁸² сѧ на дъвоє съ въше до нижє.

Ⓩ   ι опона црⷦъвънаа раздъра   сѧ на дъвоє· съ въше до нижє·

82　раздьра が正しい。

Ⓜ (39) видѣвъ же сотъникъ стоѩи прѣмо ємоу. ѣко тако възъпивъ

Ⓩ   видѣвъ же сътъникъ стоιѩ прѣмо ємоу· ѣко тако възъпивъ

36

Ⓜ издъше[83]. рече въ істинѫ чл͞къ съ с͞нъ божин[84] бѣ. (40) бѣахѫ же и

Ⓩ ізлъше рече· въ істинѫ ч͞къ сь· с͞нъ б͞жы бѣ Бѣахѫ же

83　注 81 に同じ。
84　物主形容詞。②の б͞жы は божьн。

Ⓜ женъı издалече зърѫшта. въ нихъже бѣ и мариѣ магдалини. ι

Ⓩ женъı ізлалече зърѫшта вь нихъ же бѣ мариѣ магдалъıнѣ· ι

Ⓜ мариѣ нѣкова малаего[85]. ι мати носнова ι саломи. (41) ѣже егда бѣ въ

Ⓩ мариѣ ιекова малааго· ι мати ιоснова ι саломи· ѣже егда бѣ въ

85　→ §264。

Ⓜ галилеи по немь хождаахѫ и слоужаахѫ емоу. ι инъı мъногъı

Ⓩ галилеι· по немь хождаахѫ ι слоужаахѫ емоу· ι инъı многъı·

Ⓜ въшедъшѧѩ[86] съ нимь въ ι͞л͞м͞ъ

Ⓩ въшьдъшѧѩ съ нимь въ ерлмъ

86　мъногъı въшедъшѧѩ は「(エルサレムに) 上りし多くの女」。複数主格。「多くの男」なら，мъноѕи въшедъшни になる。

テキスト⑤

シナイ詩篇より
第 35 章

　シナイ詩篇第 35 章から。左にテキストそのままの形（ただし，不要な装飾
は除きました），右に本書で採用する標準化正書法にしたがって書き直し，省
略された部分を（　）で補ったものを載せます。注は，標準化正書法にしたが
って書き直した右側の部分につけます。ѧ を ꙗ と綴るまちがいが多いですが，
標準化正書法に関わるものだけを修正します。『古代教会スラヴ語入門』を参
照しながら，ꙗ を ѧ に修正する作業をおこなってみて下さい。

Сѫди г҃ⷣ· обидѣѭщіімъ мꙗ: ~	Сѫди[1], г(оспод)и, обидѣѭщимъ мꙗ[2].
Възбрани борѭштіімъ	Възбрани борѭщимъ
сꙗ со мьноѭ ~ ~	сꙗ со мьноѭ.
Приими орѫжіе і цитъ: ~	Приими орѫжик и цитъ
И въстани въ помощь моѭ ~	И въстани въ помощь моѭ.
Исоуни орѫжие· и завьри прѣ-	Исоуни[3] орѫжик и завьри[4] прѣ-
дь гонꙗштіімь мꙗ: ~	дь гонꙗщимь[5] мꙗ.
Рьци дш҃и моеи спение твое	Рьци д(оу)ши моки, с(ъ)пасеник твок
есмь азъ: Да постъідꙗ-	ксмь азъ. Да постъідꙗ-
тъ сꙗ і посрамлѣѭтъ сꙗ: ~	тъ сꙗ и посрамлꙗѭтъ сꙗ
Іскѫштиі дш҃ѧ моеꙗ ~	Искѫщии[6] д(оу)шꙗ моки.
Да възвратꙗтъ сꙗ въспꙗ-	Да възвратꙗтъ сꙗ въспꙗ-
тъ і постъідꙗтъ сꙗ мъі-	тъ и постъідꙗтъ сꙗ мъі-
слꙗщиі мьнѣ зълаа: ~	слꙗщии мьнѣ зълаа[7].
Да бѫдѫтъ ѣко прахъ прѣдъ	Да бѫдѫтъ ꙗко прахъ прѣдъ
лицемь вѣтра: И аг҃глъ	лицемь вѣтра, и ангелъ[8]

38

гⷩнь сътѧжаѩ їмъ: ～

Бѫди пѫть іхъ тъма і плѣ-
zокъ

И аⷬгⷧъ гⷩнь поганѣѩ и ～ ～

Ѣко ашоуть съкрышѧ мнѣ па-
гоубѫ сѣти своеѩ: въсоуе
поносишѧ дⷲши моеи: ～

Да придетъ емоу сѣть еѩже не
съвѣсть: И лесть ѭже
съкры обьметъ і: И въ
сѣть да въпадетъ въ нѭ: ～

Дⷲша же моѣ въздрадоуеть
сѧ о гⷧⷦ Насладитъ сѧ о
съпасени его: ～

Въсѧ кости моѩ рекѫтъ гⷧⷦ
гⷧⷦ къто подобенъ тебѣ: ～
Їзбавлеѩѩ нища їz-д-рѫ-
кы прѣпьши.. хъ его: ～
І нища і оубога отъ расхы-
цаѭцинхъ і ～ ～

Вставъше на мѧ съвѣдѣ-
теле неправедьнии: Іхъ-
же не съвѣдѣахъ въпрашаахѫ
мѧ: ～

въздаахѫ ми zълаа въз до-
браа: И бецѧдие дⷲши моеи: ～

г(оспод)нь сътѧжаѩ⁹ имъ

Бѫдѣ пѫть ихъ тъма и плѣ-
зокъ¹⁰

И ангелъ г(оспод)нь поганаѩ и

Ꙗко ашоуть¹¹ съкрышѧ мнѣ па-
гоубѫ¹² сѣти своѥѩ: въсоуѥ
поносишѧ¹³ д(оу)ши моѥи.

Да придетъ кмоу сѣть кꙗже не
съвѣсть: И лесть, ѭже
съкры, обьметъ и: И въ
сѣть да въпадетъ въ нѭ¹⁴

Д(оу)ша же моꙗ въздрадоукть¹⁵
сѧ о¹⁶ г(оспод)и Насладитъ сѧ о
съпасени¹⁷ кго

Въсꙗ кости моꙗ рекѫтъ, «Г(оспод)и,
г(оспод)и, къто подобенъ тебѣ
Избавлаꙗ нища из-д-рѫ-
кы¹⁸ крѣпльшихъ¹⁹ кго
И нища и оубога отъ расхы-
цаѭцинхъ и»

Вставъше на мѧ съвѣдѣ-
теле²⁰ неправедьнии Ихъ-
же не съвѣдѣахъ въпрашаахѫ
мѧ²¹

въздаахѫ ми зълаа въз²² до-
браа и бецѧдик²³ д(оу)ши моѥи

【注】

1 ここは与格要求。

2 обидѧцинмъ мѧ が正しい。以下同様の例が多い。

3 исоунѫти。「剣を抜く」の「抜く」の意味。

4 заврѣти。「道を塞ぐ」の「塞ぐ」の意。

5 不定形は гънати（現在形 женѫ, женеши ～）ではなく гонити（現在形 гонѭ, гониши ～）。

6 искати は JE 語幹動詞，現在形は ицѭ, ицеши ～ なので，ицѫцин が正しい（不定形が искоусити なら искоусѧцин）。искати はしばしば E 語幹動詞と取り違えられる（補遺⑤）。доушѧ моѥѩ は生格。

7 中性複数対格。зълаа が正しい。母音の後の ꙗ はしばしば а と綴られる。

8 原文は аⷬгⷧъ。シナイ詩篇では，しばしばこう綴られる。

9　「圧する」「斥ける」。与格要求。

10　「つるつるしている」「すべる」の意。前の **тьма** は名詞。

11　「ゆえなく」の意。1 行下の **въсоуѥ** もほぼ同じ。

12　「破滅」がもともとの意味。**сѣти своѭ** は単数生格。

13　**поносити** は「誹謗する」の意。与格要求。

14　9 行目 **съвѣстъ** は **съвѣдѣти** の 3 人称単数現在だが，主語は「敵」，10 行目 **съкры** は **съкрыти** のアオリスト 3 人称単数だが，主語は「味方」，11 行目 **въпадетъ** の主語は「敵」。意味をくんで訳す。**обьметъ** は **обѧти**（現ロ：обнять）の現在形→§95。**въ сѣтъ** と **въ нѭ** は重複している感じ。

15　**д** は挿入音→『共通スラヴ語音韻論概説』§119。

16　→§312。

17　**съпасении** が正しい。

18　**д** は挿入音→『共通スラヴ語音韻論概説』§119。

19　**крѣпити**（ここは「略奪する」の意）の能動分詞過去→§69。本文は誤記と考えられるので，修正した。

20　**съвѣдѣтель** の複数形なので，**съвѣдѣтели** が正しい。

21　**съвѣдѣахъ** はインパーフェクト 1 人称単数，**въпрашаахѫ** はインパーフェクト 3 人称複数。**Ихъ же** は関係代名詞で，受ける語が省略されている→§310。о том, чего я не знал, вопрошали меня という感じ。「わが知らざることを詰り問う」が文語訳聖書の訳。

22　**въз** は現代ロシア語では воз にあたり，前置詞としては使われないが，古代教会スラヴ語では「～の代わりに」の意味の前置詞として使われる。対格支配が一般的。**зълаа** は **добраа** ともに中性複数対格。**зълаꙗ, добраꙗ** が正しい。

23　**без-чадиѥ** > **бецѧдиѥ**。「子供のないこと」「根絶やしにすること」が直訳。**доуши моеи** は与格。「魂に対して根絶やしの状況を与える」というような意味。「魂をよるべなきものとする」が文語訳聖書の訳。

【訳】

　主よ，私を辱める者を裁いてください。私と戦う者に反撃してください。矛と盾を取り，私を助けるために立ち上がってください。矛を抜き，私を追う者の前にたちはだかってください。私の魂に対して，余は汝の救いである，と言ってください。私の魂をたずねる者が，辱められ，恥辱にまみれるように。私に悪しきことどもをたくらむ者らが，ひき返し，はずかしめられるように。（彼らが）風の面前の塵のごとくなるように。そして神の使いが彼らを追いやるように。彼らの歩む道が暗く，滑りやすいものとなるように。神の使いが彼らを排斥するように。彼らはゆえなく私に破滅の罠を隠し，ゆえなく私の魂を誹謗する。敵の知らぬ罠が敵に襲いかかり，味方の隠した奸計が敵をとらえるように。その罠の中に敵が落ちるように。私の魂はエホバによって喜び，その救いを楽しむ。私の骨はみな言う。「主よ，主よ，汝に匹敵するものがあるだろうか，貧しき者を，迫害する者の手から救い，貧しく弱き者を，強奪する者から救う汝に」。不正なる証人たちが私にむかって立ち上がり，私が知らざることを詰り問う。彼らは悪をもって私の善に報い，私の魂をよるべなきものとする。

トルストイ『戦争と平和』より

　　トルストイの『戦争と平和』のなかに，一カ所，完全な古文で書かれた部分があります。第3部第1章第18節，ナターシャの意を受けた僧侶が，ナポレオンの手からロシアを救ってくれるように神に祈る場面です。トルストイが作った文章のようで，さすがに文句のつけようのない祈りの文になっています。ところが，この文の中には，旧約聖書の『詩篇』からの引用がたくさん隠れています。『詩篇』は，ユダヤ民族の受難の歴史を綴る壮大な叙事詩で，古来，多くの文学作品に引用されてきました。トルストイは，ナポレオンに蹂躙されようとする祖国の嘆きを表現する祈りの中に，旧約の言葉を隠したのです。テキスト⑤を読んだ後，このテキストを読んで，どこにどんな引用が隠れているかを，たしかめてみてください。ちなみに，下の文の中には，『詩篇』からの引用（テキスト⑤で出した部分以外からの引用）が，さらにあります。『詩篇』全編を読んでみて，その部分を確認していくのも，面白い作業でしょう。19世紀には，『詩篇』のロシア語訳は各種出ていたでしょうから，トルストイがどのテキストを読んでいたかは，わかりません。翻訳は直訳調としました。名だたるロシア文学者たちが，工夫を凝らした名訳を作っていますので，文学的な訳を望まれる方は，そちらを参照してください。最後に，トルストイの書いたこの文章が，もし古代教会スラヴ語で書かれていたらどうなっていたかを，試しに載せてみます。トルストイの原文と，古代教会スラヴ語バージョンのあいだの，微妙な綴りの違いを吟味してみてください（特に『共通スラヴ語音韻論概説』§42〜45に注意）。トルストイのテキストには，печатные варианты がけっこうあるので，現在のところの決定版全集 «Л. Н. Толстой: Полное собрание сочинений 1972» をもとにしました。

Господи Боже сил[1], Боже спасения нашего! Призри[2] ныне в милостях и щедротах на смиренныя люди Твоя[3], и человеколюбно услыши, и пощади, и помилуй нас. Се враг смущаяй[4] землю Твою и хотяй[4] положити вселенную всю пусту[5], восста[6] на ны[7]; се люди беззаконнии[8] собрашася[9], еже[10] погубити достояние Твое, разорити честный Иерусалим[11] Твой, возлюбленную Твою Россию: осквернити храмы Твои[12], раскопати алтари и поругатися[13] Святыне нашей. Доколе, Господи, доколе грешницы восхвалятся? Доколе употребити имать законопреступный власть[14]?

Владыко Господи[15]! Услыши нас молящихся Тебе: укрепи силою Твоею благочестивейшего, самодержавнейшего[16] великого государя нашего императора Александра Павловича; помяни[17] правду Его и кротость, воздаждь[18] Ему по благости Его, ею же хранит ны[19], Твой возлюбленный Израиль[20]. Благослови Его советы[21], начинания и дела; утверди всемогущею Твоею десницею царство Его, и подаждь[22] Ему победу на врага[23], яко же Мovceю на Амалика, Гедеону на Мадиама и Давиду на Голиафа[24]. Сохрани воинство Его, положи лук медян[25] мышцам во имя Твое ополчившихся[26], и препояши[27] их силою на брань. Приими[28] оружие и щит, и восстани[29] в помощь нашу, да[30] постыдятся и посрамятся мыслящии[31] нам злая[32], да будут пред лицем[33] верного Ти[34] воинства, яко прах пред лицем ветра, и Ангел Твой сильный да будет оскорбляяй[35] и погоняяй[35] их; да приидет[36] им сеть, юже[37] не сведают[38], и их ловитва, юже сокрыша[39], да обымет их; да падут пред ногами рабов[40] Твоих и в попрание воем нашим[41] да будут. Господи! Не изнеможет[42] у Тебе[43] спасати во многих и в малых[44]; Ты еси[45] Бог, да не противовозможет противу[46] Тебе человек.

Боже отец наших[47]! Помяни щедроты Твоя[48] и милости яже[49] от века суть[50]; не отвержи[51] нас от лица Твоего, ниже[52] возгнушайся[53] недостоинством нашим, но по велицей[54] милости Твоей и по множеству щедрот Твоих, презри[55] беззакония и грехи наша[56]. Сердце чисто созижди[57] в нас, и дух прав обнови[58] во утробе нашей; всех нас укрепи верою в Тя[59], утверди надеждою, одушеви истинною друг к другу любовью, вооружи единодушием на праведное защищение одержания[60], еже дал еси[61] нам и отцем[62] нашим, да не вознесется жезл нечестивых на жребий освященных.

Господи Боже наш[63], в Него же веруем и на Него же[64] уповаем, не посрами нас от чаяния милости Твоея[65], и сотвори знамение во благо, яко да[66] видят[67] ненавидящии[68] нас и православную веру нашу, и посрамятся и погибнут; и да уведят[69] все страны, яко имя Тебе[70] Господь, и мы люди[71] Твои. Яви нам, Господи, ныне милость Твою и спасение Твое даждь[72] нам; возвесели сердце рабов[73] Твоих о[74] милости Твоей; порази враги наши[75], и сокруши их под ноги[76] верных Твоих вскоре. Ты бо еси[77] заступление, помощь и победа уповающих на Тя[78], и Тебе славу воссылаем Отцу и Сыну и Святому Духу и ныне, и присно, и во веки веков. Аминь.

【注】

1　сил は複数生格。「力の神よ」が直訳。

2　призреть は現代ロシア語では「（寄るべのない人の）世話をする」という意味の頻度の低い動詞だが，本来「目を向ける」という意味。презреть は，「通過して（пре = пере）見る→無視する，黙認する，軽く見る」という意味で，間違いやすい。注 55 参照。

3　〈主格＝対格〉になっている。смыренныя の語尾は，古代教会スラヴ語なら ꙑꙗ → § 265, твоя は，古代教会スラヴ語なら твоꙗ → § 235。

4　能動分詞現在長語尾男性単数主格→ § 125。

5　положити は「置く」という意味だが，ここは「（〜を〜に）する」という意味で使っている。пусту は形容詞短語尾形の女性単数対格で，「全世界を（вселенную всю）空虚なものに（пусту）する（положити）」の意味→ § 307。

6　アオリスト 3 人称単数→ § 61。

7　→ § 234。

8　男性複数主格→ § 265。

9　アオリスト 3 人称複数→ § 61。

10　これは関係代名詞ではなくて，чтобы に近い使い方。

11　「聖地」の意味で，ここでは具体的にはモスクワを指している。

12　男性複数対格だから，注 3 と同じで，твоя にすべきところ。

13　与格を要求している。

14　имать は иметь の現在形 3 人称単数（→ § 172）で，未来の意味を表す→ § 130, § 176。власть は女性名詞だから，законопреступный は「無法の輩」という名詞扱いで，ナポレオンのことを言っている。власть は употребити の補語。「どこまで，無法の輩は，権力をほしいままにするつもりなのか」。

15　Владыко, Господи はいずれも呼格→ § 209, § 215。

16　皇帝アレクサンドル 1 世につける最高級の形容詞。самодержавнейшего は，かなり強引に作った形容詞の最上級。

17　「心に留める」「心に刻む」といった意味。

18　命令形→ § 150。

19　ны は対格→ § 234。хранит の主語はアレクサンドル 1 世。ею же は関係代名詞→ § 238。「皇帝が，それによって私たちを守ってくださっている，その慈愛に鑑み」というような意味。

20　エルサレムがモスクワのことだから，イスラエルはロシアを指す。

21　совет はここでは，намерение, план の意。

22　注 18 に同じ。

23　〈生格＝対格〉になっている。враг でもよいところ。

24　いずれも旧約聖書のエピソードから採る。モーゼとアマリクの戦いは『出エジプト記』，マディアムとギデオンの戦いは『士師記』，ダヴィデとゴリアトの戦いは『サムイル記』。モーゼ（の与格）は «Л. Н. Толстой: Полное собрание сочинений 1972» では，Мочсею と綴られる（多くのテキストは Мойсею）。これは，ギリシャ語の υ(ypsilon) が，古代教会スラヴ語では v で受けられ（→ § 10），モーゼが Мочсеи と綴られることがあることに

原因していると考えられる。

25 медяный という形容詞の短語尾で лук にかかる（形容詞短語尾形が直接名詞を修飾することについては→『ロシア文法の要点』§68）。「青銅の弓」。

26 「汝の名において（汝のために）武器を取った者たちの筋肉に（体に）青銅の弓を持たせてください」と言っている。во имя чего は現代ロシア語では「～のために」の意だが、古くは必ずしもそうではない。от имени чего（～の名において、～を代表して）の意味で使われることもある。ополчиться は、語根に полк を持つ動詞。

27 препоясать は「腰につけさせる」という意味の動詞で、語根は пояс。その命令形。腰につけるもの（この場合は「力」）を、造格にしている。

28 примими に同じ→『ロシア語史講話』§54。

29 命令形。現代ロシア語なら восстань。現代ロシア語とちがって、語尾は -ь にならない→§115。

30 目的を表す。

31 能動分詞現在長語尾男性複数主格→§125。

32 中性複数対格→§265。

33 →§207。

34 →§234。

35 能動分詞現在長語尾男性単数主格→§125。ここは不定形に準ずる形で使っている。

36 現代ロシア語は придет。ии が и に縮約した。приидет という綴りは 19 世紀にはまだ使われることがある。

37 関係代名詞→§238。

38 ведати（→§169）に接頭辞 c- がついた動詞。

39 アオリスト 3 人称複数。これは不定人称文のような使い方。主体は「味方」で、「敵」ではない。邦訳によっては、敵が自分でしかけた罠にかかるような意味にとられている。

40 複数生格だから、古代教会スラヴ語なら рабъ となっているところ→§196。

41 「我々の兵士に蹂躙される」。воем нашим は複数与格→§196。

42 изнемочь は、「力を失う」という意味だが、ここは невозможно の意味の無人称動詞のように使っている。「汝においては、老いも若きも、救うことあたわずということなし」。

43 生格→§234。

44 во многих и в малых は「老いも若きも」という定式的な表現。

45 →§180。

46 противу という語は、現代ロシア語にはないが、古くはある。против と同意。生格も与格もとる。「汝は神であり、汝に歯向かうことは人にはできないのであるから」。противовозможет は、противо возможет と 2 語にしているテキストもあるが、«Полное собрание сочинений» に基づいて 1 語ととった。

47 отец は複数生格→§199。「私たちの父たちの神よ」が本来の意味。「私たちの先祖たちを守ってきてくれた神」という含みの表現（だから отец の o は大文字にならない）。多くの翻訳で「我らが父なる神よ」となっているが、これは訳としてはしかたがないところ。

48 女性複数対格。

49 関係代名詞。女性複数主格。

50 「太古の昔からある」の意。

51 現代ロシア語の不定形は отвергнуть。古代教会スラヴ語なら отъврѣщи →§93。

52 全否定→§306。

53 「いやになる」「嫌悪する」の意。造格を要求している。

54 第 2 硬口蓋化による綴り。

55 これは「無視する」「看過する」の意。注 2 参照。

56　男性複数対格。

57　「～を～に作る」という，注5に示したのと同じ構造の文。созидать（現在形 созидаю，созидаешь ～）という動詞はある。命令形は созидай になる。ここは созижду，созиждешь ～という現在形を想定した命令形。

58　注57と同じ構造の文。

59　→ §234。

60　「持つこと」「持つもの」という意味からいろいろな意味になる。「財産」「国土」など。

61　еси → §180。дал еси はパーフェクト→ §143。

62　複数与格→ §199。邦訳によっては単数造格ととっているが，間違い。

63　代名詞は呼格を持たず，主格で代用する。

64　関係代名詞→ §238。

65　女性単数生格。

66　目的を表す。

67　この動詞の補語は православную веру нашу。「我々を憎む者たちが，我々の正教の信仰を見て，潰え去るように」。

68　男性複数主格→ §125。

69　不定形は уведеть → §165。

70　「汝の名前」→ §311。

71　集合名詞。現代ロシア語の люди は，語末の е が落ちて生まれたもの。

72　→ §150。

73　複数生格だから，раб が本来の形。

74　→ §312。

75　〈主格＝対格〉になっている。

76　動きを表す感じなので，対格を使っている。

77　→ §180。

78　→ §234。

【訳】
　力持てる神よ，我らの救いの神よ。いま，慈愛と寛大さの中で，心穏やかなる汝の民に目をむけてください。人を愛する心をもって，我らの声に耳を傾け，我らを憐れみ，慈悲を垂れてください。汝の地を荒らし，全世界を空虚と化そうとしている敵が，我らにむかって立ち上がりました。この無法の輩どもは，汝の財産を滅ぼし，尊き聖地たる汝の町モスクワを，汝がかなでしロシアを蹂躙するために集結いたしました。汝の教会を冒涜し，聖壇を掘り返し，我らの聖なる宝を貶めるためであります。主よ，どこまで，どこまで罪びとたちはおごり高ぶるのでしょうか。あの無法の男はどこまで権力をほしいままにするのでしょうか。
　主なる神よ！　汝に祈る我らの声に耳を傾けてください。こよなく敬虔な君主，偉大なる我らの皇帝アレクサンドル・パーヴロヴィチを汝の力で強くしてください。彼の真実と柔和を心に留め，彼が我らをそれによって守っているところの，その敬虔さに鑑みて，彼に汝の愛する聖地たるロシアをお与えください。彼の企図，事業，行いに祝福を与えてください。汝の万能の右手で彼の帝国を強め，彼に敵に対する勝利をお与えください。アマリクに対する勝利をモーゼに，マディアムに対する勝利をゲデオンに，ゴリアトに対する勝利をダビデに，お与えになったように。彼の軍を守り，汝のために武装した者たちの体に，青銅の弓をお与えください。彼らに戦いへ向かう力をお与えください。矛と盾をとり我らを救うために立ち上がってください。我らに悪しきことどもを企む者らが，辱められ，屈辱にまみれるように。汝に忠誠なる軍の面で，風の前の塵のごとくなるように。汝の力強き天使が，彼らを辱め，追いやるように。彼らの知らぬ網が彼らを捕えるように。隠された奸計が，彼らをからめとるように。彼らが汝の僕たちの足下に伏し，我らの兵たちに蹂躙されるように。主

よ！　大なるものも小なるものも，汝が救い得ざるものはないのですから。汝は神であり，何人も汝に抗うことはかなわぬのですから。

　我らの父たちの神よ！　太古の昔からある，汝の寛大さと慈愛を忘れないでください。我らを汝の面から斥けず，我らのいたらぬことをお怒りにならないでください。大きな慈愛と汝の寛大さによって，我らの無法と罪をおゆるしください。我らの中に純なる心を作り，我らの体の中で，魂を新しくしてください。我らすべてを汝への信仰で強め，希望で固め，互いに対する真の愛で鼓舞してください。汝が我らと我らの父たちに与えてくださった国土を正しく守りぬくための団結した心で，武装させてください。不実なる者たちの杖が聖なる者たちの運命の上に振り下ろされぬようにしてください。

　主なる我らが神よ。我らは汝を信じ，汝に期待を寄せます。汝の慈愛を待つ心を裏切らないでください。善の徴をお作りください。我らを憎む者らが，我らの正教の信仰を目にして，辱められ，滅び去るように。すべての国が，汝の名は主であり，我らは汝の民であることを知るように。主よ，今我らに汝の慈愛をお示しください。汝の救いを我らにお与えください。汝の僕たちの心を汝の慈愛で喜ばせてください。我らの敵を倒し，汝に忠実なる者らの足下にひれ伏させてください。汝は汝に期待を寄せる者の守りであり，救いであり，勝利です。汝，父と子と聖霊に賛辞を送ります。今も，未来も，とこしえに。アーメン。

古代教会スラヴ語に書き直したもの

Господи Боже силъ, Боже съпасениıа нашего! Призьри нынѣ въ милостьхъ[1] и щедротахъ на съмирıенъııа[2] люди Твоıа[3], чловѣколюбьно[4] оуслъіши, и поцıади, и помилıи насъ. Се врагъ съмıщаıаıı землıа Твоıа и хотıаи положити въселıенжıж[5] вьсıж[6] поустıж въсста на нъı; се люди беꙁаконьнии[7] събьрашасıа, ıеже погоубити достоıаниıе Твоıе, раꙁорити чьстьнъıи Иероусалимъ Твои, въꙁлюблıенжıж[8] Твоıа Россиıж: осквьрънити[9] храмъı Твоıа[10], раскопати алъⷮтарıа[11] и порıжгатисıа Свıатъıни[12] нашеи. Доколѣ, Господи, доколѣ грѣшьници[13] въсхвалıатъсıа? Доколѣ оупотрѣбити имать ꙁаконопрѣстжпьнъıи власть?

Владъıко Господи! Оуслъіши насъ, молıащихъсıа Тебѣ: оукрѣпи силоıж Твоıеıж благочьстивѣишаго, самодръжавьнѣишаго[14] великаго госоударıа нашего императора Александра Павьловича; помıани правьдıж Юго и кротость, въꙁдаждь Юмоу по благости Юго, ııж же хранитъ нъı, Твои въꙁлюблıенъıи[15] Иꙁдраилъ[16]. Благослови Юго съвѣтъı, начинаниıа и дѣла; оутврьди[17] вьсемогжщеıж Твоıжıж десницеıж цѣсарьство[18] Юго, и подаждь Юмоу побѣдıж на врага, ıако же Моусею на Амалика, Гедеоноу на Мадиıама и Давидоу на Голиаѳа. Съхрани воиньство Юго, положи лоукъ мѣдѣнъ[19] мъıшьцамъ въ имıа Твоıе оплъчивъшихъсıа[20], и прѣпоıаши ихъ силоıж на брань. Прими орıжжиıе и щитъ, и въстани в помощь нашıж, да постъıдıатъсıа и посрамıатъсıа мъıслıащии намъ ꙁълаıа, да бжджтъ прѣдъ

лицемь вѣрьнаго Ти воиньства, ꙗко прахъ прѣдъ лицемь вѣтра, и Ангелъ
Твои сильнꙑи да бѫдетъ оскрьблꙗꙗи и поганꙗꙗи[21] ихъ; да придет имъ
сѣтъ, ꙗже не съвѣдаютъ, и ихъ ловитва, ꙗже съкрꙑша, да обьметъ[22] ихъ;
да падѫтъ прѣдъ ногами рабъ[23] Твоихъ и въ попраниѥ воѥмъ нашимъ да
бѫдѫтъ. Господи! Не изнеможетъ оу Тебе съпасати въ мъногꙑхъ и въ
малꙑхъ; Тꙑ кси Богъ, да не противовъзможетъ противѫ Тебѣ[24] чловѣкъ.

　Боже отьць нашихъ! Помꙗни щедроты Твоꙗ и милости ꙗже отъ
вѣка сѫтъ; не отврьжи[25] насъ отъ лица Твокго, ниже възгнѫшавъсꙗ
недостоиньствомь нашимь, нъ по велицѣи милости Твоки и по мъножьствоу
щедротъ Твоихъ, прѣзьри безакониꙗ[26] и грѣхꙑ[27] нашꙗ. Срьдьце[28] чисто
съзижди въ насъ, и доухъ правъ обнови въ оутробѣ нашеи; вьсѣхъ насъ
оукрѣпи вѣрожѫ в Тꙗ, оутврьди[29] надеждожѫ, одоушеви истиньножѫ дроугъ
къ дроугоу любовижѫ, въорѫжи кдиноудоушиꙗмъ на правьдьнок защищениѥ
одрьжаниꙗ[30], ꙗже далъ кси намъ и отцемъ нашимъ, да не възнесетъсꙗ
жьзлъ нечьстивꙑхъ на жрѣбии освꙗщенꙑхъ[31].

　Господи Боже нашь, въ Нь же вѣроукмъ и на Нь же оуповакмъ, не посрами
насъ отъ чаꙗниꙗ милости Твокꙗ и сътвори знамениѥ въ благо, ꙗко да
видꙗтъ ненавидꙗщии насъ и православьнѫѭ вѣрѫ нашѫ, и посрамꙗтъсꙗ
и погꙑбнѫтъ; и да оувѣдꙗтъ вьсꙗ[32] страны, ꙗко имꙗ Тебѣ Господь, и мꙑ
людиѥ Твои. Ꙗви намъ, Господи, нꙑнѣ милость Твожѫ и съпасениѥ Твоѥ
даждь намъ; възвесели срьдьце рабъ Твоихъ о милости Твоки; порази
врагꙑ[33] нашꙗ[34], и съкроуши ихъ подъ ногꙑ[35] вѣрьнꙑхъ Твоихъ въскорѣ.
Тꙑ бо кси застѫплениѥ, помощь и побѣда оуповающихъ на Тꙗ, и Тебѣ
славоу въссꙑлакмъ Отьцоу и Сꙑноу и Свꙗтомоу Доухоу и нꙑнѣ, и присно, и
въ вѣки вѣковъ. Аминь.

【注】
1　i 語幹名詞だから，-ьхъ 語尾になる→ §215。
2　受動分詞過去だから，н はひとつ→ §78。語尾は→ §265。
3　→ §235。
4　человек は古代教会スラヴ語では чловѣкъ。
5　名詞だが，「住みつかれたところの」という受動分詞からできているので，н はひとつ。
6　古代教会スラヴ語では，正しくは вьсѫ → §255。
7　古代教会スラヴ語では一般に зз が縮約してひとつになる。
8　受動分詞過去だから，н はひとつ。
9　оскврънити が古代教会スラヴ語の綴り。
10　→ §235。
11　алътарь は jo 語幹男性名詞なので，複数対格は алътарꙗ が正しい→ §196。

12 軟変化女性名詞。単数与格は -и 語尾になる→ §209。

13 複数主格→ §199。

14 самодръжавнѣишии が古代教会スラヴ語の綴り。

15 受動分詞過去だから，н はひとつ。

16 古代教会スラヴ語では挿入音（→『共通スラヴ語音韻論概説』§119）д が入った形が規範。

17 оутврърдити が古代教会スラヴ語の綴り。

18 現代ロシア語の царство は，古代教会スラヴ語では цѣсарьство。

19 古代教会スラヴ語では мѣдѣнъiи。

20 оплъчитисѧ が古代教会スラヴ語の綴り。

21 不定形語幹 B3 タイプに属す不完了体動詞 погонити から，不定形語幹 B1 タイプに属す不完了体動詞が派生している。そのさい，不完了体の語幹中の母音 o は，古代教会スラヴ語では長化して а になり，поганiати が生まれる。この交替は，現代ロシア語では解消され o に戻る→補説 7。

22 обѧти の現在形 3 人称単数。接頭辞は語末に ъ を持たないから，この形になる→ §95。об が類推の働きによって，語末にъ を持つと，объ-иму → обыму となる。類推の働きによって н をひろう（→『ロシア語史講話』§54）と обниму となる。

23 複数生格だから，古代教会スラヴ語なら，主格と等しい→ §196。

24 противж は生格も与格もとるが，ここは与格とした。

25 古代教会スラヴ語の不定形は отъврѣщи → §93。

26 注 7 に同じ。

27 男性複数対格だから，語尾は -ы → §199。

28 古代教会スラヴ語の綴りは срьдьце。

29 古代教会スラヴ語の綴りは оутврьди。

30 古代教会スラヴ語の綴りは одръжаниѥ。

31 受動分詞過去だから н はひとつ。

32 女性複数主格→ §255。

33 注 27 に同じ。

34 男性複数対格→ §235。

35 → §213。

テキスト⑦

キエフ断片より

　キエフ断片は 9 世紀末か 10 世紀のはじめに西スラヴ地区で書かれたと考えられる西方教会式の祈祷書。西スラヴ語の特徴が随所に現れるので，古代教会スラヴ語の文献の中に含めないことが多いようです→ §2。tj>c’, dj>z’, ktĭ, gtĭ>c’ という現われの観察される部分をとってみます（В. Нимчук, Киевские глаголические листки より）。『共通スラヴ語音韻論概説』（§79 ～ §81）を参照してください。本書で採用する標準化正書法によって書き直したものを，各行の下に，（　　　）つきで下に出します（ѧ を ꙗ と綴っている場合は，ѧ に直しました）。

1

Просимъ тѧ г(оспод)і дажь намъ· да свꙗты твоі въсѫждъ приемлꙗще
(Просимъ) (тѧ) (господи)　　　　　　(свѧты) (твои)　　(приемлѧще)

достоіні бѫдемъ очищениѣ твоего· і вѣра твоѣ въ насъ да
(достоини)　　　(очищениꙗ) (твокго) (и)　　　(твоꙗ)

въздрастетъ: г(осподь)мь нашімь ис(оусо)м(ь).
　　　　　　　　(нашимь) (Исоусомь)

【訳】
　主よ，あなたにお願いします，あなたの神聖なる聖餐を授かる我々が，あなたの浄罪に値するものとなり，あなたの信仰が我々の中に育まれることを，私たちにお許しください。我らが主なるイエスによりて。

49

1行目真ん中あたりの**дазь**（ここは**да**以下のことを「許す」「認める」の意）と1行目末の**прикмлѭцк**は，古代教会スラヴ語の他の文献であれば，それぞれ**даждь**（→§150），**прикмлѭцик**となるところ。**въсѫдъ**は「聖餐」の意味。

$$
\text{dadjī} > \begin{cases} \text{南スラヴ：dažd'ĭ（даждь）} \\ \text{東スラヴ：daž'ĭ（дажь）} \\ \text{古ロ：дажь　現ロ：дай（даять の命令形→§154）} \\ \text{西スラヴ：daz'ĭ（дазь）} \end{cases}
$$

$$
\text{prijemljǫtje} > \begin{cases} \text{南スラヴ：prijeml'jǫšt'je（прикмлѭцик）} \\ \text{東スラヴ：prijeml'jǫč'je（прикмлѭчк）} \\ \qquad\qquad > \text{古ロ：приемлюче} \\ \text{西スラヴ：prijeml'jǫc'je（прикмлѭцк）} \end{cases}
$$

2行目真ん中あたりの**очишчениѣ**は，**очицениѣ**となっていない。これは他の古代教会スラヴ語の文献なら**очицениѣ**となるところ。ここに現れる**ц**は tj から生まれたものではなくて stj から生まれたもの（oč'istjenije > oč'išt'jenije →『共通スラヴ語音韻論概説』§81）で，キエフ断片では，**ц**で受けず**шч**で受ける。3行目最初の**воздрастетъ**の**д**は挿入音（→『共通スラヴ語音韻論概説』§119）。

2

Приносъ，　г(оспод)ı，принесены тебѣ мѫченıкъ свѩтъıхъ радı примı:
(Приносъ) (Господи) (принесены)　(мѫченıкъ) (свѩтъıхъ) (ради) (прими)

ı молıтвамı ıхъ ı заповѣдьмı твоıмı прıспѣı намъ <u>**помоць**</u>
(н) (молитвами)(ихъ) (н)　(заповѣдьми) (твоими) (приспѣи)

твоѣ．г(осподь)мь．
(твоıа) (Господьмь)

【訳】
　主よ，汝に与えられた供物を聖なる殉教者たちのために受け入れてください。そして，彼らの祈祷と汝の教えをもって我らに汝の救いが授けられんことを。主によりて。

　2行目に使われている **помоць** は，他の古代教会スラヴ語のテキストなら，**помоцⷮ** となるところ（**помоць** の古代ロシア語の形は помочь。現代ロシア語の помощь は古代教会スラヴ語系の綴り）。tj に由来する **щ** だけでなく，ktĭ, gtĭ に由来する **щ** も，西スラヴ語では c' で受ける。2行目真ん中あたりの **приспѣï** は3人称単数の命令形（→ §105）で，**помоць** が主語。1行目の **прінесенъï** は受動分詞過去の単数形で，**Приносъ** にかかる。

$$\text{pomogtĭ} > \begin{cases} \text{南スラヴ：pomošt'ĭ (помоць)} \\ \text{東スラヴ：pomoč'ĭ (помочь)} \quad \text{古ロ：помочь} \quad \text{現ロ：помощь} \\ \text{西スラヴ：pomoc'ĭ (помоць)} \end{cases}$$

テキスト⑧

エニナ・アポストルより

エニナ・アポストルは，キリール文字で書かれた新約聖書中の使徒の書からの翻訳。損傷が激しく，正確に再現できる部分は少ない。«К. Мирчев – Хр. Кодов, Енински Апостол» をもとに，一部を引用します。内容は，現行の邦訳聖書とほぼ同じですが，少しずれがあります（特に２つめに挙げた『コリント人への前の書』からの文）。標準化正書法による書き換え（句読点等を補って読みやすくする）と注および訳をそえます。

1.『ヨハネ第一の書』第 4 章，第 12 節〜第 17 節

[12] б҃а никтоже не видѣ нигдеже· аще любим сѧ б҃ъ въ насъ пр[ѣ]бываетъ¹ и любы его съврьшена естъ въ... [13] сего ради разоумѣемъ· ѣко въ немъ живемъ· и тъ в насъ· [14] ѣко ѿ д҃ха своего намъ дастъ· и вїдѣхомъ и съвѣдѣтелъствоуемъ· ѣко ѿц҃ь посла с҃на своего· спс҃ителѣ въсемоу мироу· [15] їже аще їсповѣстъ ѣко с҃нъ естъ бж҃и· б҃ъ живетъ въ немъ· и онъ въ бз҃ѣ [16] и н҃ы разоумѣхомъ· любъве жже иматъ б҃ъ в насъ· б҃ъ любы естъ· ижъ прѣбываетъ въ любъви· въ бз҃ѣ прѣбываетъ· и б҃ъ в немъ прѣбываетъ· [17] ѡ семъ съврьшаетъ сѧ любы в насъ· да дрьзновение имамъ въ дн҃ь сѫдны· зане ѣко ѡнъ естъ· и мы есмъ въ въсемъ мирѣ·

【注】
1　[ѣ] は Мирчев, Кодов のテキストで補われている。

52

標準化正書法によって書き換えたもの

[12] Б(ог)а никтоже не видѣ нигдеже. Аще любим сѧ, б(ог)ъ въ насъ прѣбꙑваютъ и любꙑ¹ ꙗго съврꙊшена ꙗстъ въ...² [13] Сего ради разоумѣꙗмъ, ꙗко въ нꙗмь живꙗмъ и тъ в насъ, [14] ꙗко отъ³ д(оу)ха своꙗго намъ дастъ, и видѣхомъ и съвѣдѣтельствоуꙗмъ, ꙗко о(ть)ць посла с(ꙑ)на своꙗго с(ъ)п(а)сителꙗ⁴ вьсемоу мироу. [15] Иже⁵ аще исповѣстъ⁶ ꙗко с(ꙑ)нъ ꙗстъ б(о)ж(и)и, б(ог)ъ живетъ въ нꙗмь, и онъ въ б(о)ѕѣ [16] и нꙑ⁷ разоумѣхомъ, любъве⁸ ꙗже⁹ иматъ б(ог)ъ в насъ, б(ог)ъ любꙑ ꙗстъ. Ижъ¹⁰ прѣбꙑваютъ въ любꙑви, въ б(о)ѕѣ прѣбꙑваютъ, и б(ог)ъ в нꙗмь прѣбꙑваютъ. [17] О¹¹ семь съврьшаютъ сѧ любꙑ в насъ, да дръзновениꙗ имамъ въ д(ь)нь сѫднꙑ, занꙗ ꙗко онъ ꙗстъ и мꙑ ꙗсмъ въ вьсемь мирѣ.

【注】
1. 単数主格→§230。
2. насъ が落ちている。
3. 部分を表す。「自らの魂の一部を」の意。
4. エニナ・アポストルは ѣ と ꙗ を区別するから，съпаснтелꙗ と綴るべき。
5. 先行詞を省略した関係代名詞→§310。
6. 不定形は исповѣдѣти→§165。同じ意味で исповѣдати もある。
7. мꙑ の誤りと思われる。
8. 単数生格→§230，§311。
9. оуже が正しい。
10. Иже に同じ。
11. →§311。

【訳】
　[12] 神の姿は，誰もどこでも見たことはない。我々が互いに愛しあえば，神は我々の中におり，神の愛は（我々）の中でまったきものとなる。[13] それゆえ我々は我々が神の中に生きていること，神が我々の中に（生きて）いること，[14]（神が）自らの魂の一部を我々に与えられたことを理解する。我々は父が自らの子，全世界の救済者を送ったことを目にし，そして証言する。[15]（キリストが）神の子であることを認める者のうちに神はおり，その者は神のうちにおる。[16] 我々は，神が我々のうちにすでに愛を持ち，神こそ愛であることを理解する。愛のうちにおる者は，神のうちにおる。そして神はその者のうちにおる。[17] これゆえ愛は我々のうちでまったきものとなる。我々は裁きの日に勇気を持つ。彼（神）も，そして我々も，全世界の中にいるからである。

2.『コリント人への前の書』第6章，第13節〜第18節

[13] ...А б̄ъ и се и сї да оупразнитъ· тѣло же не любодѣꙗние· Нж б̄ъ и г̄ъ тѣлоу· [14] б̄ъ же и г̄ъ въскрѣси и нꙑ с нимъ въскрѣситъ силоѭ своеѭ·

[15] не вѣсте ли ꙗко тѣлеса ваша оуди х҃ви сѫтъ· Тѣмъ оубо 8ды х҃вы· сътворж оуды любодѣиц... да не бѫдетъ· [16] ли не вѣсте ꙗко прилѣплѣꙗи сѧ любодѣи[ци]*· едино тѣло естъ· бѫдет[а бо]¹ реч въ плъть единж· [17] ꙗ прилѣплѣꙗи сѧ г҃ви единъ д҃хъ естъ· [18] бѣгаите любодѣꙗниꙗ· въсѣкъ бо грѣхъ· еже аще сътворитъ чл҃вкъ· кромѣ тѣлесе естъ· а творꙗи любы въ свое тѣло съгрѣшаетъ·

【注】
1   [ци], [а бо] は Мирчев のテキストで補われている。

標準化正書法によって書き換えたもの

[13]...ꙗ б(ог)ъ и се и си¹ да оупразнитъ. Тѣло же не любодѣꙗник. Нж² б(ог)ъ и г(оспод)ь тѣлоу. [14] Б(ог)ъ же и г(оспод)ꙗ³ въскрѣси и ны с нимь въскрѣситъ силож своꙗ⁴. [15] Не вѣсте ли ꙗко тѣлеса ваша оуди х(ристо)ви⁵ сѫтъ. Тѣмъ оубо оуды х(ристо)вы сътворж⁶ оуды любодѣиц⁷... да не бѫдетъ. [16] Ли не вѣсте ѣко прилѣплꙗꙗи⁸ сѧ любодѣици⁹ ꙗдино тѣло ꙗстъ. Бѫдета бо, рече, въ плъть ꙗдинж. [17] ꙗ прилѣплꙗꙗи⁸ сѧ г(оспод)еви ꙗдинъ д(оу)хъ ꙗстъ. [18] Бѣганте¹⁰ любодѣꙗнниꙗ¹¹, въсꙗкъ бо грѣхъ. Юже¹² аще сътворитъ чл(о)в(ѣ)къ кромѣ тѣлесе ꙗстъ, а творꙗи любы въ своꙗ тѣло съгрѣшаꙗтъ.

【注】
1   前文にあるはずの「腹」「食物」を受ける（前文は欠落）。
2   но に同じ。
3   o 語幹軟変化の類型→ §215。生格＝対格。
4   силож своꙗж が正しい。
5   оуди х(ристо)ви は複数主格。次の оуды х(ристо)вы は複数対格→ §196。христовъ は物主形容詞→ §277。
6   сътворꙗ が正しい。「私は〜するのか」が直訳。
7   любодѣица の生格なら любодѣица → §213。語末が脱落。
8   キリール文字の文献であるエニナ・アポストルは，ꙗ と ѣ を区別するから，прилѣплꙗꙗи と綴るべき。
9   単数与格→ §213。
10   「走る」ではなく「避ける」の意。生格要求。
11   注 8 と同じ理由で любодѣꙗнниꙗ と綴るべき。
12   先行詞省略の関係代名詞→ §310。「もし人が作るものがあれば，そのものは体の外にある」の意。

【訳】
（食物は腹のため，腹は食物のためにある。）[13] しかし，神はそれもこれも滅ぼしてしまう。体は淫行（をなすためにあるの）ではない。神と主は体のためにある。[14] 神は主を甦

らせ，我々を主とともに自らの力で甦らせる。[15] 汝らは，汝らの体がキリストの体であることを知らぬか。それであれば，キリストの体を遊女の体とすべきか……決してそうではない。[16] 遊女につく者はそれとひとつなることを知らぬか。「ふたつのものは一体となる」と（キリストは）言われている。[17] キリストにつく者はこれとひとつの霊になる。[18] 淫行を避けよ。それがすべての罪であるからだ。人がなすところのものは身の外にある。しかし，淫行をおこなう者は自らの体に対して罪を犯しているのだ。

3.『ガラテア書』第4章，第22節～第26節

[22] а̑врамъ два сн҃ы имѣ· единъ отъ рабы· а дроугы отъ свободныѩ· [23] иже же отъ рабы по плъти роди сѧ· а еже отъ свободныѩ обѣтованиемъ· [24] ѣже еста иносъказаема· сн҃ѣ бо еста два завѣта· единъ бо ѿ горы синанскыѩ· въ работѫ раждает сѧ· ежестъ а̑гаръ· [25] а̑гаръ бо естъ синѣ гора· еже въ равнi прилагаетъ сѧ [26] нынѣшним ерслм҃ъ· работаетъ бо съ чады своими а въшни ерслм҃ъ свободъ естъ· еже естъ мт҃и въсѣ[мъ]¹ намъ

【注】
1　[мъ] は Мирчев のテキストで補われている。

標準化正書法によって書き換えたもの

[22] а̑врамъ два с(ъı)ны имѣ, единъ отъ рабы¹, а дроугы отъ свободныѩ. [23] Иже же отъ рабы по плъти роди сѧ, а иже² отъ свободныѩ обѣтованиемъ. [24] ѩже есть иносъказаема, с(ъı)нѣ бо есть два завѣта³, единъ бо отъ горы синанскыѩ въ работѫ раждаютъ⁴ сѧ иже естъ⁵ А̑гаръ. [25] А̑гаръ бо естъ синаı гора⁶, иже⁷ въ равни прилагаютъ сѧ⁸ [26] нынѣшьнимъ Ю̑рс(а)лимѣ⁹, работаютъ бо съ чады своими, а въшнı Ю̑рс(а)л(и)мъ свободъ естъ, иже¹⁰ естъ м(а)ти вьсѣмъ намъ.

【注】
1　「女奴隷」の意味では рабъıни を使うのが普通→§211。ここは раба を使っている。
2　関係代名詞だが，男性なので，иже が正しい。
3　иносъказаема は「アレゴリカルな」「言葉を変えて言えば」という意味の形容詞。「アレゴリカルな二人の息子は二つの契約だ」。つまり，「譬えて言えば，二人の息子はふたつの契約である」という意味。съınѣ は，双数形主格であれば съıнъı が正しい→§201。現行新約聖書では「二人の女は二つの契約」と書かれる。ハガルは女性であるが，ここは男性とされている。
4　раждати сѧ（生まれる）。語頭の ра は古代教会スラヴ語系の綴り→『共通スラヴ語音韻論概説』§38。2行目の роди сѧ は古代ロシア語系の綴り。работа はここでは「仕事」ではなくて「奴隷状態」のこと。
5　иже естъ。注2と同じで иже が正しい。

6 　シナイ山のこと。エニナ・アポストルは ѣ と ꙗ を区別するから，сниꙗ と綴るべき。

7 　гора を受けるなら ꙗже が正しい。

8 　въ は意味的には нъінѣшьнимъ Ѥрс(а)лимѣ の前にある感じ。равнн は равьнии という
　　軟変化形容詞の短語尾のようだが，浮いている感じ。ギリシャ語原典にはこの語に当た
　　る語がない。

9 　処格（軟変化形容詞 нъінѣшьнимъ という処格については → §265 表42）。前の при-
　　лагаѥтъ сѧ が要求している。直接 работаѥтъ が続くが，関係代名詞を補って解釈する。
　　このあたり，少し文章が乱れている。

10 　Ѥрсалимъ を受けるなら иже が正しい。

【訳】
　[22] アブラハムには二人の子がいた。一人は僕女<ruby>僕女<rt>はしため</rt></ruby>より生まれ，一人は自由の身の女から生
まれた。[23] 僕女から生まれた子は肉によって生まれ，自由の身の女から生まれた子は約束
によって生まれた。[24] 譬えていえば，二人の息子はふたつの契約である。一人はシナイ山
から出て，奴隷に生まれる。これがハガルである。[25] ハガルはシナイ山で，[26] いまのエ
ルサレムの位置にある。エルサレムはその子たちとともに奴隷であったが，上にあるエルサ
レムは自由であり，我々すべての母である。

テキスト⑨

シナイ祈祷書より

シナイ祈祷書は，グラゴール文字で書かれた祈祷書。2 カ所とってみます。
«J. Frček, Euchologium Sinaiticum» より。[ ] は，J. Frček のテキストで補われた部分です。

1. 我々の祝いの時が訪れた

Се бо наста врѣмѧ празденъство{у} нашемо{у} ι а[н]ћ[є]ли съ ч[ловѣ]къı праздьно{у}ѭтъ и ликъ с[вѧ]тъихъ приближаетъ сѧ насъ. Днесь бо благодѣть с[вѧ]тааго Д[о{у}]ха приходѧщи освѧщ[а]етъ до{у}новеннемь водъı. Днесь н[є]бо просвѣщаемо посылаетъ на землѭ росѭ. Днес[ь] ѡблаци дъждевьнии съ н[є]бесе на ч[ловѣ]къı дъждь праведьнъı одъждаѭтъ. Днес[ь] слъньце незаходащее свѣтомь вьсь миръ озари. Днес[ь] ло{у}на свѣтълами ло{у}чами вьсь миръ освѣщаетъ. Днес[ь] свѣтълообразьнъıѩ звѣздъı вселенѭ освѣщаѭтъ. Днес[ь] Адамъ обновлѥетъ сѧ ι Евга свобаждаетъ сѧ. Днес[ь] ветъхъıѩ грѣховьнъıѩ ризъı отъвръгъше въ новъıѩ и неистълѣнънъıѩ облѣхомъ сѧ.

標準化正書法で書き直したもの

Се бо наста врѣмѧ праздєньство{у} нашемо{у} и ангели съ чловѣкъı праздьно{у}ѭтъ и ликъ свѧтъıхъ приближаѭтъ сѧ насъ[1]. Днесь бо благодѣть свѧтааго До{у}ха приходѧщи освѧщаѭтъ до{у}новенимь водъı. Днесь небо просвѣщакмо посылактъ на землѭ росѫ. Днесь облаци[2] дъждевьнии съ небесе на чловѣкъ дъждь праведьны одъждаѭтъ. Днесь слъньце незаходѧщек[3] свѣтомь вьсь миръ озари. Днесь лоуна свѣтьлами[4] лоучами[5] вьсь миръ освѣщактъ. Днесь свѣтьлообразьныѧ звѣзды[6] въселенѭѧ освѣщаѭтъ. Днесь Адамъ обнавлѭктъ[7] сѧ и Евъга свобаждактъ сѧ. Днесь ветъхыѧ грѣховьныѧ ризы отъврьгъше въ новыѧ и нетьлѣньныѧ облѣхомъ сѧ.

【注】

1 насъ は処格。приближати сѧ（近づく）は，〈与格〉〈к＋与格〉以外に処格をとることがある。
2 「雲」の意だが，облакъ という男性名詞。その複数主格。
3 ここは「尽きせぬ」の意。
4 形容詞短語尾形→§263。
5 現代ロシア語では луч という男性名詞だが，古代教会スラヴ語では лоуча という女性名詞。
6 sвѣзда の語頭の s は，第2硬口蓋化で生まれたもの→『共通スラヴ語音韻論概説』§64。
7 обновити から обнавлꙗти が派生するとき，о が а に変わる→補説8。次の свобаждактъ も同じ。

【訳】

　我々の祝いの時が訪れた。天使たちが人々とともに祝い，聖人たちの歌が我々に近づく。今日，聖霊の祝福がやってきて，その息吹で水を浄める。今日，聖化される空が地上に露を送る。今日，雨を含んだ雲が空から人々の上に正しき雨を降らす。今日，尽きせぬ太陽が光もて全世界を照らす。今日，月が輝かしい光で全世界を照らす。今日，光り輝く星々が全宇宙を照らす。今日，アダムは新たに生まれ，エヴァは自由になる。今日，我々は古い，罪に満ちた服を脱ぎ捨て，新しい，朽ちぬ服をまとう。

2. 神よ，汝は偉大なり

Велеи　еси, Г[оспо]i, і чюдъна дѣла твоѣ, и н单единоже слово оудолѣетъ въ хваленью чюдесъ твоихъ. Своеѭ бо волеѭ отъ небытиѣ въ бытие сътвори вьсѣ, твоеѭ дрьжавоѭ дрьжиши тварь і твоимь промышлениемь строиши весь миръ. Ты отъ четыръ стоухии тварь съставль, четырьми времены крѫгъ лѣтоу вѣньчалъ еси. Тебе трепещѫтъ мысльныѧ вьса силы, тѧ поетъ слъньце, тѧ славитъ лоуна, тебе молѧтъ сѧ звѣзды, тебѣ послоушаетъ свѣтъ, тебе боѧтъ сѧ безденнѣ, тебе работаѭтъ источьници. Ты распѧтъ н[е]бо ѣко и кожѭ, ты оутврьди землѭ на водахъ, ты огради море пѣсъкомь, ты къ въздыханью въздоухъ пролиѣ. А[н]ѣ[е]лъскыѧ силы тебе слоужѫтъ, арх[ан]ѣ[е]льсции лици тебѣ кланѣѭтъ сѧ, мъногоочитии

Херовими и шестокрилатаа Серафимь шкръстъ стоіаціа ι лєтаціа страхомь
непристжпьныia славы твоєia закрываютъ са.

標準化正書法で書き直したもの

Велеи[1] ıеси, Господи, и чоудьна дѣла твоіа, и никиноже слово оудолѣютъ
въ[2] хвалиьню чоудесъ твоихъ. Своıеіж бо волıеıж отъ небытиıа въ бытие
сътвори вьса, твоıеіж дръжавоіж дръжиши тварь и твоимь промышлкникмь
строиши весь миръ. Ты отъ четыръ стоухии тварь съставль[3], четырьми
времены кржгъ лѣтоу[4] вѣньчалъ ıеси. Тебе трепеціжтъ мысльныia вьса
силы, та поıетъ[5] слъньце, та славитъ лоуна, тебе[6] молатъ са вѕѣзды,
тебѣ[7] послоушаıетъ свѣтъ, тебе боıатъ са безнднia[8], тебе работаіжтъ
источьници[9]. Ты распатъ[10] небо ıако и кожа, ты оутврьди землıж на
водахъ, ты огради морıе пѣсъкомь, ты въ въздыханью въздоухъ пролиıа.
Ангельскыia силы тебе[11] слоужатъ, архангельсции[12] лици[13] тебѣ кланıаıжтъ
са, мьногоочитии Херовими[14] и шестокрилатаа Серафимь[15] окрьстъ стоıаціа
и лєтаціа страхомь непристжпьныia славы твоıеia закрываıжтъ са.

【注】

1　物主形容詞と同じ変化のしかたをする形容詞。велии > велеи。
2　「～するには足りない」の意。
3　能動分詞過去 → §69。
4　「一年のまわりを飾る」の意。лѣтоу は生格の代用（→§311）か。
5　「汝を歌う」という他動詞になっている。та は対格。
6　与格だから тебѣ が正しい → §234。
7　послоушати は生格要求 → §311。тебе が正しい → §234。
8　「深淵」の意。
9　複数主格 → §199。
10　→ §63。
11　与格だから тебѣ が正しい。
12　→ §266。
13　単数主格は ликъ（лице ではない）。その複数主格。
14　天使ケルビム。複数。
15　天使セラフィム。前の шестокрилатаа は шестокрилатаıа に同じ。女性扱いになってい
　　る。

【訳】

　神よ，汝は偉大なり。汝のおこないは妙なるかな，どのような言葉も，汝のなした奇跡を
ほめたたえるのに十分ではない。汝は，自らの意志によって，すべてを無から有に創り，汝
の力によって生き物を支配し，汝の思考でもってすべての世界を作る。汝は四つの自然か
ら生き物を創り，四つの時で一年を飾った。すべての思考の力は汝を恐れ，太陽は汝を歌

59

い，月は汝を賛美し，星々は汝に祈り，光は汝の声を聞き，深遠は汝を恐れ，泉は汝に仕える。汝は空を皮膚のように伸ばし，地を水の上に固め，海を砂で取り巻き，空に大気を注いだ。天使の力が汝に仕え，大天使の歌が汝に膝を屈し，多眼のケルビムたちと六つの羽のセラフィムがまわりに立ち，かつ飛び，とらえることのできぬ汝の力への恐れに包まれる。

テキスト⑩

クローツ文書より

クローツ文書は，グラゴール文字で書かれた説教集。内容，文体とも，難解。2 カ所とってみます。最初は，キリストの誕生と復活が並行して語られる部分。次は，ユダの裏切りを語る部分。«A. Dostál, Clozianus» より。

1. キリストの誕生と死

ноштъ́ж х҃ъ въ вітьлѣомъ раждаетъ сѧ· ноштъ́ж пакъı вь сіонѣ· із мръ.въıхъ пораждаетъ сѧ· врътъпъ іс камене· ідеже х҃ъ пораждаетъ сѧ· пеленъı въ рождъство пріемлетъ· пеленамі· ι сьде повьѣетъ сѧ· змрънж рождъ сѧ прінѧтъ· змрънж і въ погребенье· ι алгоуі пріемлетъ· тоу іосіфъ· безмжжьнъı мжж марінъ· сьде іосіфъ· іже отъ арімати· въ вітьлѣмі· въ ѣслі рождъство нъ і въ гробъ· ѣко въ ѣслі мѣсто·

標準化正書法で書き直したもの

Ноцьѭ Х(ристос)ъ въ Витьлѣомъ[1] раждаѥтъ сѧ, ноцьѭ пакъı въ Сіонѣ из мрътвъıхъ[2] пораждаѥтъ сѧ. Врътъпъ[3] ис[4] камене, идеже Х(ристос)ъ пораждаѥтъ сѧ. Пеленъı въ рождьство приѥмлѭтъ, пеленами и сьде повьѣѥтъ[5] сѧ. Змрънѭ[6] рождь[7] сѧ прикѧтъ[8], змрънѭ и въ погребенькъ, и алгоуи[9] приѥмлѭтъ. Тоу Иосіфъ[10] безмѭжьнъı[11] мѭжь маринъ, сьде Иосіфъ[12] иже отъ Ариматии. Въ Витьлѣми въ ѩсли рождьство, нъ и въ гробъ ѩко въ ѩсли мѣсто[13].

【注】
1 対格になっているが，処格 вит҃лѣомѣ のほうがよい。
2 原テキストでは т が脱落している。
3 「洞窟」の意。イエスが葬られた石の墓をいう。
4 изъ。
5 повити の現在形 3 人称単数。ѣ は余分。
6 没薬。
7 能動分詞過去短語尾→ §69。ро は東スラヴ系の綴り→『共通スラヴ語音韻論概説』§38。
　 жд は南スラヴ系の綴り→『共通スラヴ語音韻論概説』§79。1 行目と同じ раждь が本
　 来の形。2 行下の рождьство も同じ。
8 アオリスト 3 人称単数。тъ を拾う→ §63。
9 アロエ。
10 キリストの父。マリアの夫ヨセフ。
11 безмѫжьныи は「夫がいない」ではなく「夫ではない（夫）」「夫とはいえない（夫）」。
　 ここは「子供のない夫」とした。ヨセフはキリストの養父扱い。
12 キリストの遺骸を引き取りに来た信者のアリマタヤのヨセフ。
13 難解な箇所。「ベツレヘムでは厩の中に誕生（の場所があった）が，ここでは，その
　 時（厩の中に誕生の場所が）あったように，棺の中に（誕生の）場所がある」の意と
　 思われる。въ ꙗсли の ꙗсли（ĭ 語幹女性名詞）は一般に複数で使う。ここは対格と思
　 われる。ꙗслихъ でもよいところ。въ гробъ の гробъ も対格。гробѣ でもよいところ。
　 вит҃лѣми は，注 1 の場合と違って，ĭ 語幹女性名詞として扱っている。その処格。

【訳】
　夜，キリストはベツレヘムで生まれ，夜，再びシオンで死者の中から生まれる。キリスト
が（二度目に）生まれる洞窟は，石でできている。（最初の）誕生のとき，襁褓（掛布）を
受け，（二度目の誕生の時）ここで襁褓（掛布）にくるまれる。誕生にさいして没薬を受け，
埋葬のときにも没薬を，そしてアロエを受ける。（第一の誕生のさいには）マリアの子供の
ない夫であったヨセフがおり，（第二の誕生のさいには）アリマタヤのヨセフがいた。ベツ
レヘムでは厩の中で誕生があったが，（そのとき）厩の中で誕生があったように，（第二の誕
生のときは）棺の中で誕生がある。

2. ユダの裏切り

тогда шедъ єдінъ отъ обою на дедесате· нарицаемы июда іскариотъ· къ
архієрєомъ рече· что хоштете ми дати и азъ вамъ прѣдамь і· ѿ скврънны
глас· ѿ дръзость бестоудьна· како із оустъ іспоусти гласъ· како ꙗзыкъ
подвіжа· како не искочі дш҃а ис тѣлесе того· како не оцѣпѣнѣ како не оужасе сѧ
оумъ его· чьто хоштете ми дати сѫтъ ι азъ вамъ прѣдамь і·

標準化正書法で書き直したもの

Тогда шедъ ѥдинъ отъ обою на дедесате[1], нарицаемы Июда искариотъ
къ архиерєомъ рече: «Чьто хоцете ми дати и азъ вамъ прѣдамь и.» О,

62

скврънны[2] глас(ъ), о дръзость бестоудьна[3]! Како из оустъ испоусти гласъ! Како ѩзыкъ подвижа[4]! Како не искочи д(оу)ша ис тѣлесе того! Како не оцѣпенѣ, како не оужасе сѧ[5] оумъ кго! Чьто хощете ми дати, сѧтъ[6], и азъ вамъ прѣдамь и?

【注】

1　→ §286。дедесѧте の де はひとつ余分。

2　受動分詞過去ではなくて，形容詞なので，н は 2 つで正しい。

3　без-стоуд(=стъɪд)-ьна。

4　подвижати は「激しく動く」「震える」の意。アオリスト 3 人称単数。

5　оужаснѧти сѧ のアオリスト 3 人称単数。

6　сѧтъ は，現代ロシア語の говорит, мол などと同じで，前後が直接話法であることを示すために挿入される。сѧ から強引に動詞現在形 3 人称単数を作ったものらしい。

【訳】

　そのとき，十二人の弟子の一人，イスカリオテのユダと呼ばれる者が，司祭長のところへ行って言った。「私が彼を売ったら何をくださるか」。なんという醜悪な声，なんという恥知らずな行為だろうか。このような声をなぜ口から発することができたのか。舌がどのように動いたのか。魂がこの男の体から飛び出さなかったのはなぜか。この男の知性が麻痺し，震え上がらなかったのはなぜか。彼を売ったら何をくださるか，などと言えるとは。

スプラシル写本より
「テレンティウス, アフリカヌス, ポンペイウスの受難」

　スプラシル写本は, 「聖者伝集成」の3月の部分。原典はギリシャ語。デキウスがローマ皇帝だった時代の, 陰惨な殉教の記録をとります。«С. Северьянов, Супрасльская рукопись» より (本文中のˆはテキストに記されたもの)。標準化正書法では ꙗ と綴るところを ѧ と綴り, ѧ と綴るところを ѫ と綴る (→ §11) ことに注意。解釈が難しい部分が何カ所かあるので, «Займов Й.-Капалдо М., Супрасълски или Ретков сборник» に示されたギリシャ語原典を適宜参考にしました。キリール文字の文献なので, 基本的に ѣ と ꙗ を区別しますが, ꙗ を書くべきところで ѣ を書く例が目立ちます。グラゴール文字の文献の影響かもしれません。スプラシル写本は 500 ページをこえる大冊ですが, 東京外国語大学の恩田義徳氏を中心にした「木二会」のメンバーが, 『ロシア語研究』誌上で, 地道な翻訳の作業を続けておられます。最後に «Займов Й.-Капалдо М.» のテキストに付された写本を載せます。

Цѣсарьствоуѭштоу декию· римьстѣи власти· и хотѧштоу вьсѧ на своѭ вѣрѫ привлѣшти· отьца бо имѧ дꙗавола· посъла по вьсемоу цѣсарьствоу свокмоу· ꙗкоже вьсѧ нарицаѭштѧ имѧ хрисостово· привлѣшти на сквръннⷪгадени· аште ли да котори сѫпротивѧтъ сѧ о томь· то да предаѭтъ сѧ сѫдоу· посъла же въ африкиѭ нечьстивѭѭ тѫ заповѣдь· къ кнѧзоу фуртоунатиꙗноу африкьскогоумоу· и дошъдъшоу цѣсароу повелѣнию къ власти кго· и приимъ кнѧзъ кнⷢꙑгꙑ цѣсара· сѣдъ на сѫдишти· повелѣвааше народъ градьскꙑихъ приводити кмлѭште· и съсѫдꙑ мѫчильнꙑꙗ прѣдъ ними полагати· и рече к нимь глагола· пожьрѣте богомъ· аште ли ни то зьлѣ имате измрѣти· мнози же отъ народа видѣвъше мѫчильнꙑꙗ съсѫдꙑ· оубогавъше сѧ прѣштениꙗ· послоушаша кнѧза· и

отъстѫпишѧ отъ вѣры хрисостовы· обѣшташѧ же сѧ нѣкотории отъ нихъ
числомʼ четыри десѧти· добѣ съходивъше съконьчати сѧ· и глаахѫ съ
пъваникмъ дроугъ къ дроугоу блюдѣте сѧ братиꙗ· не отъвръзѣмъ сѧ
господа нашего ӥс хса· да и тъ не отъвръжетъ сѧ насъ· разоумѣите ꙗко оуже
рече господь· не оубоите сѧ отъ оубиваѭштихъ тѣлеса· доушѧ же не
могѫштемъ оубити· оубоите же сѧ паче· могѫштааго· и доушѫ и тѣло въ
родьствѣ огньнѣемъ погоубити· дроугъ дроуга же крѣпьꙗхѫ словесы сими·
фуртоунатиꙗнъ же кнѧзъ рече· виждѫ вы мѫжи растомъ добры· и красъны
и словомъ оумѫдрены· и како таковѣи прѣльсти прѣльсти прѣдасте сѧ·
ѥдного бога исповѣдаѭште и христоса· нѣкого ѥгоже акы зълодѣꙗ·
жидовьстии отроци распѧшѧ· стыи же мѫченикъ терентии· оуста въсѣхъ
рече· аште бы вѣдѣлъ кнѧзъ силѫ распѧтааго· то оставилъ бы
коумирьскѫѭ соуѥтънѫѭ льсть· и томоу сѧ покланꙗлъ· и томоу въгаждавъ
истинноуоумоу сноу· отъ отьца благодатьникоу· и милосрѧдоу милостивоу·
иже покыновениꙗмъ и повелѣнниꙗмъ отчемъ· на землѭ съшедъ· и божьство
въ чловѣчьско кстьство оукрасивъ· иже и подъꙗ кръстъ нашего ради
съпасениꙗ· фоуртоунатиꙗнъ же кнѧзъ то слышавʼ рече къ сватыимъ·
пожьрете ли· или прикоснѫвъ сѧ оудовъ вашихъ погоубыж вы· терентии рече·
мьнѣлъ ли кси страхы оубоꙗти сѧ намъ· нѣсмъ бо тольма слаби· да оставим
жизнодавьца· и поклонимъ сѧ богомъ стоуждиимъ· нъ простѣ твори ꙗже
хоштеши о насъ· разгнѣвавъ же сѧ кнѧзъ· повелѣ раздърати ризы ихъ· и
вести ѧ въ цръкъвиште коумирьскоѭ· бѣахѫ же капишта та позлаштена и
оукрашена· красоѭ многоцѣнънꙗ.· вьлѣзъ же кнѧзъ рече имъ· пожьрѣте
великоуоумоу богоу ираклю· видите славѫ и силѫ кго· терентии рече·
прѣльштакши сѧ не вѣды пользьнаа ти· сии бо бози ꙗже мѣниши· камение и
дрѣво и мѣдь и желѣза сѫтъ· оукрашени златомъ на прѣльштение
чловѣкомъ· отъ вѣчьныꙗ жизни сии бо не видѧтъ· ни глагоѭтъ ни ходѧтъ·
ни слышатъ камение сѫште· чловѣкы изваꙗни· и въ видъ чловѣчьскъ
ображени· рьцѣте же оубо къ богомъ вашимъ· ꙗже мѣните аште могѫтъ
помошти себѣ· или комоу дати гнѣваѭштѧ сѧ на нѫ· и се слышавъ кнѧзъ
възбѣсивъ сѧ· повелѣ терентиꙗ и африкана· маѯима же и помпиꙗ· въ
вънѫтрьнѭ тъмницѫ вьврѣшти· и съ вьсѣкоѭ твръдостиѭ блюсти ѧ рекъ·
нѣ въ кыи дьнь въпрашаѭ ихъ· блаженааго же зинона и алеѯандра· и ѳеодора
сѫштем имъ числом четыри десѧти· ти шесть· повелѣ къ сѫдништоу
привести· и глагола имъ· ничʼсоже не оуспѣвъше прьвыимъ вашимъ
пьрѣникмъ· послоушанте мене и пожьрѣте великоуоумоу ираклоу· они же

отъвѣштавъше рѣша· мы многашди рѣхомъ ти· и въ прьвок ти
въпрашаник ꙗкоже крьстиꙗни ксмъ· и не прѣпьриши насъ капиштемъ
нечистомъ поклонити са· мы бо готови ксмъ о въпрашании твокмъ
отъвѣштавати· Кнѧзъ рече не послоушаюте ли мене молѧштоу ми са вамъ·
то ноудите мѧ повелѣнок отъ цѣсара сътворити· и инако вамъ нанести· и
повелѣ бити ѧ· съжатомъ жезликмъ· и жилами говаждами· прострьше же
рѫкы на небо стии мѫченици· рѣша великомъ гласомъ възпивъше· призри
боже и помози рабомъ своимъ· и избави ны отъ сѫпротив’ника· Слышавъ
же то кнѧзъ· повелѣ иште и паче бити ѧ· дондеже измѣни къждо по трьмь
десѧтьмь кентоурионы · бикомомъ же стыимъ· коньчаша са тини и жьзлик·
тъгда възбѣсивъ са повелѣ дрѣвесы съжаты бити ѧ· ꙗкоже оуже и
вънѫтрьнꙗꙗ оуды видѣти· тако оубо быша лица сватыихъ· ꙗкоже вьсѣмъ
чоудити са тр’пѣнию ихъ· и кгда ѧ много мѫчиша глагола кнѧзъ· пожьрѣте
понѣ нынѣ, окаании· и отъпоуштѫ вы· сватии же мльчаахѫ· ничьсоже кмоу
отъвѣштаѭште· Пакы же повелѣ кнѧзъ гвоздиꙗ раждегъше жешти ѧ по
хрьбътоу· и кгда ѧ велми мѫчиша· повелѣ оцьтъ лютъ съ солиѭ
растворивъше възливати на хрьбъты ихъ· и соукномъ въстирати раны ихъ·
възьрѣвъше же сватии на небо· ги боже избавивыи· сватыꙗ три отрокы
твоꙗ отъ пешти огньныꙗ· ананиѭ азариѭ, мисаила· и не давъ имъ пакости
приꙗти· избавивыи данила отъ оустъ львовъ· и сънабъдѣвыи моусиѭ
отъ рѫкы фараонꙗ· съпасыи деклѫ отъ огнѣ· и от’ позоришта· и отъ
звѣрии· съврьшаꙗи· и хорѫгви дарьствоуꙗ любимыимъ тобоѭ· възведыи
пастоуха овьча га нашего исоу хса· дарьствовавыи на многы и различьны
благодѣти · вьсиꙗвыи свѣтъ и тъмѫ отъгнавъ· сьвиваꙗи небо акы кожѫ·
изъчитаꙗи збѣзды небесьскыꙗ· и пѣсъкъ морьскыи· и истинѫ оукрасивъ·
оуслыши насъ молѧштъ ти са хсе· и помози намъ ꙗко твоꙗ кстъ слава и
дрьжава вь вѣкы аминъ· коньчавъшемъ же стыимъ молитвѫ· и рек’шемъ
аминъ· Пакы кнѧзъ повелѣ повесивъше ѧ стръгати ребра ихъ· деромомъ же
сватыимъ на многы часы· течение крьвьнок отъ стыихъ тѣлесъ ихъ
исхождааше ꙗкоже отъ множьства крьвьнааго оумочити са ризамъ
слоугамъ· и тако не радѣахѫ о мѫкахъ· хс бо бѣаше облыгъчаваꙗ· и помагаꙗ
имъ· и глагола къ нимъ кнѧзъ· прѣпьрѣша ли вы мѫкы· остати са
бѣсованиꙗ иже имате зълосъмрьтьнии· или прѣбываите въ зъловѣрии
вашемъ· сватии же ничьсоже кмоу отъвѣшташа· нъ възьрѣвъше на небо
рѣша· раскопавыи огнемь градъ содомескъ· и опоустивыи· и нынѣ посьли
помошть твоѭ· и разори безбожьнок бѣсование· и съврьзи капишта ихъ· и

сътворивъше знамение крьстьное на лицихъ своихъ· въздоунѫшѧ на
капишта· и тоу абие сътрѫшѧ сѧ· и бышѧ акы прахъ· и рекошѧ свѧтии къ
безаконьноуоумоу кнѧзоу· виждь чьсти вашѧ· кде крѣпость ихъ соуетьнаꙗ·
еда възмогошѧ помошти себѣ· се же свѧтыимъ глаголѭштемъ· и
црькъвиште капиштьное разори сѧ· разгнѣвавъ же сѧ кнѧзъ о съкроушении
богъ своихъ· повелѣ мечемь исѣшти свѧтыѧ· приимъше же свѧтии
отъвѣтъ идошѧ радоуѭште сѧ и славѧште господа· пришедъшемъ же имъ
къ нареченоуоумоу мѣстоу· прѣклонивъше колѣна· и протѧгъше выѧ своꙗ
съконьчашѧ сѧ мечемь· въ исповѣдании хрисостовѣ· пришедъше же
крьстиани· възашѧ тѣлеса ихъ· и положишѧ на нарочитѣ мѣстѣ· симъ же
свѧтыимъ съконьчавъшемъ сѧ· Повелѣ безаконьныи кнѧзъ терентиꙗ· и
африкана привести· и глагола к нима· пожьрѣта богомъ· аште ли ни то зълѣ
ва погоубиж· и нѣсть бога иже ва из-д-рѫкоу моеѭ избавитъ· Свѧтаа же
рекоста глаголаховѣ ти многашди· ꙗко крьстиана есвѣ и въ христоса имавѣ
надеждѫ· бѣсомъ же нечистыимъ не поклонивѣ сѧ· ни богомъ твоимъ
слоуживѣ· и о мѫкахъ твоихъ небрѣжевѣ· да оубо примышлꙗи о наю елико
хоштеши мѫкъ· вѣроуевѣ бо богоу ꙗко побѣжденъ бѫдеши нами рабы его·
ꙗкоже побѣжденъ бысть и отьць твои диꙗволъ· Слышавъ же то кнѧзъ
повелѣ въсадити ꙗ въ темницѫ· и веригы наложити има на выѭ· и на рѫцѣ
и на нозѣ· и тако блюсти ю· и сътворишѧ слоугы ꙗкоже имъ повелѣно
бысть· пове же и трьзжьца желѣзны подъстълати има· и не дати
никомоуже отъ крьстианъ въходити к нима· ни пишта има даꙗти въ
полоуношти же молѧштема сѧ свѧтыима· просвьтѣ сѧ свѣтъ великъ въ
темници о нею· и аггелъ господьнь ста прѣдъ нима глаголѧ· въстанѣта и
почиванта· и пристѫпивъ аггелъ прикоснѫ сѧ веригахъ· облежѧштихъ о выи
ею· и абие отъпадошѧ веригы отъ тѣлесе ею· и бѣаше прѣдь нима трепеза
оуготована вьсѣчьскыими брашъны добрыними· и рече к нима аггелъ·
приимѣта отъ прѣдълежѧштихъ прѣдъ вама брашънъ· ꙗже посъла вама
господь богъ· свѧтаꙗ же благословиста господа· и тако приꙗста брашъна·
ꙗкоже и тьмничьныимъ стражемъ видѣвъшемъ свѣтъ· въскочити
вьнѫтрь· и истиньнѣ видѣти свѣтъ· въшедъшемъ же имъ обрѣтошѧ стаꙗ
веселѧшта сѧ· и излѣзъше съ страхомъ· възвѣстишѧ кнѧзоу еже видѣшѧ· и
въ третии дьнь повелѣ привести ꙗ на сѫдиште· Ставъшема же стꙑима
прѣдъ кънѧземъ рече къ нима· тако ли наказашѧ ва мѫкы· ѡ зълобѣсьнаꙗ·
покаꙗвъше сѧ пожрьти богомъ· Стꙑи рече терентии· мѫка си мьнѣ бѫди и
любѧштиимъ х̄с̄а· жродивое бо· богомѫдростьнѣе члобѣкомъ естъ·

мѫдрость бо чловѣчъска· ѭродьство оу бога ксть· безоумлѣ же и бѣса сѧ
бѫдѭ подобьнъ тебѣ· аште бога оставивъ бѣсомъ поклонѭ сѧ· Кнѧзъ же
разгнѣвавъ сѧ повелѣ дърати ѩ· сватаа же строужема молꙗста сѧ·
глаголѭшта ӥс хсе· сꙑне бога живааго· въ вѣкꙑ прѣбꙑваѩи свѣте
кръстиꙗнъскꙑи· вѣро неразоримаꙗ· ꙗви сѧ и помози нама· и не осрами наю
отъ лица твокго· слоугамъ же дрьжѩтамъ ѩ· и хсоу облъгъчаваѭштоу
мѫкꙑ· не чоуꙗста сватаꙗ болѣзнии· разгнѣвавъ же сѧ кнѧзъ повелѣ
сънъмъше ѩ съ дрѣва вести въ тьмницѫ· и призъвавъ вьсѧ чародѣѩ
звѣринꙑꙗ· повелѣ привести кнⷧико имѫтъ звѣрии люⷮ и зълъ аспидꙑ и
ехиднꙑ· и керастꙑ· и въметавъше затворити съ сватꙑима· и бѣахѫ
звѣрик плѣжѫште· и прѣдъ ногама кю сѣдѧштемъ· и не прикоснѫшѧ сѧ кю
никакоже. Сватаꙗ же бѣста поѭшта и хвалѧшта бога· прѣбꙑшѧ же звѣрик
затворени съ нима три дьни· и три ношти· въ четвⷬтꙑи же дьнь· посъла
кнѧзъ ноштиѭ· да видатъ аште кста оуморена сватаꙗ звѣрьми·
пришъдъше же посълании къ двьремъ тьмничънꙑимъ послоушатъ·
оуслꙑшашѧ ѩ поѭшта и хвалѧшта бога· хотѧште же извѣстьнѣк видѣти·
възлѣзошѧ на храминѫ тьмничьнѭѭ· и двьрьцами съмоштраахѫ долоу· и
видѣшѧ сватаꙗ сѣдѧшта· и аггела господьна стоꙗшта прѣдъ звѣрьми· и
не даѭштоу приближити сѧ ими· и текъше възвѣстишѧ кнѧзоу ꙗже видѣшѧ·
и въставъ заоутра рано кнѧзъ сѣдъ на сѫдишти повелѣ чародѣкмъ
отъвести звѣри· и привести стаꙗ на сѫдиште· шъдъше же чародѣи и
приближити сѧ хотѧште къ двьремъ· прити к нимъ звѣремъ· чародѣи
своими призꙑваѭште ꙗ· не послоушаахѫ ихъ· отврьзъше же двьри
тьмници· изидошѧ коуп'но вьси звѣрик· и изморишѧ вьсѧ чловѣкꙑ· ꙗже
обрѣтошѧ тоу стоꙗшта· и тако идошѧ въ поуста мѣста· и шъдъше стражик
тьмничьнии· поꙗшѧ стаꙗ и ведошѧ къ кнѧзоу· мѫчитель же видѣвъ
сватаꙗ· не приимъша врѣда никакогоже· възбѣсивъ сѧ дасть о нею
отъвѣтъ· мечемь оуморити ѩ· сватаꙗ же идоста радоуѭшта сѧ· и поѭшта
и глаголѭшта· съпасе насъ скръбѧштихъ насъ· и отъ ненавидѧштиꙗхъ
насъ прѣможе· воини же на то оуставькнии· възъмъше мечь отъсѣкошѧ
главѣ сватоую· и съконьчаста сѧ въ исповѣдании хрисостовѣ· мѫжи же
кръстиꙗни пришедъше възашѧ тѣлесѣ стоую· и добрѣ съпратавъше
положишѧ на мѣстѣ· нарочитѣ· дъвою пъпꙑриштоу въ дала отъ римъска
града· мѫчена же бꙑвъша сватаꙗ терентии и африканъ· мазимъ же и
помпии· и дроужина ихъ при цроу и томителю· декна· и оуалериꙗ· о насъ же
цѣсарьствоуѭштꙋ господоу нашемоу ӥс хсоу· кмоуже слава и дрьжа въ вѣкꙑ

въ̑комъ, аминъ.

標準化正書法で書き直したもの

1

Цѣсарьствоѵѭщоѵ Декию[1] римьстѣи[2] власти и хотѧщоѵ вьсѧ[3] на своѭ
вѣрѫ привлѣщи, отьца бо имѣ диꙗвола[4], посъла по вьсемоѵ цѣсарьствоѵ
своꙗмоѵ, ꙗкоже[5] вьсѧ нарицаѭщѧѧ имꙗ хрисостово[6] привлѣщи на
скврьнногадениꙗ[7]. Аще ли да котори[8] съпротивѧтъ сѧ о томь, то да
прѣдаѭтъ[9] сѧ сѫдоѵ. Посъла же въ Африкиѭ нечьстивѫѭ тѫ заповѣдь
къ кнѧѕоѵ[10] Фѵртоѵгнатианоѵ[11] африкьскоѵгоѵмоѵ и дошьдъшоѵ цѣсароѵ[12]
повелѣнию къ власти кго и примъ[13] кнѧзь кнⷺигы цѣсара[14] сѣдъ[15] на
сѫдищи[16] повелѣвааше народъ градьскъыихъ[17] приводити кмлѭще[18]
и съсѫды мѫчильнъыꙗ[19] прѣдъ ними полагати и рече к нимь глагола:
«Пожьрѣте[20] богомъ. Аще ли ни[21], то зълѣ имате[22] измьрѣти[23]».

【注】
1　デキウス（Decius）はローマ皇帝。在位 249〜251。冒頭の文は独立与格。以下，独立
　　与格が頻繁に使われるが，すべてに注を付すことはしない。
2　цѣсарьствовати は，与格をとって「〜を支配する」の意味でも使うし，自動詞として
　　「皇帝の位にある」の意味でも使う。ここは前者の意味にもとれるし，前置詞 въ が省略
　　されている（→ §311）ととれば，後者の使い方ともとれる。ギリシャ語原典は与格を
　　とっている。римьстѣи という綴りについては→ §266。（ギリシャ語では，ロシア語の
　　造格にあたる具格の機能が与格に吸収されている。したがって，現代ロシア語なら造格
　　を使うようなところで，与格を使うことが多く，古代教会スラヴ語の文献では，その使
　　い方をそのまま踏襲している場合がある。）
3　→ §255。2 行下の вьсѧ も同じ。
4　диꙗвола は отьца と同格で，全体を挿入句的にとる。生格＝対格。
5　ここは чтобы に近い使い方。
6　со は余分。христово が正しい。христово か христосово。
7　「不浄なものを食べさせる」というのは，具体的には異教の神に誓いをたてさせること。
8　которъы は形容詞長語尾形に準ずる語尾しか持たない代名詞だから，которꙑи が正しい。
　　ни が縮約したものかもしれない→ §246。
9　прѣдаѭтъ が正しい。不定形は прѣдаꙗти →補説 6。
10　кнѧзь の ѕ は第 3 硬口蓋化で生まれたもの。отьць と同じ変化となる→ §199，『共通ス
　　ラヴ語音韻論概説』§67。ローマ帝国時代の地方支配者，族長。「王」という訳語をあ
　　てる。
11　Furtunatianus。
12　цѣсарю が正しい。「皇帝の」という意味の物主形容詞→ §279。
13　能動分詞過去短語尾→補説 3。
14　これも物主形容詞。цѣсарꙗ が正しい。

15　能動分詞過去短語尾→§71。以下，この形も頻繁に使われるが，すべてに注を付すことはしない。

16　сѫдище「裁きの場」。

17　これは「町の住民」ととるしかない。ギリシャ語は τὸ πλῆθος τῆς πόλεως（町の民衆）。народъ градьскꙑн でもよかったところ。

18　能動分詞過現在短語尾→§125。

19　съсѫды мѫчильнꙑꙗ は拷問具のようなものをいう。

20　不定形は (по-)жрѣти ないし (по-)жрътн。現代ロシア語の жертвовать と同語根。(по-)жьрѫ, (по-)жьреши ～ と変化する E 語幹動詞。不定形語幹の分類でいえば，本来は A3 タイプに属す（古代ロシア語では жерети になるべきだが，この語は一般に使われない）。「神に供物を捧げる」。具体的には，異教の神々に誓いをたてること。古代教会スラヴ語の文献では一般に多用されないが，スプラシル写本では頻繁に使われる動詞。ここはその命令形。

21　全否定→§306。

22　имате は→§172，§176。зьлѣ は副詞。

23　「死ぬ」の意。измрѣти が正しい。

【訳】

　　デキウスがローマ帝国の支配者だった時，彼はすべての者を自らの信仰に引き入れようとした。悪魔を父に持っていたからである。そして，キリストの名を唱える者に不浄なものを食させるために，自分の帝国の全土に（文書を）送った。このことについて抵抗する者がいると，裁判にかけられた。（デキウスは）アフリカの王フルトゥナティアヌスに汚らわしい指令を送った。そしてこの皇帝の命令が（フルトゥナティアヌスの）政権のもとに届いた。王は皇帝の文書をもって，裁きの席に座り，町の住民をつかまえて連れてきて，拷問具を彼らの前に並べることを命じた。そして言った。「神々に供物を捧げよ。しからずんば，ひどい死に方をすることになる」。

2

Мнози[1] же отъ народа, видѣвъше мѫчильнꙑꙗ съсѫды, оубоꙗвъше сѧ прѣщениꙗ[2], послоушашѧ кнѧза и отъстѫпишѧ отъ вѣрꙑ хрисостовꙑ[3]. Обѣщашѧ же сѧ нѣкоторин отъ нихъ числомь четꙑри десѧти[4] добьѣ[5] съходивъше съконьчати сѧ и глаг(ол)ахѫ съ пъваникмь[6]: «Дроугъ къ дроугоу блюдѣте[7] сѧ, братиꙗ, не отъвръзѣмъ[8] сѧ господа[9] нашего Ис(оуса) Х(ри)с(т)а, да и тъ не отъвръжетъ сѧ насъ, разоумѣите ꙗко оуже рече господь: Не оубоите сѧ отъ оубивающихъ тѣлеса, доушѧ же не могѫщемъ[10] оубити, оубоите же сѧ паче могѫщааго и доушѫ и тѣло въ родьствѣ огньнѣемъ[11] погоубити.[12]» Дроугъ дроуга же крѣпьꙗхѫ[13] словесꙑ[14] сими. Фуртоунатианъ же кнѧзь рече: «виждѫ, вꙑ мѫжи растомь[15] добрꙑ и красьнꙑ и словомь оумѫдренꙑ, и како таковѣи[16] прѣльсти прѣльсти[17] прѣдасте сѧ, кдного бога исповѣдающе и христоса, нѣкого кгоже[18] акꙑ зълодѣꙗ[19], жидовьстин[20] отроци распѧшѧ. »

【注】

1　第2硬口蓋化による綴り。
2　「脅し」の意。
3　物主形容詞なら **христовъ** ないし **христосовъ** が普通。これも **ос** が余分。
4　→ §287。
5　短語尾男性単数主格 **добль**，長語尾男性単数主格 **доблии** となる形容詞（доблестный の意）の中性単数の形。副詞的に使っている。スプラシル写本の特徴で，**л** を拾わない→補説4。
6　**упование** の意味。
7　**блюсти** の命令形。この後，いくつか命令形が続けて使われる。形態の違いを吟味すること。
8　**отбрѣци**。次の行の **отъврьжетъ**（原テキスト **отъврьжетъ** だが，**отъврьжетъ** が正しい）も同じ動詞。
9　**господь** は î 語幹名詞だが，しばしば o 語幹名詞の類型で変化する→ §215。
10　**могѫщихъ** が正しい。ギリシャ語原典は δυναμένων で，複数属格（生格）。
11　「地獄の業火」のことをいう。**огнѣнѣкмь** が正しい。→ §265。
12　『マタイ伝』第10章，第28節。
13　**л** を拾わない→補説4。
14　複数造格→ §222。
15　現代ロシア語の рост →『共通スラヴ語音韻論概説』§38。
16　**таковъ** の女性単数与格なので，代名詞的変化なら **таковои**，形容詞長語尾的変化なら **таковѣи** となる→ §247 ～ 249。ここは後者。
17　**прѣльсти** はひとつ余分。
18　関係代名詞。**жидовьстии** の直前にもってくるとよい。
19　**зълодѣіа** が正しい。母音の直後の **іа** を **а** と綴るのは，古代教会スラヴ語の特徴のひとつ。
20　→ §266。

【訳】

　人々の多くは拷問具を見て，その脅しに震えあがり，王の言うことをきいて，キリストの信仰を捨てた。その中の四十人はいっしょになって勇敢に死ぬことを誓いあっていた。彼らは希望をもって言った。「兄弟たちよ，互いを見守りあいましょう。我らのイエス・キリストを捨てないようにしましょう。キリストが我々を見捨てることのないように。主が次のように言っていることを心にとめましょう。『肉体を殺しながら，魂を殺すことのできない者を恐れるな。炎の地獄の中で魂と肉体をともに滅ぼす者をこそ恐れよ』」。彼らはそのような言葉でお互いを奮い立たせた。王フルトゥナティアヌスは言った。「お前たちは偉丈夫で美しく，言葉も巧みである。なぜそのような誘惑にかられるのか。ただひとつの神のみを，キリストのみを信ずるというが，それは無頼漢として，ユダヤの息子たちが架刑に処した男ではないか」。

3

С(вѧ)тыи же мѫченикъ Терентии[1], оуста вьсѣхъ[2], рече: «Аще бы[3] вѣдѣлъ кнѧзь силѫ распѧтааго, то оставилъ бы коумирьскѫѭ соуѥтьнѫѭ льсть и томоу сѧ покланꙗлъ и томоу въгаждавъ[4] истинноуоумоу с(ы)ноу отъ отьца благодатьникоу и милосрьдоу милостивоу[5], иже покыновениимь[6]

и повелѣнниимь[7] отчемь[8] на земьѭ[9] съшедъ и божьство въ чловѣчьско
кстьство оукрасивъ[10], иже и подъѩ[11] крьстъ нашего ради съпасенниа. »

【注】
1 Terentius。
2 「みんなの口」というのは，「すべての人を代表して」というような意味。Займов Й.-
　 Капалдо М. のテキストには στόμα τῶν πάντων（みんなの口）の後に，（ ）つきで
　 γενόμενος（〜になって）が補われている。
3 仮定法だが，現代ロシア語式の бы を使っている→ §144。
4 「奉仕する」の意味で，能動分詞の過去短語尾形を使っているが，前の покланıалъ にあ
　 わせて въгаждалъ としてもよいところ。
5 милосръдоу, милостивоу と似たような意味の形容詞短語尾が二つ続けて使われている。
　 благодатьникоу にかける。
6 указание の意。形容詞の語尾になっているが покыновеникмь が正しい。
7 注6と同じく повелѣникмь が正しい。
8 物主形容詞。男性単数主格は отьчь。→ §278。
9 л が落ちる→補説4。
10 「人間の本性に神性を оукрасити する（人間の本性を神性で飾る）」の意。
11 подъѩти（現ロ：поднять）のアオリスト3人称単数。тъ をひろっていない→ §63。

【訳】
　 聖なる殉教者テレンティウスはみなを代表して言った。「王が架刑に処せられた方の力を
知っておられれば，虚しい異教の誘惑を捨て，その方に拝跪するでしょう。父から送られた
真の子，恩寵を与えるもの，慈愛に満ちたその方に，父の命令と指令によって地上に降り立
ち，人の本性を神性で飾り，我々の救いのために十字架を背負われたその方に敬意を表され
るでしょう」。

4

　 Фоуртоунатиıанъ же кнѧзь то слышавъ рече къ свѧтъıимъ: «Пожьрете[1]
ли или[2] прикоснѫвъ сѧ оудовъ[3] вашихъ погоубъıѭ[4] въı.» Терентин рече:
«Мьнѣлъ ли кси страхъı оубоıати сѧ намъ[5]. Нѣсмъ[6] бо тольма[7] слаби, да
оставим жизнодавьца и поклонимъ сѧ богомъ стоуждиимъ[8], нъ простѣк[9]
твори иже хоцеши о[10] насъ.» Разгнѣвавъ же сѧ, кнѧзь повелѣ раздьрати
ризъı ихъ и вести ıа въ цръкъвице коумирьскок. Бѣахѫ же капиица та
позлацена и оукрашена красоѭ многоцѣньноѭ. вълѣзъ же кнѧзь рече имъ:
«Пожьрѣте великоуоумоу богоу Ираклю[11]. видите славѫ и силѫ кго.»

【注】
1 命令形であれば пожьрѣте。ここは現在形。
2 ли или と，しばしば続ける。
3 оудъı は五臓六腑を表す。о語幹男性名詞だが，ここは ŭ 語幹名詞の語尾→ §202。

72

4　ʌ を拾わない→補説 4。
5　「我々が（**намъ**）脅しを恐れる（**страхъ оуботати см**）と思う（**мьнѣти**）」。与格が不定形の意味上の主体を表現している。**мьнѣлъ кси** は現在完了→ §143。
6　→ §180。
7　「それほどにも」の意。次の **да** に呼応する。
8　**чужой** の意味。
9　比較級だが，副詞的に使っている。「〜するがよろしかろう」くらいの意。
10　→ §312。
11　ヘラクレスのこと。

【訳】

　王フルトゥナティアヌスはそれを聞いて，聖者たちに言った。「お前たちが供物を捧げるか，私がお前たちの五臓六腑に手をかけ，お前たちを滅ぼしてしまうか，どちらかだ」。テレンティウスは言った。「我々が恐怖に怯えると思っておられるようだが，命を与えてくれたものを見捨てて，異教の神に拝跪するほど弱くはない。我々に対してしたいと思っていることをなさるがよい」。怒り狂った王は，彼らの衣服を剥ぎ，異教の教会に連れて行くよう命じた。そこには金を塗られ，さまざまな飾りに飾られた像があった。王は中に入っていって，言った。「偉大なる神ヘラクレスに供物を捧げよ。その栄光と力を見よ」。

5

　Терентии рече: «Прѣльщакши см не вѣды¹ польѕьнаа² ти, сии³ бо боѕи іаже мѣниши⁴ каменик⁵ и дрѣво и мѣдь и желѣза сжтъ. оукрашени златомь на прѣльщеник чловѣкомъ, отъ⁶ вѣчьныіа жизни сии⁷ бо не видмтъ, ни глаголіжтъ, ни ходмтъ, ни слышмтъ, каменик сжще⁸, чловѣкъ⁹ изваіани и въ видъ чловѣчьскъ ображени. Рьцѣте же оубо къ богомъ вашимъ іаже мѣните аще могжтъ помощи себѣ или комоу дати гнѣважщіаіа см на нм¹⁰. » И се слышавъ кнмѕь възбѣсивъ см повелѣ Терентиіа и Африкана Маѕима же и Помпиіа¹¹ въ вънжтрьнмм тьмницм въврѣщи и съ вьсѣкоіж¹² твръдостиіж блюсти іа рекъ, нѣ¹³ въ кын дьнь въпрашаіж ихъ.

【注】

1　→ §167。
2　中性複数対格。**польѕьнаіа**。ѕ は第 3 硬口蓋化で生まれたもの→『共通スラヴ語音韻論概説』§67。
3　**ти** は **ты** の与格→ §234。**сии** は→ §251。
4　**сии боѕи** は複数主格だから「あなたが考える神は」が直訳。
5　集合名詞→ §218 脚注。
6　部分生格を作るような使い方。
7　→ §251。
8　→ §185。
9　複数造格。

10 5行目 **Рьцѣте** から 6〜7行目 **на ньꙗ** まで，表現が曖昧で，解釈が難しい部分。**сєбѣ** はフルトゥナティアヌス自身をさし，**на ньꙗ** の **ньꙗ** は神々を指す，と解釈する。「あなたが，あなた自身を助けることができる（**могжтъ помощи сєбѣ**）と考え，その神々に怒りを向ける誰かに返礼することができる（**могжтъ 〜 комоу дати гнѣважштꙗꙗ сꙗ на ньꙗ**）と考える（**мѣните**），そのような神々がいれば，そのような神々に言いなさい（**Рьцѣте же оубо къ богомъ вашимъ**）」と理解しておく。**дати** はここでは「返礼する」「反撃する」「報復する」の意味か。**гнѣважштꙗꙗ** は複数対格だが，単数与格か，せめて複数生格にするほうがよい。ギリシャ語原典では τινι ἀμυνομένῳ αὐτούς と，単数与格が使われている。

11 Afrikanus, Maximus, Pompeius。

12 **вьсакоѭ** ないし **вьсіакоѭ** と綴るところ。スプラシル写本は **ꙗ** と **ѣ** を区別するから，**вьсѣкоѭ** と綴る根拠はないが，グラゴール文字文献の影響かもしれない。

13 次の **къін** とつながる。**нѣкъін**。

【訳】

　テレンティウスは言った。「あなたは血迷って，あなたにとって有益なものを知らないでいる。あなたが神と考えているものは石であり，木であり，銅であり鉄である。人を誘惑するために金で飾られているだけだ。それらには永遠の生命は，見えはしない。それらは語らず，歩かず，耳も聞こえない。石だからだ。人によって人の形に似せて彫られたものだからだ。あなた自身を救うことができる神々がいると思うのなら，その神々に怒りを向ける者に報いることができる神々がいると思うのなら，その神々に語るがよい」。これを聞いて王は激怒し，テレンティウスとアフリカヌスとマクシムスとポンペイウスを投獄し，後日改めて尋問すると申し渡し，彼らを厳重に監視するよう命じた。

6

　Блаженааго же Зинона и Алезандра и Ѳеодора[1]**, сжщємъ имъ числомь четыри дєсѧти**[2]**, ти шесть**[3] **повелѣ къ сждницоу**[4] **привести, и глагола имъ; «Ничьсоже**[5] **не оуспѣвъше пръвъіимь вашимь пьрвеникмь, послоушаните мене и пожьрѣте великоуоумоу Ираклоу**[6]**.» Они же отъвѣщавъше рѣшѧ: «Мъі многашди**[7] **рѣхомъ ти, и въ пръвое ти**[8] **въпрашание**[9] **ꙗкоже крьстиꙗни**[10] **ксмъ и не прѣпьриши**[11] **насъ капищемъ нечистомъ**[12] **поклонити сѧ, мъі бо готови ксмъ о въпрашании твоемъ отъвѣщавати.»**

【注】

1 Zeno, Alexander, Theodorus。

2 この部分は独立与格で，挿入文のようになっている。

3 6人が誰をさすのか，判然としない。最初にテレンティウス，アフリカヌス，マクシムス，ポンペイウスが投獄され，ここでは3人の名前が挙げられている。「ゼノ，アレクサンドル，テオドルスの3人を含めて6人」と解釈しておく。前の4人とあわせて「7人」の間違いかもしれない。

4 **и** はひとつ余分。

5 → §240。ここは **не** を添えて否定の意を表す。

6　**Ираклъ** も **Ираклъ** もある。ここは硬変化の類型。

7　**многажди**（何度も）。

8　**тъ** の与格。生格の代用（→ §311）と考える。

9　「最初の質問に対しては」。この後に「次のように答えよう」くらいを補っておく。「最初の質問」が何なのかは，コンテクストからははっきりしない。

10　**крьстиꙗнъ** の複数形。**крьстиꙗне** が規範的な形。о語幹男性名詞（→ §196）の類型で変化させている。

11　不定形は **прѣпьрѣти**。уговорить の意味。

12　形容詞短語尾形中性複数与格→ §263。

【訳】

　聖なるゼノ，アレクサンドル，テオドルス，このような人たちは四十人いたのであるが，彼らを含めた六人を，裁きの場に連れてくるよう（フルトゥナティアヌスは）命じた。「お前たちは，最初の反論によって，なにごともなしえなかった。私の言うことをきいて，偉大なるヘラクレスに誓いをたてよ」。彼らは答えて言った。「私たちは何度も言っている。最初のあなたの質問には次のように答えよう。私たちはキリスト教徒だ。私たちを不浄なる偶像に拝跪させようとしても無駄だ。私たちはあなたたちの質問に答える用意がある」。

7

　Кнѧѕь рече: «Не послоушаꙗте ли мене, молѧщоу ми сѧ вамъ, то ноудите мѧ повелѣ́ноѥ отъ цѣсара¹ сътворити и инако вамъ нанести²» и повелѣ бити ꙗ сжатомь жезлиѥмь и жилами говаждами³. Прострьше⁴ же рѫкы на небо, с(вѧ)тии мѫченици рѣша великомь⁵ гласомь възъпивъше: «Призьри, боже, и помози⁶ рабомъ своимъ и избави ны отъ сѫпротивьника.» Слышавъ же то кнѧѕь повелѣ ѥще и паче бити ꙗ, дондеже измѣни кѫждо по трьмь десѧтьмь кентоуринонъ⁷. Биѥмомъ⁸ же с(вѧ)тыимъ, коньчаша сѧ тини и жьзлиѥ⁹. Тъгда възбѣсивъ сѧ повелѣ дрѣвесы¹⁰ сжаты бити ꙗ, ꙗкоже¹¹ оуже и вънѫтрьнꙗꙗ оуды видѣти. Тако оубо быша лица свѧтыихъ, ꙗкоже вьсѣмъ чоудити сѧ трьпѣнию ихъ, и ѥгда ꙗ много мѫчиша, глагола кнѧѕь: «Пожьрѣте понѥ¹² нынѣ, окаании¹³, и отъпоущѫ вы.» Свѧтии же млъчаахѫ ничьсоже ѥмоу отъвѣщаѭще.

【注】

1　**цѣсарꙗ** が正しい。ここは物主形容詞（→ §279）ではなくて，名詞。

2　意味が判然としない。**нанести** の後に **мѫкѫ** くらいを補っておく。**инако** はいなして の意味。「お前たちが言うことをきかなければ」という含みがあるだろうが，つながりが悪い。ギリシャ語は **нанести** の部分に προσφέρω を使う。単独で「攻撃を加える」の意味がある。

3　「ごつごつした木の棒」（**сжато жезлиѥ**）と「牛の腱でできた鞭」（**жила говажда**）。**говажда** は軟変化の形容詞で男性単数主格は **говаждь**。短語尾形しか用いられない→ §263。

4 → §68。

5 形容詞短語尾形の造格→ §263。

6 → §109。

7 кєнтоурионъ は百人隊長のこと。「兵士」という意味で使っているかもしれない。
дондєжє 〜 кєнтоурионъ は、「それぞれの人が三十人に打れるまで，百人隊長が交替
していった」という意味のようだが，文法的にははっきりしない。измѣни という他動
詞も少しおかしい（ギリシャ語原典 ηλλαξεν の直訳）。

8 受動分詞現在→ §128。

9 тини は「鞭」（単数は тинь），жьзлиѥ は「棒」。上の сжкатомъ жєзлиѥмъ и жилами
говаждами に呼応する。「道具がぼろぼろになって，なくなってしまった」，というよ
うなこと。

10 複数造格→ §222。

11 次の不定詞とあわせて，結果を表す構文→ §308。「内臓まで見えるほどに」。次の
ѥакожє も同じ。

12 понѣ は хотя бы というような意味。

13 окаганьнии が本来の綴り。

【訳】
　王は言った。「これだけお前たちに頼んでも，私の言うことをきかないのだな。それならば，
皇帝から命じられたことをさせることになる。お前たちに苦しみを与えるのだ」。そう言っ
て，固い棒と牛皮の鞭で彼らを打つよう命じた。聖なる殉教者たちは空に手を伸ばして，大
きな声をあげて言った。「神よ，（私たちに）目を向けてください。ご自身の僕たちを助けて
ください，私たちを敵から救い出してください」。これを聞いた王はさらに激しく彼らを打
つように命じた。それぞれの者が三十人の百人隊長にかわるがわる打たれた。聖者たちは打
たれ，鞭も棒も尽きていった。それで，（王は）怒り狂って，固い棍棒で彼らを打つよう命
じた。内臓まで見えるほどであった。聖者たちの顔は，その忍耐に皆が驚くくらいのもの
だった。さんざん苦しめた上で，王は言った。「今からでもいい，供物を捧げよ，呪われた
る者よ，そうすれば解放してやる」。聖人たちは，彼には答えず，黙っていた。

8

Пакъɪ жє повєлѣ кнѧѕь гвоздиѥи[1] раждєгъшє[2] жєщи ѩ по хрьбьтоу,
и кгда ѩ вєлми мѫчиша, повєлѣ оцьтъ лютъ съ солиѭ растворивъшє
възливати на хрьбьтъɪ ихъ и соукномь въстирати ранъɪ ихъ. възьрѣвъшє
жє свѧтии на нєбо: «Г(оспод)и Божє[3], избавивъɪи свѧтъɪѧ три отрокъɪ
твоѩ отъ пєщи огнѣнъɪѧ Ананиѭ, Азариѭ, Мисаила[4], и нє давъ имъ
пакости приѩти, избавивъɪи Даниила[5] отъ оустъ львовъ[6] и сънабъдѣвъɪи[7]
Моусиѭ отъ рѫкъ фараонѧ[8], съпасъɪи Ѳєклѫ[9] отъ огнѣ[10] и от позорища[11]
и отъ звѣрии[12], съврьшаѩи и хорѫгви[13], дарьствуѩ любимъɪмъ
тобоѭ, възвєдъɪ пастоуха овьча[14] Г(оспод)а нашєго Исоу(са) Х(ри)с(т)а,
дарьствовавъɪи на многъɪ и различьнъɪ благодѣти, въсиꙗвъɪи свѣтъ и тьмѫ
отъгънавъ, съвиваѩи нєбо акъɪ кожѫ, изъчитаѩи ѕвѣздъɪ нєбєсьскъɪѧ

76

и пѣсъкъ морьскъіи и истинѫ оукрасивъ, оуслъіши насъ молѧщь ти сѧ,
Х(ри)с(т)е, и помози намъ, ѣко твоѣ ѥстъ слава и дръжава въ вѣкъі,
аминъ.» Коньчавъшемъ же с(вѧ)тъіимъ молитвѫ и рекъшемъ аминъ.

【注】

1　単数主格は гвоздни。жрѣбни（→ §196）と同じ変化。
2　разжещи > раждещи。その能動分詞過去。
3　呼格。この呼格に，さまざまな形で分詞がくっついてくる（分詞には呼格はない）。これは祈りの文句の定式→ §76。それぞれの分詞の形を吟味してみること。
4　いずれも，旧約『ダニエル書』の登場人物。
5　旧約『ダニエル書』の主人公。獅子の口から救われる。
6　物主形容詞→ §277。
7　сохранить の意。
8　旧約『出エジプト記』。фараонꙗ は Фараонъ から作られる物主形容詞の女性単数生格→ §278。
9　聖パウロによってキリスト教徒となったといわれる女性殉教者。炎の中から救われる。
10　огнь の単数生格。スプラシル写本は，ѣ と ꙗ を区別しているから огнꙗ が正しい。
11　позорища は「舞台」の意（ギリシャ語原典 θέατρου）。「晒し者の屈辱」と意訳した。
12　звѣрь は ĭ 語幹男性名詞。その複数生格→ §215。
13　「聖なる旗」の意味。単数主格は хорѫгъі で，ūv 語幹名詞。その複数対格→ §230。
14　物主形容詞。овьчии という божни タイプの物主形容詞（→ §277）になるのが普通だが，ここは овьчь という j 付加タイプの物主形容詞（→ §278）になっている。

【訳】

　王は釘を灼熱させて，彼らの背中を焼くよう命じた。彼らをさんざん苦しめると，背中に強烈な酢と塩を溶かして塗り付け，布で傷をこするよう命じた。聖者たちは天を見上げた。「主なる神よ，アナニアス，アザリアス，ミクロスという聖なるあなたの三人の子供を燃えさかる炉の中から救い，彼らに屈辱を味あわせなかった神よ，ダニエルを獅子の口から救った神よ，モーゼをファラオンの手から救った神よ，テクラを炎から，晒し者の屈辱から，獣から救った神よ，聖なる旗を完全なものにし，汝の愛する者たちに（その聖なる旗を）送った神よ，牧童たる我らがイエス・キリストをとり上げた神よ，そして（キリストを）多くの，さまざまな至福のために（我々に）与えられた神よ，光を照らし，闇を追放された神よ，天を皮膚のごとく編み作られた神よ，天の星と海の砂を数え，真実を飾られた神よ，汝に祈る我々の声を聴きたまえ。そして私たちを助けたまえ。汝の栄光と御国は永遠であれ，アーメン」。聖者たちは祈りを終え，アーメンと言った。

9

Пакъі кнѧзь повелѣ повѣсивъше ѩ стрѫгати ребра ихъ. Деромомъ[1] же
свѧтъіимъ на многъі часъі, теченик крьвьнок отъ с(вѧ)тъіхъ тѣлесъ[2]
ихъ исхождааше[3], ѣкоже[4] отъ множьства крьвьнааго оумочити сѧ ризамъ
слоугамъ[5], и тако не радѣахѫ[6] о мѫкахъ, Х(ристо)с бо бѣаше облегъчаваѩ и
помагаѩ[7] имъ, и глагола къ нимъ кнѧзь: «Прѣпьрѣша ли въі мѫкъі[8] остати

см⁹ бѣсованиꙗ, иже имате зълосъмрьтьнии, или прѣбывакте въ зъловѣрии вашемь.»

【注】

1　дьрати の受動分詞現在短語尾形の複数与格。独立与格だとすると сꙗщемъ を補う。
2　→ §222。
3　исходити のインパーフェクト→ §140。
4　次の不定形とともに程度を表す→ §308。「大量の血で衣服が濡れるほどだった」。
5　слоугамъ は拷問をおこなっている王の配下の者をさしている。生格の代わりに使われる与格（→ §311）ととる。
6　不定形は радити。「気にする」の意味。
7　分詞の述語的用法→ §304。помогати でなく помагати が正しい綴り→補説 8。
8　въ は対格。主語は мѫкы。
9　「自らを～から置く」の意味で，「捨てる」ということ。бѣсованиꙗ は生格。分離を表す。

【訳】

　王は再び，彼らをつるして，肋骨を取るよう命じた。聖者たちは何時間も責めさいなまれ，血が聖者たちの体から流れ出し，大量の血のために（王の）配下の者たちの衣服が濡れるほどだった。（聖職者たちは）苦しみは気にもしなかった。キリストが（苦しみを）やわらげ，彼らを助けてくれていたからだ。王は彼らに言った。「苦しみがお前たちを説得し，悪しき死に値するお前たちがもっている狂気を捨てることを決めたか，それとも悪しき信仰の中にとどまるか」。

10

　Свꙗтии же ничсоже кмоу отъвѣщашꙗ нъ възьрѣвъше на небо рѣшꙗ: «Раскопавыи огнемь градъ содомескъ¹ и опоустивыи, и нынѣ посъли² помощь твоѭ и разори безбожьнок бѣсованик и съврьши³ капища ихъ.» и сътворивъше знамение крьстьнок на лицихъ⁴ своихъ въздоунѫшꙗ на капища и тоу абик сътрѣшꙗ⁵ сꙗ и бышꙗ акы прахъ⁶, и рекошꙗ свꙗтии къ безаконьноуоумоу кнꙗзоу: «виждь⁷ чьсти вашꙗ⁸ кде⁹ крѣпость ихъ соуетьнаꙗ кда¹⁰ възмогошꙗ помощи себѣ.» Се же свꙗтыимъ глаголѭщемъ и цркъвище капищьнок разори сꙗ, разгнѣвавъ же сꙗ кнꙗзь о съкроушении богъ своихъ, повелѣ мечемь исѣщи¹¹ свꙗтыꙗ. Приимъше же свꙗтии отъвѣтъ¹² идошꙗ радоуѭще сꙗ и славꙗще господа. Пришедъшемъ же имъ къ нареченоуоумоу мѣстоу, прѣклонивъше колѣна и протꙗгъше выꙗ¹³ своꙗ съконьчашꙗ сꙗ мечемь въ исповѣдании хрисостовѣ. Пришедъше же крьстиꙗни¹⁴ възꙗшꙗ тѣлеса ихъ и положишꙗ на нарочитѣ мѣстѣ. Сим же свꙗтыимъ съконьчавъшемъ сꙗ.

【注】

1　旧約『創世記』第 19 章。
2　→補説 7。
3　**съвръци**。сбросить の意。命令形→ §109。
4　→ §207。
5　不定形は **сътръти** ないし **сътърти**。現在形は **сътьрѫ, сътьреши** ～（本来は不定形語幹 A3 タイプの動詞）。「ばらばらにする」の意。ここは **сѧ** がついて「ばらならになる」の意。主語は **капиц҄а** に変わっている。
6　「塵のごとくなる」。→ §179。
7　→ §118。
8　複数対格。
9　**къде > кде > где**。→ §297。
10　разве の意。
11　**из-сѣци**。з が脱落した。
12　「判決」の意。
13　「首」の意。単数主格は **въıа**。a 語幹軟変化名詞。
14　ここも o 語幹硬変化名詞の類型になっている。

【訳】

　　聖者たちは彼には何も答えず，空を見上げて言った。「ソドムの町を炎で滅ぼし，空とされた神よ，いま汝の助けを送りたまえ，神なき狂乱を破壊したまえ，彼らの偶像を破壊したまえ」。彼らは顔の上に十字を切り，偶像に息を吹きかけた。すると偶像はただちにこなごなになり，塵のごとくなってしまった。聖者たちは無法の王にむかって言った。「汝の栄光を見やれ。その堅固さは，はかないものであった。自らを救うこともできなかったではないか」。聖者たちがこういうと，異教の教会が崩れ落ち，自分たちの神々が破壊されたことに怒った王は，聖者たちを剣で切り捨てるよう命じた。聖者たちは判決を受け入れて歓喜し，神を讃えながら歩いた。定められた場所に来ると，彼らは膝を屈し，首を伸ばし，キリストに告解しながら，刃によって切られてはてた。キリスト教徒たちがやってきて，彼らの体を取り，定められた場所に置いた。これらの聖者たちは死んだのである。

11

　　Повелѣ бєзаконьнъıи кнѧѕь Терентиꙗ и Фрикана[1] привєсти и глагола к нима[2] : «Пожьрѣта богомъ, аще ли ни[3], то зълѣ[4] ва погоубъıж[5] и нѣсть[6] бога иже ва из-д-ржкоу[7] моюю избавитъ.» Свѧтаа[8] же рекоста; «Глаголаховѣ ти многашди, ꙗко крьстиꙗна ксвѣ и въ Христоса имавѣ надеждж, бѣсомъ же нечистъıмъ не поклонивѣ сѧ, ни богомъ твоимъ слоуживѣ и о мжкахъ твоихъ небрѣжевѣ, да оубо примъıшлꙗи о наю, клико хоꙗеши мжк[9], вѣроуквѣ бо богоу ꙗко побѣжденъ бждеши нами рабъı[10] кго, ꙗкоже побѣжденъ бъıстъ и отьць твои дꙗꙗволъ.» Слъıшавъ же то кнѧѕь повелѣ въсадити ꙗ въ темницж и веригъı наложити има на въıж и на ржцѣ и на ноѕѣ и тако блюсти кю, и сътвориша слоугъı ꙗкоже имъ повелѣно бъıстъ,

повҍ¹¹ же и трьзжбьца¹² жєлҍзны подъстьлати има и не дати никомоуже отъ крьстиꙗнъ въходити к нима ни пища има даꙗти.

【注】
1　頭の **л** が落ちている。
2　双数形。ここから，双数形が多く使われる。
3　全否定→§306。
4　これは副詞。
5　**л** が落ちる→補説4。
6　→§180。
7　**д** は挿入音→『共通スラヴ語音韻論概説』§119。**ржкоу** は双数生格→§213。
8　双数形男性主格。**Свꙗтаꙗ** が正しい。
9　あなたの思う限りの責め苦を（**кⷧⷮико хощеши мжкъ**），我々に対して考案しなさい（**примꙑшлꙗꙇ о наю**）。**мжкъ** は複数生格。
10　複数造格→§199。
11　**повєлҍ**。**лҍ** が落ちている。
12　三又の槍。拷問のために体の下に引く。

【訳】
　無法の王は，テレンティウスとアフリカヌスを連れてくるよう命じた。そして二人に言った。「神々に供物を捧げよ。否やとなれば，お前たち二人を残虐な殺し方で殺す。お前たちを私の手から救ってくれる神などいないのだ」。二人の聖者は言った。「あなたに何度も言っております。私たちはキリスト教徒で，キリストに望みをかけております。不浄なる悪魔に膝を屈することはしません。あなた方の神々には尽くしません。あなたの与える迫害などなんでもない。なんなりと，好きな仕打ちをなさるがよい。我々は神を信じている。あなたは神の僕である我々に打ち負かされるであろう。あなたの父である悪魔が打ち負かされたと同じように」。王はこれを聞いて，二人を投獄し，首と（片）手（片）足に枷をつけ，監視するよう命じた。従僕は命じられたとおりにした。（さらに王は）鉄の槍を二人の下に敷くよう命じた。キリスト教徒は誰も彼らのいるところに行かせなかったし，食事も与えさせなかった。

12

Въ полоунощи же молꙗщема сꙗ свꙗтꙑима, просвҍтҍ сꙗ свҍтъ великъ въ темници¹ о² нею, и агг҃лъ господьнь³ ста прҍдъ нима глаголꙗ; «Въстанҍта и почиванта.» и пристжпивъ ангелъ прикоснж сꙗ⁴ веригахъ облежащинхъ о выи кю, и абик отъпадошꙗ веригꙑ отъ тҍлесе кю, и бҍаше прҍдъ нима трепеза оуготована вьсҍчьскꙑими⁵ брашьнꙑ⁶ добрꙑними, и рече к нима ангелъ; «Примҍта отъ⁷ прҍдълежащинхъ прҍдъ вама брашьнъ, ꙗже посъла вама господь бог҃.» Свꙗтаꙗ же благословиста господа и тако приꙗста брашьна, ꙗакоже и тъмничьнꙑимъ стражемъ видҍвъшемъ свҍтъ въскочити⁸ вънжтрь и истиньнҍ⁹ видҍти свҍтъ, въшедъшемъ же имъ, обрҍтошꙗ, с(вꙗ)таꙗ веселꙗща сꙗ и излҍзъше съ страхомь. Възвҍстишꙗ кнѧзоу иже видѣшѧ, и въ третии дьнь повелѣ привести ıа на сѫдище. Ставъшема же с(вѧ)тыима прѣдъ кънѧземь, рече къ нима; «Тако ли наказашѧ[10] ва мѫкъı, о зълобѣсьнаıа, покаıавъше сѧ пожрьти богомъ. »

【注】

1　темница の単数処格→§213。
2　「〜のまわりに」の意味→§293。
3　господынни という軟変化形容詞の短語尾形。
4　ここは処格支配。
5　スプラシル写本は ѣ と ıа を区別しているから，вьсıачьскъıими ないし вьсачьскъıими が正しい→§255。
6　брашьно の複数造格。
7　部分を表す。現代ロシア語の部分生格に似た用法。
8　前の ıакоже とともに程度を表す構文だが，独立与格とまじるような感じになっている。
9　比較級だが，副詞的に使っている。「じっさいに」くらい。
10　「教える」の意。

【訳】

　深夜，二人の聖者は祈った。すると，牢獄の中で彼らのまわりに大きな光が輝いた。神の（使いたる）天使が二人の前に立って言った。「立ち上がって，休息をとりなさい」。天使は近寄ってきて，二人の首をつないでいる枷に触れた。するとたちまち枷が彼らの体から落ち，彼らの前にあらゆるご馳走で飾られた食事が現れた。天使は彼らに言った。「あなたたちの前にある食事を食べなさい。それは主たる神が送られたものです」。二人の聖者は神に感謝し，食事をとった。獄吏たちは光が見えたので，牢獄の中に駆け込んだが，じっさいそこに光があった。中に入った獄吏たちは，聖者が歓喜しているのを見た。そして，恐怖におののいて出ていった。獄吏たちが王に見たものを伝えると，（王は）三日目に彼らを裁判の場に引き出すよう命じた。二人の聖者たちが彼の前に立つと，王は言った。「悪魔に取りつかれた者よ，苦しみがお前たち二人に，悔い改めて，神に供物をささげることを教えたか」。

13

С(вѧ)тыи рече Терентии: «Мѫка си мьнѣ бѫди[1] и любѧщиимъ Х(ри)с(т)а, ѫродивоє бо богомѫдростьнѣє чловѣкомъ єстъ, мѫдрость бо человѣчьска ѫродьство оу бога єстъ[2]. Безоумль[3] же и бѣса сѧ[4] бѫдѫ подобьнъ тебѣ, аще бога оставивъ[5] бѣсомъ поклонѭ сѧ.» Кнѧзь же разгнѣвавъ сѧ повелѣ дьрати ıа, свѧтаıа[6] же строужема[7] молıаста сѧ глаголѭща; «Ис(оусе) Х(ри)с(т)е сыне бога живааго въ вѣкы прѣбываıаи[8], свѣте крьстиıаньскыи[9], вѣро неразоримаıа[10], ıави сѧ и помози нама и не осрами наю отъ лица твоєго.»

【注】

1　3人称単数の命令形→§182。
2　2行目 ѫродивоє から 3行目 оу бога єстъ まで，非常に内容がわかりにくい箇所。ギリ

シャ語原典に即すと，**богомждростьнѣк** は，**богж мждростьнѣк** の誤りと考えられる。「**жродивок во богж**（神にとって愚かなこと）は，**мждростьнѣк чловѣкомъ ксть**（人々にとってより聡きことであり），**мждрость во чловѣчьска**（人の賢さ）は **жродьство оу вога ксть**（神においては愚かさである）」というような意味。

3　**везоумити** の能動分詞過去短語尾→§69。スプラシル写本の綴り方の特徴（→補説4）からいえば，**везоумь** になるところ。Kurz «Slovník jazyka staroslověnského», «Старославянский словарь (по рукописям 10-11 веков)» は，**везоумлии** という軟変化形容詞の短語尾ととっている。

4　**вѣсити сѧ** の能動分詞現在短語尾。

5　**оставль** が本来の形→§69。さらに，スプラシル写本の綴り方の特徴（→補説4）からいえば，**оставь** となるところ→補説4。

6　**свѧтаіа** が正しい綴り。

7　**стръгати**（切り裂く，傷つける）の受動分詞現在短語尾。

8　これは呼格 **Ис(оусе) Х(ри)с(т)е сꙑне** にかかる能動分詞現在短語尾→§125。形容詞，代名詞，分詞は呼格を持たず，主格で代用する。

9　呼格 **свѣте** にかかる。

10　呼格 **вѣро** にかかる。

【訳】

　聖テレンティウスは言った。「私にも，キリストを愛する者たちにも，苦しみがあるべきなのです。神にとって愚かなものは，人にとって聡きものであり，人の聡明さは，神にとっては愚かなものです。神を捨てて，（あなたたちの）神々に拝跪すれば，正気を失って狂ったものとなり，あなたたちと同じになってしまうでしょう」。王は怒り狂い，彼らの生皮を剥がすよう命じた。二人の聖者は生皮を剥がされつつ，神に祈って言った。「イエス・キリストよ，永遠にあるところの，生きたる神の息子よ，キリスト教徒の光よ，壊すことのできぬ信仰よ，現れてください。そして我々を助けてください。汝の面前から我々をそむかせないでください」。

14

Слоугамъ же держꙗщамъ ꙗ, и Х(ри)с(т)оу обльгъчаваѭщоу мѫкꙑ, не чоуꙗста свѧтаꙗ болѣзнии¹. Разгнѣвавъ же сѧ кнѧѕь повелѣ съньмъше² ꙗ съ дрѣва вести въ тъмницѫ и призъвавъ вьсѧ чародѣꙗ звѣринꙑꙗ³ повелѣ привести клико имѫтъ звѣрии лютъ и зълъ⁴, аспидꙑ и ехиднꙑ и керастꙑ⁵, и въметавъше затворити съ свѧтꙑима и бѣахѫ звѣрик⁶ плѣжѫще⁷ и прѣдъ ногама кю сѣдѧщемъ и не прикоснѫша сѧ кю никакоже.

【注】

1　複数生格→§215。

2　**съньмати** の能動分詞過去短語尾。

3　猛獣使い。

4　**звѣрии** は（**звѣрь** →§215）の複数生格（に等しい対格）だから，**лютъ, зълъ** も形容詞短語尾形の複数生格（に等しい対格）ととるべき。

5　爬虫類や蛇蠍の類をいう。ここは複数主格で羅列している。

6　集合名詞。
7　плѣзати（плѣжѫ, плѣжеши ～「這いまわる」の意）の能動分詞現在短語尾。現代ロシ
ア語の ползать にあたる。分詞の述語的用法→ §304。

【訳】

　従僕たちは二人の生皮を剥いだ。しかし，キリストがその苦痛を軽減したので，二人の聖
者は痛みを感じなかった。怒り狂った王は彼らを木からおろし，牢獄に入れるよう命じた。
たくさんの猛獣使いを呼んで，獰猛で恐ろしいありとあらゆる猛獣を連れてくるよう命じた。
爬虫類や蛇蠍の類も。そして二人の聖者とととともにこの獣たちを（牢獄に）閉じ込めた。獣
たちは，はいずりまわり，二人の足下に伏し，二人に触れようとしなかった。

15

Свѧтаıа же бѣста поıѫща и хвалѧща[1] бога, прѣбꙑшѧ же звѣрик затворени
съ нима три дьни[2] и три нощи, въ четврътꙑи же дьнь посъла кнѧзь
нощиѭ, да видѧтъ аще кста оуморкна свѧтаıа звѣрьми. Пришьдъше же
посъланни къ двьремъ тъмничьнꙑимъ послоушатъ[3], оуслꙑшашѧ ıа поıѫща
и хвалѧща[4] бога. Хотѧще же извѣстьнѣк[5] видѣти, възлѣзошѧ на храмнѭ
тъмничьнѫıж и двьрьцами съмоцрıаахѫ[6] долоу и видѣшѧ свѧтаıа сѣдѧща и
ангела господьнıа стоıѧща прѣдъ звѣрьми и не даѭщоу приближити сѧ имı[7]
и текѫше възвѣстишѧ кнѧзоу ѭже видѣшѧ, и въставъ заоутра рано кнѧзь
сѣдъ на сѫдищи повелѣ чародѣкмъ отъвести звѣри и привести с(вѧ)таıа на
сѫдище.

【注】
1　分詞の述語的用法→ §304。
2　→ §219。
3　目的詞→ §43。
4　〈彼ら二人が ıа〉〈歌って，神を讃えているのを поıѫща и хвалѧща бога〉〈聞いた
оуслꙑшашѧ〉→ §307。
5　比較級中性。副詞的に使っている。
6　sŭmotr-jĕachǫ > sŭmošt'r'jaachǫ（съмоцрıаахѫ）。r をとびこえて，j の作用が前の t に及ぶ
例。現代ロシア語で послать の現在形が пошлю, пошлёшь ～となるのと同じ作用。-аахѫ
は -ıаахѫ が本来の形→ §140。
7　6 行目 видѣшѧ から 7 行目 имı まで，少し文が乱れている。видѣшѧ свѧтаıа сѣдѧща
は，「二人の聖者がすわっているのを見た」で，видѣшѧ は次の ангела господьнıа
стоıѧща にもかかる。ангела господьнıа は〈生格＝対格〉になっている。「天使が獣た
ちの前に立っているのを見る」。次の даѭщоу は，その流れからいくと，даѭща がよ
い（ギリシャ語原典は συγχωροῦντα という分詞の対格が使われる）。даѭщоу の不定形
は даıати（→補説 6）。中途半端な感じで独立与格が混じる形になっている。古代教会
スラヴ語の文献は，独立与格を多用するので，ときにこういうことがおこる→ §305。
приближити сѧ は，〈与格〉〈къ ＋与格〉以外に処格をとることもある。имı は複数造格。

双数形なら (къ н)има，複数形なら (къ н)имъ がよい。ギリシャ語原典は複数与格を使う。次の текъше の主語は従者たち。

【訳】
　二人の聖者は歌い，神を讃えた。獣たちは二人とともに三日三晩（牢獄に）閉じ込められた。四日目，王は二人の聖者が獣たちに殺されたかどうか確かめるために，夜使いを送った。使いの者が牢獄の入り口のところまできて耳をすますと，彼らが神を讃える歌を歌うのが聞こえてきた。よりはっきりと見届けようと思って，牢獄の中に入り，ドアから下を覗くと，聖者たちが座っているのと，天使が獣たちの前に立って，誰も聖者たちに近づかせないようにしているのが見えた。従者たちは外へ出て，王に見たことを告げた。王は次の朝早くに起きた。裁判の席に座り，猛獣使いたちに獣を連れてくるように命じ，聖者たちもひったてててくるように命じた。

16

　Шьдъше же чародъи и приближити сѧ хотѧще къ двьремъ, прити к нимъ звъремъ чародъи своими призывающе ѩ, не послоушаахѫ ихъ отврѣзъше[1] же двьри тъмници[2], изидошѧ коупьно вьси[3] звърие и моришѧ вьсѧ чловъкы иже обрѣтошѧ тоу стоѩщѧ и тако идошѧ въ поуста мѣста, и шьдъше стражие[4] тъмничьнии поѧшѧ с(вѧ)таѩ и ведошѧ къ кнѧзоу, мѫчитель же видъвъ свѧтаѩ не приимъша врѣда никакогоже.

【注】
1　отврѣсти（開ける）の能動分詞過去短語尾。古代教会スラヴ語では zt > st の無声化がおこる→§33。
2　1行目の Шьдъше から，3行目の тъмници まで，難解。わかりにくくなっている理由は，1行目と2行目に чародъи という名詞が使われているが，意味が違うことにある。1行目の чародъи は「猛獣使い」の意だが，2行目の чародъи は，「呪術，妖術」の意（猛獣使いは呪術で獣を調教するとされた）。ここはその複数造格。к нимъ の нимъ と звъремъ は同じ。「猛獣使いたちは，彼ら，つまり獣たちのほうに近寄っていって，自らの妖術をもって呼びかけようとした」というのが，1行目から2行目にかけての意味。次の послоушати は послушаться の意味だとすると，主語は獣で，獣が牢獄の扉を開けて出てきたことになる。呼びかけたが「獣の気配が聞こえなかった」の意なら，主語は猛獣使いたちで，彼らが牢獄の扉を開けたことになる。ギリシャ語原文は οὐχ ὑπήκουσαν で，「従う」にあたる動詞が使われているので，前者の意味ととる。3行目 тъмници は生格なら тъмница が正しい→§213。与格による生格の代用か→§311。
3　→§255。
4　本来は стражии という男性名詞だが，ここは стражие という中性の集合名詞を作っている。前の шьдъше に影響されたかもしれない。

【訳】
　猛獣使いたちがドアに近づいて，獣たちのほうへ行って，呪術でもって呼びかけようとした。猛獣たちは言うことをきかず，牢獄のドアを開け，みないっせいに出てきて，そこに立

っているのを見つけたすべての人間を殺してしまった。そして荒野へ去っていった。獄吏たちがやってきて，聖者たちをつかまえ，王のところに連れて行った。迫害者は二人の聖者が傷ひとつ負っていないのを知った。

17

Въꙁбѣсивъ сѧ дастъ о нею отъвѣтъ мечемь оуморити ѩ, свѧтаѩ же идоста радоуѭща сѧ и поѭща и глаголѭща; «Съпасе насъ скръбѧщинхъ насъ и отъ ненавидѧщинхъ насъ прѣможе.[1]» Воини же на то оуставькнии[2] възьмъше мечь отъсѣкоша главѣ свѧтоую, и съконьчаста сѧ въ исповѣдании хрисостовѣ. Мѫжи же кръстиѩни пришедъше възаша тѣлесѣ с(вѧ)тоую и добрѣ съпратавъше положиша на мѣстѣ нарочитѣ дъвою пъпьриштоу[3] въ далꙗ отъ римьска града. Мѫчена же бꙑвъша свѧтаꙗ Терентии и Африканъ, Маꙁимъ же и Помпии и дроужина ихъ при ц(ѣса)роу[4] и томителю Декна и Оꙋалериа[5], о насъ же цѣсарьствоуѭщоу господоу нашемоу Їс(оусоу) Х(ри)с(т)оу ꙗмоуже слава и дръжа[6] въ вѣкꙑ вѣкомъ, аминъ.

【注】

1　Съпасе はアオリスト2人称単数ととる。Займов Й.-Капалдо М. のギリシャ語テキストでは（原文にはない）「神よ」にあたる Κύριε を括弧つきで補っている。скръбѧщинхъ の前に отъ を入れ，ненавидѧщинхъ の前の отъ は取るほうがよい。прѣмощи は，「凌駕する」「打ち勝つ」の意。

2　ꙁ を拾わない→補説4。

3　長さの単位。пъпьрище は，一般的にはギリシャ語 στάδιον の訳語で，1 пъпьрищ はおよそ 190 メートルほどだが，ここはギリシャ語原典 μίλιον（マイル）。双数処格。далꙗ は далꙗ（遠さ，距離）の複数対格。дъвою пъпьриштоу въ далꙗ отъ римьска града で，「ローマの町から2マイル離れたところに」の意。

4　цѣсарю が正しい。цѣсарю, томителю は双数処格と考えられる。Декна, Оꙋалериа は単数生格。「デキウス，ワレリアヌスという二人の皇帝，迫害者の時代に」。

5　デキウスの後のローマ皇帝。文中に記述はないが，キリスト教徒の迫害をおこなった。

6　дръжава の誤りと考えられる（下から4行目 Мѫчена 以下，ギリシャ語原典を欠く）。

【訳】

（王は）怒り狂い，剣で二人を切り殺す判決を下した。二人の聖者は喜び，歌いながら歩き，言った。「神よ，あなたが私たちを，私たちを苦しむ者から救い，私たちを憎む者を打ち負かしました」。（処刑の役割を）与えられた兵士たちは剣を取って，二人の聖者の首をはねた。二人はキリストを讃えつつ死んだ。キリスト教徒の男たちが二人の聖者の遺体を受取り，（布で）くるんで，ローマの町から二マイル離れたところにある所定の場所に安置した，かくして，テレンティウス，アフリカヌス，マクシムス，ポンペイウスとその仲間たちは，迫害者皇帝デキウス，ワレリアヌスの時代に殉教者となったのである。我々をつかさどる主イエス・キリストの栄光とその王国よ，永遠にあれ，アーメン。

словесъ · снⷭкхтъчюдесаⷭбⷧⷨⷯрена
гоⷩпⷬ⷟ѣпростаагопаула · ииⷩнава
штъшаⷩбоⷧⷨшаснхъ · снⷩнарече
сапрьпрⷭтъⷩвьсеⷩкⷬратнѧ · нⷢго
жемоⷧнтвалиⷩпричастьⷩнⷨⷨчнⷨⷯкх
дъмⷣⷩⷯчⷭарьстваⷩѥбесьскааⷢ
нъⷩⷯнⷩпрнⷭсⷩонвъвⷯкъⷩвⷯкⷨⷯмⷨⷨⷯ

〰〰〰〰〰〰〰〰〰〰〰〰〰〰〰〰〰〰〰〰〰〰

кⷩⷭсаула марта · к · нⷨⷨⷧабⷯⷩⷯтⷩⷯхъ · тⷬⷫⷩ
тⷩⷯ · афрнканⷯ · нⷩполⷯⷩпⷩⷯ ·

ⷣⷩⷯсарьствоуѧштⷩⷩⷯюⷯдⷩⷯкⷩⷯⷩ ⷬⷩ
нⷨⷩⷯбⷯⷯⷩⷩⷯⷯⷩⷯⷩⷩⷯ нⷯⷩⷯⷩⷯⷯⷩⷩⷯ
вⷨⷩⷯⷩⷯⷩⷯⷯⷩⷯⷩⷯⷩⷯⷯⷩⷯⷯⷯⷩштⷩ
оⷯⷩⷯⷩⷩⷯⷯⷩⷯⷯⷯдⷩⷩⷩⷩⷯ · поⷩⷯⷩⷩ
поⷯⷩⷩⷯⷩⷯⷯⷩⷯⷩⷯⷩⷯⷯⷩⷩⷯⷩⷩⷯ
нⷩⷩⷯⷩⷯⷩⷩⷯⷩⷩⷯⷩⷯⷩⷯⷩⷯⷩⷯⷩⷯⷩⷩⷯⷩⷯⷩⷯ
хⷬⷯⷩⷯⷩⷩⷯ · прⷩⷯⷩⷯⷩⷯⷩⷩⷯⷩⷯⷩⷯⷩкⷯⷩ
нⷩⷩⷯдⷩⷩⷩⷯ · аⷯⷩⷩⷩⷩⷩⷯⷩⷯⷩ
сⷯⷯⷩⷯⷩⷯⷩⷯⷩⷩⷯⷩⷯⷩⷩⷯⷩ · тⷯⷩⷯⷩ
прⷯⷩⷯⷩⷯⷩⷯⷩⷯⷩⷩⷯⷩⷯⷩ · поⷯⷩⷩⷯⷩⷯ
вⷯⷩⷯⷩⷯⷩⷯⷩⷯⷩⷯⷩⷯⷩⷩⷯⷩⷯⷩⷯⷩ
заⷩⷯⷩⷯⷩ · кⷩⷯⷩⷯⷩⷩⷯⷩⷯⷩⷯⷩⷯⷩⷯⷩ
наⷯⷩⷩⷯⷩⷯⷩ · фⷩⷯⷩⷩⷯⷩⷯⷩⷩⷯⷩⷯⷩ
нⷯⷩⷯⷩⷯⷩⷯⷩⷯⷩⷯⷩⷯⷩ · поⷩⷯⷩⷩⷯ
нⷩⷩⷯⷩⷯⷩⷯⷩ · нⷩⷯⷩⷩⷯⷩⷯⷩⷯⷩ
кⷩⷯⷩⷯⷩⷯⷩⷩⷯⷩⷯⷩ · сⷩⷯⷩ
наⷯⷩⷩⷯⷩⷯⷩ · поⷩⷯⷩⷯⷩⷩⷯⷩⷯⷩ
рⷩⷯⷩⷯⷩⷩⷯⷩⷯⷩⷯⷩⷯⷩⷯⷩⷯⷩⷩⷯⷩⷯ
нⷩⷯⷩⷯⷩ · нⷯⷩⷯⷩⷯⷩⷩⷯⷩⷯⷩ
нⷩⷯⷩⷯⷩⷯⷩⷯⷩⷯⷩⷯⷩⷯⷩⷯⷩⷯ ·

＊　テキスト⑪に当たるのは，上図の点線から p.97 の点線までの部分です。

ПОУЧЕНННМЪ ГЛАГОЛА · ПОЖЬРѢ
ТѢ БОГОМЪ · АШТЕ ЛН НН ТО ѸБАК НЛІА
ТѢ НЗЛ МЬ Ѣ ТН · МНОУ НЖ ОТЬ НА
Ѭ ДАВ НДЖ КЪ ШЕМЖ ЧНА ТЪ ІАСЬ
ѢЖ ДЪ І · Ѩ БОНА БЪ ШЕ САПРЖ ШТЕ ННН
ПЛ ЧЮ ШАШ Л ЮНАЧ НОТЪ ТЛ ПНША
Ι ТЪ ВѢ РЪ ХРН СОСТѢ ВЪІ · БѢ Ѣ ШТАША
Ж ЕІАНѢ К ТІ РННН ОТЕ ННХ Ъ ТН СЛАА
ЧЕ ТЪІ РНАЕ ГЛА ТН · ДОБ НСЪ ХО ДЛ ВЪ
ШІ СѢ КН ЬЧАТ НСА · Н ГЛАХ Ѫ СЬ ПЪ
БАН ІАКП · ДА Ч Ъ КЪ ДРОУ ГОУ БЛН
ДѢ ТЪ ДЕЖ АТН ИА · НЮ Т Ъ ВОУ ЖЕ ЛН СА
ГОСПОД ХНМ АШ ГОІОХСА · ДА НТѢ НЕ
ТѢ ВРѢ Ж ТВОДНА СЪ · РА ЗОУ МѢ ЙТЕ
ВЛСО НЧ ЖАРЕ Ч ГОСПОДА НЕ Х ВН ТЕ
СЛ ТЪ ЧЮ ИВЛ ЮШТННХ Ъ ТЪ ЛЛ
ДЛЧ ЖЕ Н ЕЛІАГЖ ШТЕ ЛЪ ВО Ч Н ТН
ОУ ВОН Т ЖЕ РА ТА ЧЕ ЛЮ ГЛ ШТАЛ ГО
Н ДГОУ ШАЛ Й ТѢ Н ВКЪ РД БОТѢ КОІ НЬ
НА Ѣ МН НОПЧ Ч БНОНА ДРУ Г ЪДРОЧ
ГЛ ЖЕ КЛ Ъ ПЛН ЖА ОВРѢ КН НН · ОУ
РТ ОУ НА ТНАЛ ЖКНАУ ВРЕЧЕ ВН
Ж АД КЪ КН ЖНРАСТОЛѢ ДОБРЪ Н
КРАСѢ НН СЛАВОНЮ М ЖДРЕН ЗІ
Н КАКО ТА КЪ ВѢ НА ... ПРѢ ЛЬ
СТ ПРѢ Х СТНЕ СА · ЛКД НО РО БО ГАНШ ПО
ВФ ДА НЖ ШТѢ ЙХРН СТОСЪ · ІN К КОГНѢ
ЖЕН КЪ ІЪ ХОДН ДА · ЖН ДОВЪ ЧТН НѢ ТѢ
ЧН РАСПАША · СТ ТН ЖЕ ПЛЧЕ ННКЪ
ТЕ РЕН ТННИ · Ю ОТЪ ВЪ СѢ ХЪ РЕЧЕ

ӔШТЕБЫБѢⷣѢАЬКНАДⷢ҇СНАЖРАСПА
ТААГ҃ ПОСТАВНАѢБЫКОУМИРЬСКА
ЖОУНТѢНЖ АЖАЛЬСТ҃ НТОІОУСАПИ
КААНЛА НТОМІОУ ВЪГАЖДАВЬН
СТННІОУОУМІОУЄНОУ О ТЪСТ ЧАБЛ
ГОДАТАНИКОУ НЛНАОСРѣДⷭ КУМНⷯ
СТⷨ҃НБОУ НЖЕПКЫНІВЕНННЛ̇ТНПІ
ВЕАⷤ҇НННЛѢ ОТ ЧЕМЬ NAXЄМ BЖСⷮ
ШЕДЪ НБОЖⷭ҇ТВОВЪЧЛОВѢⷰТ҃ІССН
СТⷭ҇ТВОУ КРАСНⷷ НЖЕПIIДⷭⷷ
КРⷭ҇ТЬНАШГРАДНСⷮПАСЕННА
Ѳⷯⷮⷮⷩⷰ
ⷯⷯⷯⷯⷯ

СНБОБОУНАЖЕМѢ̄ННША КАМЕННИН
ДРѢВОНМѢ̄ДⱇНЖЕ Гⱇⱌⱏⰱⰱⰱⰱ И҄КРА
ШЕНИⰱⰱⰱⰱⰱ
КѢ̄КОМⱏ ОТⱏ ВЕⱌⱏ̄ ⰱⰱⰱ
БОНЕВИДАТⱏ Нⰱⰱⰱⰱ
Тⱏ НИСⰱⰱⰱⰱ
ⱋⰱⰱⰱⰱ
ТⱏСⰱⰱⰱⰱ
БОГОМⱏⰱⰱⰱ
МОⰱⰱⰱⰱ
Дⰱⰱⰱⰱ
Сⰱⰱⰱⰱ
Вⰱⰱⰱⰱ
Мⰱⰱⰱⰱ
Мⰱⰱⰱⰱ
Дⰱⰱⰱⰱ
Дⰱⰱⰱⰱ
Жⰱⰱⰱⰱ
Сⰱⰱⰱⰱ
САⰱⰱⰱⰱ
Шⰱⰱⰱⰱ
Тⰱⰱⰱⰱ
Мⰱⰱⰱⰱ
Нⰱⰱⰱⰱ
Оⰱⰱⰱⰱ
ⰱⰱⰱⰱ
Тⰱⰱⰱⰱ
Нⰱⰱⰱⰱ
Мⰱⰱⰱⰱ
Бⰱⰱⰱⰱ

ітъвѣштавати… кназъ реүеніе
послушантіалмонемиаашту
инедавамъ тнноүднтема повелѣ
нинготъүѣ сара сътворнен ннна
ківамѣнаніости ііповелѣ бнтна
сжкатомъжѕанніиъ нжнлакнг
важдалин пріставъшежеркъі
нанѣбістнниахүінııчı ⷯьша
веаниомъгласомъ възъпнѣъше
пнн꙯ѕьнбижі нпомогнраболъсⷡ
нлıъ нніꙟбабнн꙯ѕ҃іотꙗⷯпрітнѣ
нннка слъішавъжеткназъ по
велѣ ні штеипаүебнтна донде
жеıнꙟленнкъжаı птгⷬъмꙟьдесатⷮ
мькентоүрінъı бнѣмıнъже
стоінмъ кініꙗшасатнннıꙗжⷬ
ꙁанн тгъдавъзⷢⷢ⷟с_нбъса повелⷺ
дрѣвесъіжкатꙑбнтна ꙗко
жеюжінвъꙁнатоінаалюдъібнда
тн такоюбꙑшаланүасватꙑ
нхъ ꙗкꙶжевъсѣмъүантнсатг
пъннннхъ нндаамнгіиъжхн
шаглагıлакназъ пожъгетепⷩⷩ
нъıнꙗкаланнн нотⷮпıꙟштгвꙑ
сватнжемлъүааꙟꙿ нн꙯тъсⷦжеⷩ
ккꙟотъⷮꙗштꙗꙁꙟште пакъıже
повелⷠъкнаꙁъгꙗꙁана рражⷣаѕ
гⷯшежештна піоⷯгъⷭⷤⷢⷮⷩ҅ꙗⷮ
даавѣалнниахүінⷣа повелⷠ꙯іⷱꙵ
пъантⷮкъсıланꙗ растворнвъше

бѣзлнватннахрѣбътъінхъ · нсѹ
кнімъ вьстнратнранъінхъ · въ ꙁ ꙗкоꙗднꙑмн
 въшежесватнннане бі · гнбжеѹстꙑꙗш
нꙁбавнвъін · сватꙑꙗ трн отрокꙑ
твоꙗотъпештнгнѣнѣꙗ · ананн
ꙗꙁарнꙗ мнсанла ннедавънн
пакостнпрнꙗтн · нꙁбавнвъінда
нннлаотъ ѹстъ львовъ · нсьлаб ꙗ
девъінмъ ⷹснꙗ · отъ ꙗкъі фараш
на · съпасꙑннꙗ кꙛꙁꙗ тꙑрнѣ · нот
пѹꙗрншта · нотъꙁвѣрнн · съвѣ
шаꙗн · нхѫжрвндарѣствоѹалн
бнмъінмъ тебоꙗ · възведъ нпастн
хꙛбъчагана шегонсѹ хса · дарѣствꙛ
бабъінамнгꙑнрачанчѣнъіва
годѣтн · вѣснавъінсвѣтъ нтъꙗж
отътенавъ · савнкаꙗннебꙗкъіко
жъ · нꙁъчнтаанꙋбѣꙁаꙁꙑнебесъ
снꙁъꙗ · нпѣсъ кꙑмͥрꙛскъін · нн
стннѫⷹкраснѣ ⷮѹ слꙑшннасъ
мнлаштъ тнсахсꙛ · нпнмꙋчннакі
ꙗкотвонꙗствславанджъжа влаб
вѣкъіꙗмннъ · конгꙗвъ шлꙗжꙛ
стъінмъмлантѫ · нрекшелва
мннъ · пакъікнаꙋповꙗж повѣ
снѣъшꙗ стꙗгатнꙗ бранхъ · де
ꙗмнмъжесватъінмъ намнꙑгꙑча
снꙗ тетенннкꙛѣвъ нінотъстꙑн
хѣ тѣлꙗснꙑ хѣнехождлаше · ꙗкꙛ
жеотъмножъства꙱ крꙛбъналгі

оумотнтнєарнзалвєаютаиѣ · нта
конѥрадъѣхжоиѫкахъ хѣбѡкѫ
шєовалгѣтавла · нноллаглннѣ
нрлагоиакѣннлѣкнаъ· прѫнрѫ
шланкъıмжъı · остатнєакѣсока
ннанжєнллтєчѣлосъллрѣтаннн
нанщѫбъıкантєвѣчѣловѣрннва
шєлѣ· євлтнжєннтсѥжєнлоуотъ
вѫшташа · нъвѣзѫрѫвъшєнанєво
рѣ ша раскопавъıногрнєлѣѣрлдъ
водллнѥскъ · нопоустнкъıн·ннлнѣ
посвлнпоюштавож · нрацорнбєчѣ
жьнонвѣсованнн· нсъкрѣзнкалн
штанхъ · нсѣтворнвъшєчнаменн
нкрѣстъ нонлланчнхъ всвонхъ · въ
задоунжшанлкапншта · нроуавнє
съгрѣшдса · нвѣıшллкъıнн рахъ·
прєкоша свлтнкъвєзаконѫ ноу
оумоукнаꙁоу · внждꙑѣствлша
клєкрѫпоствнхъсоунтѣнлл· н
давѣзлгоша поıлншт нсєвъ· сєжє
свлтъıнлѣглароажштелѣ· нчрѣкъ
вншткапнштѣнонлꙁорнєа· ра
грнѫвавъжєлкнлꙁоꙗсъкроушєннı
бѡрѣвонхъ· повѣлѫꙗєтєлѣ нсѫ
шптнєватѣıл· прнналмшєжєсва
тнıнотѣѫтъ· ндлшарлдоукꙗштє
сансллкаштєрнснлдъ· прншєдъшє
ллжєнлıєкнлдрємннꙗоупоукъжстꙗ
прѫказннкъшнєкслѣнꙗ нпростлгоша

БЫАѣВОА · СѣКОНѢѰАШАСАЛЃҐЄЛЃ · БѢ
НСПОВѣДАННХРНСОСТОВѣ · ПРНШЕДЪ
ШЕЖЄКРѣСТНѦНН · БѢ҄ДАШАҐѪЛЕСА
ҶХЪ · НПОЛѪЖНШАПАNАРＩҐНѢ ЛＩＩ
СТѣ · СНИЖЕВАТЪＩＩＩＩＴѣСЬКОНЬҰА
ВЪШЕＩＢСА · ПОВЕЛѣ БѢЗАКОNѢNNＩ
КНАЗТЕРЕNТНА · НФꙖНКАПРН
ВЕСТН · НРААГОЛАКНNＩA · ПОЖБＰＰѶЧЛ
БОГОМЪ · АШТЕАННТОҮѣＡЖВАПОУ
БѢЖ · ННѣСТЪ БОГАНЖЕВАНＺДАРЪКУ
МОНＩＩＢАВНТЪ · СВАТАЖЕРЕКО
СТАГЛАГꙎＰОＡАХОВѪＴＩＮПОГАШДＩＩ · ѦКО
КꙖСТНﬡＡﬡﬡＳﬡＪＮВѣХРНСОСАＩＩＡＡ
ВＮАДЕЖДѪ БѢСОＩＩＴѪＥNЕҰＰＰＴＩＮ
ＡＩＮЕПОКЛОННＢＡＳＡ · ННВОГОＬＰＲＫОＮ
МѣСＡＩＸＪＮВＧ · ННꙖＡＸＪＴВОＮХＪ
ＮＥВＪＪＪＪＪＪＪＪＸＴ · ＡＡＵＢＯＰＰＲＰＩＩＩＩＡＡＩＩ
ＯＮＡＮＮＡＮＫＣＸＯＳＴＥＳＣＮＩＡＫＰＫＰＸ
НВＰＧＢＯＧＲＵＡＰＰＯＰＯＰＪＡＥＮＰＤＥ
ШНＮＡＡＮＰＡＰＣＩＮＧＲＯ · ѦＫＯＪＥＮＯＰＫＤＥ
ＮＩＧＣＴＰＣＴＰＩＯＮＴＰＨＣＴＶＯＮＤＮＡＶＯＡＴＬ ·
СЛＺＩＳＡＢＪＥＴＩＫＮＡＺＴＰＯＢＥＬＰＢＴＳＡＤＩ
ＴＮＡＢＴＴＥＬＩＮＩＩＬＪＰＫ · ＮＢＥＲＮＩＴＩＮＡＬＯＪＩ
ＴＮＩＭＡＮＡＢＪＩＪＬＪＫ · ＮＮＡＲＸＹＪＫＨＮＡＮＯＵＪＫ
ＮＴＡＫＯＥＡＮＳＴＨＮＫＨ · ＮＳＴＢＯＲＮＩＩＡ
СＡＩＵＴＪＩＫＯＪＥＮＭＴＰＯＢＥＬＰＮＯＢＴＪＳＴ ·
ＰＯＢＥＪＥＮＴＲＴＺＤＢＴＨＡＪＥＡＴＺＮＴＩＮＯ
ＡＴＣＴＴＬＡＴＮＮＡＡ · ＮＮＥＤＡＴＮＮＫＯ
ＡＵＪＥＴＴＲＫＰＳＴＮＡＮＢＢＴＸＯＤＮＴＮ
ＫＮＮＡＡ · ＮＮＰＮＩＴＡＮＭＡＡＡＴＴＮ ·

ВЪ ПОЛУ НОШТИ ЖЕ ИБА АШТЕ И АСА
СВАТЪ И НМА · ПРОСВѢ ТѢ СА СВ Ѣ ТЪ КЕ
ЛН КЪ ВЪ ТЕ МНН ЧН НЕН · НА ГГЕ АЛ ГО
СПОДАНѢ СТА ПРѢ ДЪ НН МА ГА ГОЛА
ВЪ СТАНѢ ТА Н ПОЧН ВАНТА · Н ПРН СТѪ
ПН ВЪ АГГЕ ЛЪ ПР НКС СНЖА ВЕ Н ГАХ
О БЛЕ ЖАШ ТН НХЪ Ѣ ВЪ НН Н · НА БНН
ТѢ ПА ДО ША ВЪ Н РЪ IOТ Ъ ТѪ ЛЕ СЕ НН
Н КѢ А ШЕ ПРѪ ДЪ Н НМ Е ТРЕ ПЕ ЦА ЦГО
ТО ВА ЛА ВЪ СѪ ТѢ СКЪ Н Н КН НЕ РА ШѢ НЪ I
ДО БРЪ Н НМН · Н РЕ ЧЕ КН НЛ А ГГЕ
ЛЪ · ПРН НМѢ ТА ТЪ ПРѢ ДЪ ЛЕ ЖА
ШТ Н НХЪ ПРѢ ДЪ ВА ЛА Е РА ШѢ НЪ
НА ЖЕ ПО СЪ ЛА ВА ЛА ГОСПОД Ь БОГЪ СВА
ТА НАЖЕ БЛА ГО СЛО ВН СТА ГОСПОДА · Н ТА
КН ПО НА СТА ВЪ РА ШѢ НА · НА КОЖЕ НТЪ
МН НѢ НЪ I Н Н М Ъ С ТРА ЖЕ МЪ ВН ДѢ ВЪ
ШЕ М Ѣ СѢ Ъ ТЪ · ВЪ С КО ЧН ТН ВЪ НѪ
ТРѢ · Н НС ТН НЪ Н Ѣ Н ВН ДѢ ТН СВѢ
ТЪ · ВЪ ШЕ ДЪ ШЕ М Ъ ЖЕ Н МЪ Ѣ Е РѢ
ТО ША СТА НА ВЕ СЕ ЛА ШТА СА · Н НУ ЛѢ
ЗЪ ШЕ СѢ СТРА ХОМЪ · РЪ ЗВѢ СТН
ША КНА ЗУ НЖЕ ВН ДѢ ВЪ ША · НВЪ
ТРЕ ТН ДЪ НЪ ПОВЕ ЛѢ ПРН ВЕ СТН Н
НА СХ ДН ШТЕ · СТА ВЪ ШЕ МА ЖЕ СТЪ I
Н МА ПРѢ ДЪ КЪ НА ЗЕ МЪ · РЕ ЧЕ КЪ
НН МА · ТА КО Н НА КА ЗА ША ВА МЪ
КЪ I Ѡ ЗЪ ЛО ВѢ СЪ НА Н · ПО КА НѢ ВЪ
ШЕ СА ПО ЖРѢ ТН Е ГО Л Ъ ·
СТЪ I Н РЕ ЧЕ ТЕ РЕ НТН Н · М Ѫ КА СНМЬ

НѢБѪДＮＮＡНЕАШТИＮＫＹ҃ХＡ҃ · ꙗ҃РО
ДＮＢＯ · ЕＩＧＯＭＡＤＲＯＳＴＬＮѪＨＹＬＩＢѢ
ＫＯＮＬ НＳＴＬ МＡＤＲＯＳＴＬＢＯＵＬＯＢѢＴＬ
ＳＫＡ · ꙗ҃РＯＤＬＳＴＢＩ҃ＯＢＯＧＡＨＳＴＬ · ＢＥＵＹ
ＩＡ҃ЖＥＮＢЖＳＡＳＡＢＪＤＪＰＯＤЬＢＬＮＴＥ
ＢＡ҃ · АШＴＥＢＲＡＩＳＴＡＢＮＢＪＢＬＳＩＭＬＰＲＫＡ҃
ＮＪＳＡ · КＮＡЅＢЖＥＲＡＺＲＮＢＢＡＢＪＳＡＰＩＢＥ
ＬＪＤＬＲＡＴＮＨ · ＳＢＡＴＡＸＥＳＴＲＩＵＺＩＡ
ＩＡＬＨ ＳＴＡＳＡ ＧＬＡＧＬＡＸＳＴＬ Ｉ҃Ｘ҃СＢ҃· СＹ
ＮＢＯＧＡЖＩＢＡＡＲＥ ＢＬＢＪＫＹＰＲＢＪＢＹＢＡ
АＮＢＢＴ ＴＥＫＲＢＳＴＮＨＮＬＳＫＹＨ · ＢＢ҃ＲＩ҃
ＮＥＲＡＺＯＲＨＩＡＨ · ＨＢＮＨＳＡ · ＨＰＩ҃ＭＩ҃ＺＮＨＡ
ＩＡ · ＮＮＥＩＳＲＡＨＨＮＡＨＯＴＬＨＵＡＴＢＯＨＧＩ
ＳＡＩＧＡＩＢЖＥＤＥＲＺＩＴＡＩＬＮＡ · ＨＹＸＳＯＩ҃
ＯＢＡＬＴＢＴＡＢＡＩＡＳＴＩＵＩＡＫＹ · ＮＥＵＯＩ҃
НＳＴＡＢＢＡＴＡＨＢＯＬＢ҃ＺＮＨＨ · ＲＡＺＲＮＢＢＡ
ＢＢЖＥＳＡＫＮＡＺＬＰＩＢＢЖＥＳＬＮＬＭＬＷＥＨ
ＳＬＤＬＢＢＡＢＥＳＴＮＢＴＬＭＮＨＵＳ · ＨＰＲＨ
ＺＡＢＡＢＢＳＡＴＡＲＯＤＡꙖＡＺＢＢＲＮＮＹＡ
ＰＩＢＬꙖＰＲＨＢＢＳＴＮＨＡＮＫＩＨＩＡＴＬЅＢＥ
РＮＨ · ＬＨＴＢＮＵＬＬＢ ＬＳＰＨＤＹＩＮＩ҃ＸＨＤＡ
ＮＹＩ · ＨＫＥＲＡＳＴＹ · НＢＬＭＥＴＡＢＢＬＷＥＺＡ
ＴＢＯＲＨＴＨＳＢ҃ＢＡＴＹＩＮＩＡ · ＮＢＢＡＨＸＡ҃
ЦＢＢＲＮＨＰＬＺＪＺＷＴＥ · ＨＰＲＢＪＬＮＩＧＡ
ＩＡＨ ＮＳＢＪＡＷＴＩＬＭＬ · ＨＮＥＰＲＨＫＩＳＮＪ
ШＡＳＡ҃НＨＮＩＫＡＲꙖＥＸ · СＢＡＴＡＮЖＥＢＥ҃
СＴＡＰꙖＷＴＡＮＸＢＡＬＡＷＴＬＢＡＩＧＡ · ＰＲＢ҃
ＢＹＩＷＡЖＥＺＹＢＷＲＮＨＵＬＴＢＯＲＥＮＨＥＺＮＨ
ＩＡＴＲＨＤＬＮＨ · НＴＲＩＮＯＷＴＨ · ＢＢＴＥＴＢＬ
ＴＬＩＮЖＥＤＬＢＮＬ · ＰＩ҃СＢＬＡＫＮＡＺＬＮＯＷＴＮＨ

дАвнидАтъашгенстаꙋкюренаⷡсва
таꙗзвѣрьлин пришъдъшежепⷭс
ланинкъдвѣремьтълинитьнꙁии
льтпислоꙋшатъ· ꙋслышашанпо
ꙗштанхвалаштакюга хоташте
жензвѣстиньнвидѣтн бꙑлꙗ
ꙁюшанахрамннѫтълинѵꙗнꙗ
ндвьрьчалинсъкюоштраахждолоꙋ
нвидѣшасватлнсꙗдаашта· нꙗ
гˀгѣалгосподьннстоꙗштапрѣдъ
ꙁвѣрьлин· ннедажштоꙋпрнблн
жнтнсаннн нтекъшеꙁъꙁвѣстн
шакнаꙋоꙋнжевндѣша нвѣста
вꙑꙁаꙋтрадꙗннкназъ сꙗдъна
сѫднштнповелѣтарꙗдѣнкꙑотъ
вестнꙁвѣрн· нпрнвестнстꙗнана
сѫднштꙗ шъдъшежетарꙗдѣн
нпрнвꙑꙗжнтнсахꙋштекъдвꙑре
мъ· прнтнкнннкꙑⷶвѣремъ чаро
дꙗнєвонмннпрнꙁꙑваꙗштеꙗ нє
послꙋшлаꙗхжнхъ отврꙋꙁъшеже
двꙑрнтѣмннцн нꙁндꙗшакюп
нюꙗсꙑнꙁвѣрнн нꙁꙁꙗюрншаꙁꙗ
саꙋлꙗѣкъꙁꙗꙗжⷷбрѣтнꙗшатю
стꙗꙗшта нтакꙗндюшаꙁꙗпꙋ
стꙗмѣста ншъдъшестражнꙗ
тъмннѵꙗннн пꙗꙗшастꙗнꙑ
дꙗшакъкнаꙁꙋ· мꙗꙗнтельже
вндꙗвъсватлн· ннпрннлꙗша
твѣꙗланнкꙗкорꙗжⷷ· вꙑꙁꙗѣснвꙗⷵса

ДАСТЪІИ҆ЕН҆Ї҃ТЪВ҄Ѣ ТЪ· МЕ҃Е҃МЪ Г҃ЮЮ
Ѓ҆НТН҄И· СВАТАН҆ЖЕН҆ДІ С҆ПАРАДОУ҄Ѫ
ШТАѦ· ҆НПІ҆ЖШТАНГРАГ҄І҆ѪЖТА
СЪПАС҃ІНАС҃Ъ СКРЪБАШТН҄ХЪНАС҃Ъ
Н҆Ѻ҆ТЪ҄НЕ҃НАВН҃ДАШТН҄ХЪНАС҃ЪПРѢ
МОЖЕ· ҆БН҆НЕН҆ЖЕН҆А҃ТН҄У҃СТАВ҄Н҆НН҆И
ЪЗЇ҆МЪШЕМЕТЪ҆Ѻ҆ТЪС҆ѦК҆ІШАГРАВ҄Ѣ
СВА҃Т҃Ї҄У҃Н҆ НЕК҆ІН҆ЕУ҆АСТАСАВЪН҆СПѺ
ВѢДАН҆Н҄Х҆РН҃СЇ҆ОТ҃Б҄Ѣ· АЇ҆ЖЖНЖ҄ІКРѢ
СЇ҆Н҄Ї҃Н҄НН҆ПРН҆ШЕДЪШЕВЪ҃ЗАША Т҃ѢЛЕ
СЕ҆СЇ҆Ї҄У҃Н҆ Н҄ДІ҆КРѦС҆ПРАТАВЪШЕПѺ
Л҆ЖН҆ШАНАМѢСЇ҃Ѣ· НАРН҃У҆Н҆ТѦ ДⷶЪ
В҆НПЪПѢ҃РНШТН҃У҃ВЪ҆ДАЛАЇ҆ОТЪРН҄Ѧ
Ї҆КАГРАДАХ· МⷶХУ҄ЕНАЖЕ҆БⷶІВ҆ШАСВА
ТАЬ· Т҆Р҆ЕНТ҃Н҄НН҆Н҄Ѻ҆ФРН҃КАНЪ҃ КЛАЗН҄
КⷶЖЕН҆ПОМПН҄Н҆ НА҃Ҁ҆РУ҃ЖН҃НАН҄ХЪ
ПРН҃У҆Ҁ҃РУ҃Ј҆НТ҄МН҃ТЕЛН҃ ДЕКН҃А Н҃Мⷶ҄Ѧ
АЇ҆РН҃А· Ѻ҆НАС҆Ѧ҆ЖЕН҆Е҃СА҆РЬ҆ІСТВ҃О҃У҄ѪШТⷶ҄Ѧ
Г҄ОСПОДⷶ҃У҃НАШЕМУ҄Ј҃С҃Х҃С҃Ӱ Н҄МⷶУ҃ЖЕ
СЛАВАН҆ДРЪЖАВ҄ЬВ҄КⷶІВ҄Ѣ҆КОМⷶЪ
А҆ МН̈ НЪ҃:·

МⷶЕСА҆Чⷶ҆МАРТ҄Ъ К҃А· ЖНТН҃Е҆ПРѢ ПОДО҆Б҆НАА҃Г҆Ѻ
Ѻ҃УⷶНАШЕГ҄ОН҆СХА҄К҆Н҄ МⷶЛОСТⷶЈ҆РАДⷶАЛ҆МАТⷶ҃СКⷶ҃Г҃
ↃↃↃ ПОКАН҆Е҃НН҃Н҆ПРѢ҃Ї҃Їⷶ҃ЛАГ҄Н҆ПОКЛⷶА
Н҄АН҄М҃АГ҆ЈⷶК҃РⷶСⷶТⷶА· Г҃АН҆ВО҃ГⷶА
Н҆С҆ПАСⷶА҃НАШ҃Е҃Г҃І҆Х҃Л҃· К҆ЇⷶУ҄МН҄
ↃↃↃАЇ҄У҃ЖЕН҃НН҃Ѻ҄Ӱ ЖⷶЈ҄ТⷶВ҆РⷶЖЕН҄Ꙋ
Б҆Ъⷶ҆БⷶШⷶЇ҃У· В҄А҆СА҃ПЈⷶА҃Ꙁ҆НↃЕⷶⷶС҄А

『セルギイ・ラドネシスキイ伝』より
悪魔払いの話

『セルギイ・ラドネシスキイ伝』は，クリコヴォの戦いに赴くドミトリイ・ドンスコイを鼓舞したことで知られる 14 世紀の聖人セルギイの人生を描く中世ロシアの物語で，古代教会スラヴ語の文献ではありません。第二次南スラヴの影響[1] がたいへん強いもので，現代ロシア語と古代教会スラヴ語のつながりを意識するためには，よい資料ですが，なかなかに難解です。聖者伝にしばしば現れる悪魔払いの話をあげてみます。主語が明示されないまま，次々と変わっていきますので，注意してください。第二次南スラヴの影響による綴りの特徴はいろいろありますが，以下の 3 点をマークしてください。«DIE LEGENDEN DES HEILIGEN SERGIJ VON RADONEŽ» (München 1967) のテキストを最後に出します（これは写本ではなく，教会スラヴ語の文献を活字化したものです）。句読点や括弧を補ってわかりやすくしたテキストは最初に出します。古代教会スラヴ語のテキストではありませんので，標準化正書法による書き直しはおこないません。鼻母音はそのまま表記される場合（вєдахȣ）も，現代ロシア語式に改められている場合（мѫтити → мȣтити）もありますが，発音そのものは，現代ロシア語式におこなわれていたと考えるのが普通です（вєдахȣ と書いてあっても вєдахȣ と読んでいた）。鼻母音をしつこく表記し続けるのも，第二次南スラヴの影響のひとつです。また，оɣ は一貫して使われず，ȣ に統一されています。ы は ы と綴られます。

『セルギイ・ラドネシスキイ伝』は，セルギイ自身の高弟とされる Епифаний Премудрый によって，最初にしたためられ，その弟子筋にあたる Пахомий Логофет が，そのテキストを修正しました。その後さらに Пахомий 自身が独自のセルギイ伝をものし，そこから民間に流布し，現在複数のバージョンが残っています。下に挙げたのは Епифаний Премудрый が記した最初のバージョ

ン（あるいはそれにもっとも近いもの）と考えられているものですが，難解な箇所は Пахомий Логофет の修正版を参照して解釈してあります。

第二次南スラヴの影響①

古代ロシア語と古代教会スラヴ語の綴りの対応がある場合は，古代教会スラヴ語の綴りを好んで使う。ただし，鼻母音は使わず，ѧ, ꙗ を я(ꙗ) に，ѭ をю(ю) に，ѫ を у(ꙋ) に移す。このような表記を「古代教会スラヴ語のロシア読み」と呼んでいる場合がある。

例：земля の単数生格 земли（現代ロシア語）- землѣ（古代ロシア語）- землꙗ（古代教会スラヴ語）という対応（→『ロシア語史講話』§139）があった場合，古代教会スラヴ語の綴りを選ぶ。ただし，鼻母音は表記せず，ꙗ を я(ꙗ) に置き換えて，земля (землꙗ) と綴る。

第二次南スラヴの影響②

母音の直後にヨット母音字を使うべきところで，対応する非ヨット母音字を使う（テキスト⑪にこのタイプの綴りが頻繁に出てくる）。

例：добрая (добраꙗ) と書かず добраа (добраа) と書く。

第二次南スラヴの影響③

成節流音がかかわる綴り（→『共通スラヴ語音韻論概説』§42 〜 46）で，古代教会スラヴ語式が好まれる。

例：дьржати（古代ロシア語）- держать（古代ロシア語）- дръжати（古代教会スラヴ語）という対応がある場合，古代教会式の дръжати (дръжати) を選ぶ。

【注】
1　中世のロシアで，コンスタンティノープル陥落後に南スラヴの地を追われてロシアにやってきた聖職者が，教会内の言葉が俗界の言葉に汚されていることを問題視し，極端な復古調の文語が使われるようになります。この傾向は，正教会内の書き物の外にも広がっていきました。古代教会スラヴ語に特徴的な語法や文体が好まれるようになったのもこのころです。こういった現象そのものを指して「第二次南スラヴの影響」と呼んでいます（「第一次南スラヴの影響」という言葉は使いませんが，東スラヴ語が南スラヴから伝わってきた文字を採用した出来事自体を念頭に置いています）。

Ѻ бѣснꙋющимсѧ[1] велмꙋжи[2]

Бѣ бѡ реч(е)[3], нѣкыи болѣрин(ъ)[4], живыи[5] на рѣцѣ на Влъгы[6], бѣше бѣсѡм(ь) мꙋчим(ъ)[7] лютѣ, и не прѣстааше[8] мꙋча[9] его д(ь)нь и ноць, ꙗко[10] и желѣзныа юзы[11] съкрꙋшати, и ничимже могꙋще[12] его дръжати[13]. Бѣ же того болѧрина больше ї чл(ове)къ[14], нж(е)[15] ꙋжи[16] желѣзными дръжахꙋ[17] его, и тъ[18] ꙗко ж(е) выше рѣхѡм(ъ)[19], ꙋжа[20] желѣзнаа[21] ни въ что ж(е) вмѣнꙗше[22], ѡвѣх(ъ)[23] рꙋкама бїа[24], инѣх(ъ) же зꙋбы[25] ꙋхапаа, иногда же бѣгаше в(ъ) пꙋстыню. и тамо мꙋчимъ и лютѣ съкрꙋшаем(ъ) ѿ бѣса, дондеж(е)[26] пакы ѡбрѣтахꙋ его, и тако свꙗзавше его ведахꙋ его въ свои емꙋ[27] дом(ъ). Слышавше ж(е) ꙗже[28] о с(вꙗ)тѣм(ь) Сергїи[29], елика[30] творит(ъ) б(ог)ъ чюдеса исцѣлен(н)а, его рад(и), и тогда племѧ его съвѣщавшес(ѧ)[31], и везшѧ его въ монастыр(ь) с(вꙗ)томꙋ Сергїю, и бывшим(ъ) имъ[32] на пꙋти, мнѡгы трꙋды подаша[33] ведꙋщїи[34] его. Тъ же бѣснꙋансѧ велїим(ь)[35] гл(а)сѡм(ь) въпїаше. «Ѻле[36] нꙋжда[37] сеа, камо[38] мѧ нꙋжею[39] водите, мнѣ не хотѧщꙋ[40] ниж(е) слышати, ниж(е) видѣти Сергїа, ѻнꙋд(ꙋ)[41] не хоцꙋ, но пакы възбратите мѧ в(ъ) дом(ъ) мои.», и тако томꙋ и не хотѧщꙋ[42], нꙋжею влечахꙋ его, и егда прїидошѧ бли(зъ) монастыра прѣдреч(е)нныи[43] ж(е) болѣрин(ъ) ѿ великых(ъ) юзъ[44] разрѣшьсѧ[45] растерзав(ъ) ихъ, и на всѣх(ъ) ꙋстрѣмлꙗшес(ѧ) гл(агол)ѧ: « Тамо не хоцꙋ, пакы хоцꙋ ѻнꙋд(ꙋ)же изыдох(ъ)[46].» Ти[47] ж(е) крѣплахꙋсѧ[48] свꙗзати его и никако ж(е) можахꙋ ꙋтолити его, но и гл(а)съ испꙋшаше ѿ себе, ꙗко[49] мнѣти сѧ емꙋ распаднꙋти[50], бꙗше ж(е) вопль и кричанїе велїе[51], ꙗко[52] и въ монастирѣ гл(а)сꙋ слышатисѧ. Тече[53] ж(е) едїнъ ѿ них(ъ) въ монастыр(ь) и възвѣсти пр(ѣ)п(о)д(о)бномꙋ Сергїꙋ бывшаа[54], ꙗко ни едїнъ ѿ них(ъ) может(ъ) прїити в(ъ) монастыр(ь), ни могꙋще того привести. Слышавже пр(ѣ)п(о)д(о)бныи о(тъ)ць нашь Сергїи[55] и повелѣ скоро в(ъ) было[56] ꙋдарити, и всѣм(ъ) братїам(ъ) сшедшимсѧ[57], начаша пѣти мол(е)бен(ъ)[58] ѡ болѧщем(ъ), и тако прѣподобномꙋ Сергїꙋ с(ъ) братїами помолисѧ[59], бѣсныи ж(е) начат(ъ)[60] кротѣти[61]. Приведен(ъ) же быс(тъ) в(ъ) монастыр(ь) пр(ѣ)п(о)д(о)бныи ж(е) изыде из цр(ъ)к(ъ)ве носа кр(ь)стъ в(ъ) рꙋцѣ свои и знамена емꙋ чело, ꙋста и прѣси[62]. и быс(тъ)[63] егда знаменаше его, болѣрин(ъ) же велїем(ь) гл(а)сѡм(ь) рыкнꙋв(ъ)[64] и абїе ѿскочи ѿ мѣста того. Бꙗше ж(е) лꙋжа воды в(ъ) монастыри[65] и абїе въвръжесѧ[66] в(ъ) ню[67] и стоаше гл(аго)ѧ: «Ѻле нꙋжда пламене сего страшнаго.» и ѿ того ч(а)са исцѣлѣ бл(а)г(о)д(а)тїю х(ри)с(то)вою и разꙋм(ъ) емꙋ възвратисѧ. Начаша его и въпрашати гл(агол)ѧще: «Что ес(тъ), ѡ чл(ове)че[68]», и

«Что видѣвъ въпіаше?» Онъ же ѿвѣща[69]: «Азъ рече(е)[70], егда приведоша
ма к с(ва)тому Сергїу и егда нача знаменати ма кр(ь)стомъ ч(ь)стным(ъ),
тогда видѣх(ъ) іако нѣкое второе сл(ъ)н(ь)це ѿ кр(ь)ста въсіавше и ѿ того
абїе изыде пламен(ъ)[71] велик(ъ) иже и окружи ма всего ѿ главы даж(е) и
до ногу[72] и того рад(и) в(ъ)вергохса[73] в(ъ) воду, мнах(ъ) бw іако сгорѣти
имамъ[74] ѿ пламене wного[75]. И пребыв(ъ) нѣколико д(ь)нїи[76] предреч(е)нный
волѣрин(ъ) в(ъ) монастыри[77] том(ь), быс(т)ъ[78] же бл(а)г(о)д(а)тїю
х(ри)с(то)вою кротокъ и смысленъ и тако отиде в дом(ъ) свои славА б(ог)а
и хвалу вздаваа с(ва)тому Сергїу іако того[79] рад(и) мол(и)твъ дарова ему
б(ог)ъ исцѣленїе.

Внегда же ѕѣло слухъу житїа его распространаЮщуса[80] и мнwзи ѿ
различных(ъ) град(ъ) и стран(ъ) прихождаху поне[81] токмо видѣти его.

【注】

1 бѣсноватиса は「悪魔に取り憑かれた」の意。この語尾は男性単数処格の語尾→§125
表83。

2 「貴族」,「貴人」の意。моужь と同じ変化→§199。

3 Бѣ бw(бо) рече は，物語が始まるときの定式的な表現のひとつ。「次のようなことがあ
った」。

4 боларинъ。л は余分。ѣ を使うのは，古代教会スラヴ語文献の影響であるかもしれない。

5 能動分詞過去（ないし現在）長語尾→§73, §125。

6 Волга の処格で，Волзѣ（あるいは Волзѣ）が正しいと思われる。成節流音とは無関係
の語だが，Вълга（古代ロシア語）- Волга（現代ロシア語）-влъга（古代教会スラヴ
語）という対応を強引に設定し（上記「第二次南スラヴの影響③」），かつ ja 語幹軟変
化名詞単数処格の語尾（земла に対する землꙗ →§209）をひっぱってきて，г が硬い
ために гы という語尾を使った，くらいにしか考えられない。Пахомий バージョンでは，
влъзѣ に直してある。Волзѣ でもよかったところ。やや遠慮したか。

7 受動分詞現在短語尾→§128。

8 ここで，主語が悪魔に変わっている。прѣстати は перестати の意。

9 能動分詞現在短語尾。不定形でもよいところ。「たえまなく責めさいなんだ」。

10 程度，結果を表す→§308。不定形の意味上の主体は悪魔に取り憑かれた貴族の男。

11 「枷」「鎖」に当たる語は，女性名詞の оуза，中性名詞の оузо が使われる（中世のロシ
ア語では使われるが，古代教会スラヴ語では使用例がない）。語頭の оу を ю と書くのは，
古代教会スラヴ語ではあること（古代ロシア語 угъ－古代教会スラヴ語 югъ）なので，
юзы は юза の複数対格と思われる。желѣзныа は古代教会スラヴ語で書くと желѣзныꙗ。
上記「第二次南スラヴの影響①」で желѣзныꙗ となり，上記「第二次南スラヴの影響
②」で желѣзныа となる。

12 能動分詞現在短語尾男性複数主格。不定人称文のようになっている。

13 上記「第二次南スラヴの影響③」。このタイプの綴りがこの後も出てくる。

14 ї は「10」を表す→§290。「この貴族には十人以上の人がいた」。10 人以上の人間が彼
をとりおさえようとした，ということなのか，従者が 10 人いて，彼らが主人をとりお
さえようとしたのか，よくわからない。Пахомий はこの部分の曖昧さが気になったらし
く десатїю моужен дрьжим баше wкованъ（十人の男によって枷にはめられ，拘束され

ていた）というわかりやすい表現に直している。（моужен は，моужь の複数生格で，ï 語幹名詞（§215 表9 脚注 (3)）の語尾を借りる（-ь で終わる数詞の後の名詞は，数詞の格によらず複数生格にするのが普通→§284）。дръжим(ъ) は受動分詞現在，ѩкованъ は受動分詞過去だが，「枷にはめられて」「拘束される」という動作の順序を明示したかったものと思われる。）

15 関係代名詞。複数主格。иже。

16 оуза の複数造格だとすると оузами，оузо の複数造格だとすると оузы になる。「縄」を表す ѫже という語が別にあり，これと混じったかもしれない。いずれにせよ「鉄の枷」「鉄の鎖」を表していると思われる。

17 上記「第二次南スラヴの影響③」。

18 貴族の男を指す→§244。

19 ѩко же выше рѣхѡм(ъ) で，「我々が上に言ったように」。

20 これも оуза のことと思われる。綴りに混乱がある。

21 上記「第二次南スラヴの影響②」。このタイプの綴りがこの後もでてくる。

22 「何の役にもたたなかった」の意味だと思われる。ѩжа желѣзнаа は，（女性）単数主格と考える。パホミイバージョンでは，ѩжа желѣзнаа をとって，все に変え，「すべてが何の役にもたたなかった」としている。вмѣнѧти は считать の意味もあるので，主語を貴族の男とし，ѩжа желѣзнаа を（中性）複数対格とすると，「貴族の男は鉄の枷をものともしなかった」の意味になるかもしれない。いずれにせよ「鉄の枷」を表す語の表記に混乱があるため，はっきりとしない。

23 овъ は指示代名詞→§242。次の инѣхъ と呼応する。

24 ємѩ。上記「第二次南スラヴの影響②」。以下，注はつけない。

25 複数造格。

26 「〜まで」の意→§301。

27 「彼の家」という意味（→§311）だが，свои があるから，余分。主語が貴族の男ではないので，「彼自身の家へ」という意味を明示する含みがあるかもしれない。

28 この ѩже は余分。

29 セルギイは Сергии。о 語幹軟変化名詞 жрѣбии（→§196）と同じ変化。

30 「どれほど多くの」という意味の指示代名詞。中性複数対格。後の чюдеса исцѣленна に呼応する。

31 前の племѧ は一族郎党を表しているが，複数で受けている。

32 独立与格。

33 「多くの困難を持ち上げた」というのは，「多くの困難にみまわれた」の意。

34 能動分詞現在長語尾形男性複数主格。

35 物主形容詞 божии と同じ変化→§277。

36 強い疑問，あるいは感嘆を表現する語。

37 「暴力」の意。жд が現れるのは，古代教会スラヴ語の綴り→『共通スラヴ語音韻論概説』§79。

38 куда の意。

39 注 37 と同じ語だが，ж が現れるのは，古代ロシア語の綴り→『共通スラヴ語音韻論概説』§79。

40 独立与格。

41 「決して〜ない」。отнюдь。

42 独立与格。

43 「前に述べられた」＝「くだんの」。受動分詞過去なので，н はひとつが正しい（→§78）が，現代ロシア語式に 2 つになっている。

44 これも「鎖」「枷」の意と思われる。

45 能動分詞過去短語尾→§69。古代教会スラヴ語のテキストなら，挿入音の d（→『共ス』§119）が入り，раздрѣшьсѧ となるところ。

46 「出てきたその場所に」つまり「もとのところに」の意。Ѿнѹдѹже は，注 41 の отъ-нѹдѹ と似ているが違う語。отънждоу（отъноудоу）は откуда の意味で，それに же がついている。изыдохъ は изидохъ でよいが，ここは接頭辞 из が ъ をひろって，изъ-идохъ → изыдохъ となっている。

47 →§244。

48 「懸命に努力する」の意。

49 程度，結果を表す→§308。

50 （彼が）倒れるかと思えるほどだった。

51 注 35 に同じ。

52 注 49 に同じ。

53 тєщи（走る，駆ける）のアオリスト 3 人称単数。

54 бывшаꙗ（あったところのこと）。中性複数対格。

55 Сєргии はときに Сєргик, Сєргиє と綴られる。

56 било の誤り。「銅鑼」のこと。мыло（洗う道具＝石鹸），крыло（飛ぶ道具＝羽）などでもわかるとおり，-ло は道具を表す接尾辞。「бити（打つ）道具」の意。パホミイ バージョンでは било に直してある。

57 独立与格。

58 教会内で唱えられる祈り。

59 独立与格なら помоливъшусѧ とすべきところだが，アオリストを使った→§305。

60 アオリスト 3 人称単数。тъ を拾う→§63。

61 「おとなしくなる」の意。古代教会スラヴ語の語彙には кротити（おとなしくさせる）という他動詞はあるが，自動詞はない。

62 「胸」の意。複数形。

63 この быстъ は接続詞的に使っている。

64 「叫ぶ」の意。

65 монастырь は jo 語幹軟変化男性名詞→§196。

66 въврѣщисѧ（飛び込む）のアオリスト 3 人称単数。

67 в нее →§237。

68 чловѣкъ の呼格→§199。

69 отвѣщати のアオリスト 3 人称単数。

70 この Ꙗз рєч(є) は意味的には余分。

71 пламѧ。対格を主格に転用した→『ロシア語史講話』§126。

72 双数形生格→§213。

73 въврѣщисѧ（飛び込む）のアオリスト 1 人称単数。

74 →§176。имамь が正しい→§172。

75 →§242。

76 →§219。

77 注 65 に同じ。

78 この быстъ は「～になる」の意→§178。

79 この того はセルギイのことで，次の мол(и)твъ にかかる。「セルギイの祈りによって」。

80 独立与格。文頭の вънєгда же はなくてよい。

81 「せめて～なりともするために」の意。

悪魔に取り憑かれし貴人のこと

　ボルガ川のほとりに住んでいるある貴人が悪魔によってひどく苦しめられているということであった。悪魔は夜も昼もたえることなく彼をひどく苦しめ，貴人は鉄の枷をひきちぎってしまうほどであった。どうしても彼をおとなしくさせておくことはできなかった。十人以上の男がよってたかって鉄の枷でこの貴人をおさえようとしたが，上に述べたような結果になってしまったのであった。十人以上の人間が彼を鉄の枷を使って押さえつけようとしたけれども，くだんの男は上に述べたようなありさまで，鉄の枷は何の役にもたたなかった。ある者を両手で打ち，別の者には歯でかみついて，ときに荒野へと走り去ってしまうこともあった。そこで悪魔にひどく責めさいなまれ，とうとう皆が彼を見つけて，しばりつけ，彼の家へ連れて帰るのであった。聖セルギイのこと，神が彼を通してどれほど多くの回復の奇跡をなされたかということを聞き及び，彼の一族は会議をおこなって彼を聖セルギイの修道院に連れていった。彼らがその途上にあるとき，男を運ぶ者たちは多くの困難にみまわれた。悪魔にとりつかれた男は大きな声で喚いた。「この力づくの仕打ちは一体何だ。俺を無理やりにどこに連れて行こうというのだ。俺はセルギイなどという男の言うことは聞きたくもないし，そんな男とは会いたくもない。俺は絶対に行きたくない。俺を自分の家に連れて帰ってくれ」。男は行くことを拒んだけれども，無理やりに連れていった。一行が修道院のそばまでやって来たとき，くだんの男は大きな枷を壊して，身をふりほどいた。そうして，みなにつっかかっていきながら言った。「俺はこんなところはいやだ。元いたところに帰りたい」。彼らはみな男を縛ろうとしたけれども，彼を落ち着かせることはできなかった。男は体の中から激しい声を出し，いまにも倒れんほどだった。大きな喚きと叫びがみち，その声が修道院じゅうに聞こえるほどだった。彼らのうちの一人が修道院の中に走りこんできて，聖セルギイにおこったことがらを話した。彼らのうちの一人も修道院にたどり着くことができないし，彼を連れてくることもできないのです，と。我らが聖なる父セルギイは，この話を聞き，ただちに教会の銅鑼を鳴らすよう命じた。すると，すべての修道士たちが集まってきて，病める者についての祈りをはじめた。それから，いとも尊きセルギイが修道僧たちとともに祈り，悪魔に取りつかれた男はしずまりはじめた。男は修道院に連れてこられ，聖なる人が手に十字架をもって出てきて，彼の体と口と胸に十字を切った。彼が十字を切ると，男は大きな声を出し，ただちにその場からとびのいた。修道院の中に水のたまっているところがあり，彼はその中に飛び込んでいき，立ったまま言った。「なぜ俺にこんな恐ろしい火を近づけるのか」と。そのときから，彼はキリストの恩寵によって回復し，彼の理性は戻っていった。人々は彼に訊きはじめた。「お前様，いったいあれは何だったのですか，何を見て大声を出されたのですか」。彼は答えた。「私は聖セルギイのもとへ連れてこられて，彼が聖なる十字架で私に十字を切りはじめたとき，二つ目の太陽がその十字架から立ち上るのを見たのです。そこからただちに大きな炎が立ち現れ，それは私の体を頭から両足までまるごと包み込んでしまいました。それゆえ私は，この炎でもって燃えてしまうのではないかと思って水の中に飛び込んだのです」。くだんの貴族は何日かのあいだこの修道院にいたが，神の恩寵によって柔和に，思慮深くなり，神を讃えながら，また聖セルギイの祈りのおかげで神が自分に快癒をお与えになったのだといって，セルギイに栄光を与えつつ，自分の家へ帰っていった。

　彼の生活についての噂が広く伝わったときに，いろいろな地方や国から多くの人々がせめて彼を目にしたいと思ってやってきた。

Ѡ бѣснꙋющимсѧ велмꙋжи.

Вꙿъ вѡ рѣ нѣккꙑн волꙿкрꙗ, живꙑн на рѣцѣ на
влꙿгꙑ, вѣше вѣсѣ мꙋчꙖ лютѣ. й не прѣстꙶлаше
мꙋчꙗ его днь й ноць. ꙗко й желѣзнꙑꙗ юꙵзꙑ съкрꙋ-
шати, й ничꙗже могꙋще его држати. бѣ же
того волꙗрина бꙋльше ꙇ҃ члкъ, ꙇ҃ ꙵжи желѣзнꙑми
држꙗхꙋ его. й тѣ ꙗко вꙑше рꙋхꙋ. ꙗжа желѣзнꙗꙗ
ни въ что ꙵ вмѣнꙗше. ꙋвѣ рꙋкꙗма кꙗ, йнѣ ꙵ же зꙋбꙑ
ꙋхꙗпꙗꙗ, йногꙗже вѣгꙗше в пꙋстꙑнꙋ. й тꙗмо мꙋчимх й
лютѣ съкрꙋшилеꙵ ѿ вѣса, дондеꙵ пꙗкꙑ ꙋбрѣтꙗхꙋ его, й
тꙗко свꙗзꙗвше его ведꙗхꙋ его въ свон емꙋ до҃. Слꙑ-
шꙗвшеꙵ ꙗже ѡ стꙿѣ сергꙇн, елика твори бъ҃ чюдеса
ꙇсцрѣлꙗꙵ его рꙗ҃. й тогꙗ племꙗ его съвѣщꙗвшеꙵ,
й везꙋ́ша его въ монастꙑ стомꙋ сергꙇю. й вꙑв-
шꙇꙵ ймх на пꙋтн, мнꙺгꙑ трꙋдꙑ пꙺꙗша ведꙋщꙇꙵ
его. тѣ же вѣснꙋꙗсꙗ велꙇꙵ глꙺ впꙗше. ꙋле
нꙋжꙗ сеꙗ, камо мꙗ нꙋжею кꙺдите, мнѣ не хотꙗ-
щꙋ ꙵ ни слꙑшати, ни видѣтн сергꙇꙗ, ꙋꙺнꙺ не хꙺщꙋ,
нꙺ пꙗкꙑꙵ възꙃвратите мꙗ в до҃ мои. й тꙗко томꙋ
й не хотꙗщꙋ, нꙋжею влечꙗхꙋ его. й егꙗ прꙇндꙺша
блꙑ монꙗстꙑрꙗ. прѣꙵреннꙑй волꙗрꙑꙵ ѿ великꙑ юꙃꙑ
разрꙶѣкꙑньсꙗ растерзꙗвх йхъ. й на всꙿѣ ꙋстрꙋмлꙗшеꙵ
глꙗ. тꙗмо не хꙺщꙋ, пꙗкꙑ хꙺщꙋ ꙋꙺнꙗꙵже йзꙑдꙺ.
тꙺн крꙺплꙗхꙋсꙗ свꙗзꙗти его. й нꙇкꙗкꙺꙵ можꙗхꙋ
ꙃтолити его. нꙺ й глꙶх ꙇспꙋꙗше ѿ себе. ꙗко
мнѣтн сꙗ емꙋ распꙗнꙋти . вꙗшеꙵ вꙺпль й кричꙗ-
нꙇе велꙇе, ꙗко й въ монꙗстнрѣ глсꙋ слꙑшатисꙗ.
тече едꙇнх ѿ нꙵн вх монꙗстꙑ, й взꙃвѣстн прпꙵ-

ном̑Ꙋ сергїꙋ бывшаа, ꙗко ни́ е̑дін̑ъ ѿ ни́ може̑т
прїѿти в̾ мо́насты́ри ни мог̑Ꙋще того привести. Слы-
шавже прпⷣбныи о̑ц҃ь нашь сергїе̑, и̑ повелѣ скоро
в̾ било Ꙋдарити. и̑ всѣⷨ братїа̑мⸯ е̑шеⷣшиⷭ, начаша
пѣти мⷪбⷠе ѿ волꙗщⷨ. и̑ тако прⷣкⷨпⷣбⷣном̑Ꙋ сер-
гїꙋ с̑ братїами помлиⷭ бѣсныи нача кро́тⷮѣти.
Приведе̑ⷩ же вы́ в монасты́ри. прпⷠный и̑зыде и̑з
ц҃ркве . носѧ крⷮтъ в р̑Ꙋцѣ своеи. и̑ знамена е̑м̑Ꙋ
чело́ Ꙋста и̑ прⷮѕи. и̑ вы́ е̑го знаменаше его. бо-
лⷤѣкрⷩ же велїе̑ⷨ гла́сⷯⷪ р̑ыкнꙋ̑ⷩ и̑ а̑бї̑е ѿскочи ѿ мⷮѣста
того. вⷨашⷤе лꙋⷤжа во́ды в̑ монастырⷨ. и̑ а̑бї̑е взврⷯ-
жесѧ в ню, и̑ стоаше гла̑. ѡ̑ле н̑Ꙋⷤжа пламене сего
страшнаго. и̑ ѿ того чаⷭ и̑сц҃клⷮѣ бл҃гⷮїю х҃вою, и̑
разꙋⷨ е̑м̑Ꙋ взⷨзвратисѧ. начаша е̑го и̑ в̾прашати
гла̑ⷩще, что е̑ⷭ ѿ чⷮаче и̑ что видⷮѣвъ в̾пїаше. он҃-
же ѿвⷮѣщаꙗ, а̑зъ рⷨе̑ⷩ е̑га̑ⷩ приведоша мⷮꙗ кꙑ ст҃ом̑Ꙋ
сергїꙋ, и̑ е̑га̑ⷩ нача знаменати мⷮꙗ крⷮто чⷮтныⷨ,
тога̑ⷩ видⷮѣ ꙗко нⷮѣкое второе сл҃нце ѿ крⷮта всⷨи-
лавше, и̑ ѿ того а̑бї̑е и̑зыде пламⷮе̑ⷩ велⷨиⷩ, и̑же и̑
о̑крꙋⷤжи мⷮꙗ всего ѿ главы дⷮа и̑ до́ ног̑Ꙋ. и̑ того
раⷣⷨ вверго́сⷮꙗ в во́д̑Ꙋ, мнⷨꙗⷩ вⷫⷣ ꙗко с̑горⷮѣти и̑мамъ
ѿ пламене ѡ̑ного. и̑ прⷮѣбꙑⷨ нⷮѣколⷨико дн҃ии прⷮѣ-
рⷮеⷩным волⷨꙗрⷩ в̑ монастыри тоⷮⷮ. вⷨⷩ же бл҃гⷮїю
х҃вою крⷨотⷮо и̑ смыслеⷩⷯ, и̑ тако о̑тиде в дⷪⷨ свои
славѧ б҃а. и̑ хвал̑Ꙋ въздаваⷩ ст҃ом̑Ꙋ сергїꙋ. ꙗко
того раⷨⷩ мл҃твъ дарова е̑м̑Ꙋ б҃ъ и̑сц҃клениⷮе.

Внега̑ⷩ же ѕⷮѣло сл̑Ꙋⷯ̑Ꙋ житїа е̑го распространꙗю-
щⷨⷭ. и̑ мнⷪ̑ⷩзи ѿ разлⷨиⷩныⷨ граⷣ и̑ стрⷨаⷩ прихожда-
х̑Ꙋ поне токмо видⷮѣти е̑го.

補遺①

サモイルの墓碑銘

　古代教会スラヴ語の文献の中で，キリール文字で書かれたものは比較的少数
で，スプラシル写本，サヴァの書が代表的なものです（→ §2）が，断片的な
資料のひとつに「サモイルの墓碑銘」と呼ばれているものがあります。

　西暦 993 年に，マケドニアおよび西ブルガリアの皇帝サモイルが亡き父母と
兄弟のために建てた墓石の上に刻まれた墓碑銘で，1899 年，コンスタンティ
ノープルの学術調査団がプレスナ湖の近くで発見しました。200 文字にみたな
い短い文ですが，10 世紀末のキリール文字の体裁をしるための貴重な資料に
なっています。下にあげたのが，その全文です（小川利治『［古代］教会スラ
ヴ語文法 I』286 ページから借りました）。

書かれた通りに再現すると，以下のようになります。

въ има ѿтьца и съ
нна и стаго доуха а
зъ самоиль рабъ бж
полагаж памать
у и матери и брат
а кръстѣхъ си
имена оусъпъш
кола рабъ бжи
ѣ давдъ написа
лѣто отъ сътво
҂ѕ҃ ѱ҃ а҃ инъди

　欠落している部分を‹　›で，省略されている部分を(　)で補うと，おおよそ以下のようになります。「インディクト」は，ビザンティンで採用されていた暦の方法で，世界創造から数えた年次を示します。5508 を引くと，西暦になります。6501 年は西暦 993 年です。

въ има ѿтьца и съина и с(ва)таго доуха азъ самоиль рабъ б(о)ж‹ни›
полагаж памать ‹отьц›у и матери и брат‹оу› ‹н›а кръстѣхъ си‹хъ› имена
оусъпъш‹ихъ› ‹ни›кола рабъ б(о)жи‹и› … ѣ¹ давдъ написа … ‹въ› лѣто отъ
сътво‹рениѣ мироу›г² ҂ѕ ѱ а инъди‹кта›

【注】
1　この ѣ の前は不明。
2　мироу の最後の部分だけが残った。

【訳】
　父と子と聖霊の名において。私，神の僕サモイルは，この十字架の上に，父と母と兄弟のための追憶をとどめる。亡くなった者たちの名は，神の僕ニコラ……ダヴィド……天地創造後六五〇一年に書かれた。

補遺②

обидеть の受動（被動）形動詞が
обиженный になる理由

　もう 20 年くらい前になりますが，学生から「обидеть の受動（被動）形動詞が обиженный になるのはなぜなのですか」と訊かれて，面食らったことがあります。

　語学を教えるというのは，将棋を教えるのに似ていて，相手が突然思ってもいないような妙手をさしてきて，びっくりすることがありますが，これもそういう経験のひとつでした。

　そういうことは考えてみたことがなかったのですが，обидеть の受動（被動）形動詞が обиженный になるのはたしかにおかしい。不定形が обидеть なら увидеть の受動（被動）形動詞 увиденный と同じで，受動（被動）形動詞は *обиденный になるはず（そもそも，обидеть は об-видеть から生まれているといわれます[1]）だし，受動（被動）形動詞が обиженный なら，不定形は，*обидить であるはずです。当時よく利用していた И.М.Пулькина, Е.Б. Захарова-Некрасова の『新ロシア語文典』（稲垣兼一，初瀬和彦訳，吾妻書房）を覗いてみると，「-ить に終わる動詞から被動形動詞が作られる場合，次のような子音の交替がある」という説明（p.200）があって，その後でいろいろな例が並べられていますが，обидеть-обиженный という例がいきなり出てきて，なんの説明もついていない。その時はちょっと困って，「унизить の受動（被動）形動詞 униженный などの影響ではないか」と，おざなりな答えを返しましたが，これは答えになっていなかったようで，学生は納得した顔は見せませんでした。こういう，お茶を濁したような答え方が上手くなるというのも，語学教師の共通した特徴です。

　それ以来，学生のこの質問に納得のいく答えを与えられるのかと思って，いろいろ読んでみましたが，説明らしきものは，どこにも書いてありませんでし

た。

　そもそも，обижать-обидеть という不完了体と完了体のペアはたいへん珍しい[2]。上に書いた通り，不完了体が обижать なら，完了体は *обидить になるのが自然です。

　И.М.Пулькина, Е.Б. Захарова-Некрасова の書き方は，まるで обидеть と *обидить は同じだと言っているような具合です。だから обидеть は，もともと *обидить であったのではないかと推測しましたが，どのような辞書を見ても，*обидить は出てきません。

　20年くらい考えて，答えらしい答えがみつかっていないのですが，考えられることを書いてみます。

　現代ロシア語には，

　　不完了体　　-ять（直前にシュー音があるときは -ать）
　　完了体　　　-ить

という体のペアがたくさんあります。

　　уточнять-уточнить, ударять-ударить, утомлять-утомить, решать-решить,
　　изучать-изучить, изображать-изобразить, осуждать[3]-осудить

『古代教会スラヴ語入門』の補説8で書きましたが，こういったタイプの動詞は，上に挙げた решать-решить など，一部の例外を除けば，接頭辞をもっていることが多く，完了体のほうが先にあって，そこから不完了体が派生してきた，と考えるのが妥当です。『古代教会スラヴ語』で採用した動詞分類の基準から言えば，

　　不完了体　不定形語幹を j で延長した不定形語幹 B1 タイプの動詞
　　完了体　　不定形語幹 B3 タイプの動詞

というペアになります。このタイプのペアでは，不完了体の不定形，完了体現在形の1人称単数，受動（被動）形動詞で，jによる同じ音変化（→『共通スラヴ語音韻論概説』§76〜§79）が生じます。いくつかの動詞をとって構造を示してみましょう。

оудар ꙗ ти (udar'jati < u-darj-a-ti)

　不完了体：ударять

оударити (u-dar-i-ti)　　оударѭ (< udar'jǫ < u-darj-ǫ < u-dari-ǫ)

　完了体：ударить　　　　現在形 1 人称単数：ударю

оударꙖнъ ꙑ и[4] (< udar'jenŷî < u-darj-enŷî < u-dari-enŷî)

　受動形動詞：ударенный

оутомл ꙗ ти (utoml'jati < u-tomj-a-ti)

　不完了体：утомлять

оутомити (u-tom-i-ti)　　оутомлѭ (< utoml'jǫ < u-tomj-ǫ < u-tomi-ǫ)

　完了体：утомить　　　　現在形 1 人称単数：утомлю

оутомлꙖнъ ꙑ и[4] (< utoml'jenŷî < u-tomj-enŷî < u-tomi-enŷî)

　受動形動詞：утомлённый

осѫждати (osǫžd'jati < o-sǫdj-a-ti)

　不完了体：осуждать

осѫдити (o-sǫd-i-ti)　　осѫждѫ (< osǫžd'jǫ < o-sǫdj-ǫ < o-sǫdi-ǫ)

　完了体：осудить　　　　現在形 1 人称単数：осужу[5]

осѫждꙖнъ ꙑ и[4] (< o-sǫžd'jenŷî < o-sǫdj-enŷî < o-sǫdi-enŷî)

　受動形動詞：осуждённый

　ちなみに，不定形語幹で B2 タイプに属す動詞（現代ロシア語なら -еть に終わり，古代教会スラヴ語なら -ѣти に終わる）оувидѣти の場合は，以下のような構造になり，受動（被動）形動詞で жд が出てくる理由はありません→§78。

оувидѣти (u-vid-ě-ti)　　оувижд ж (< uvižd'jǫ < o-vidj-ǫ < u-vidi-ǫ)

　完了体：увидеть　　　　現在形 1 人称単数：увижу[5]

оувидѣнъ ꙑ и[4] (< uviděnŷî < u-vidě-nŷî)

　受動形動詞：увиденный

　ご覧の通り，不定形語幹で B2 タイプに属す動詞の場合は，受動分詞過去（現代ロシア語では受動（被動）形動詞過去）では，音変化はおきません。оувидѣти も обидѣти も，古代教会スラヴ語ではこのタイプの動詞にあたります。

　ところで，B3 タイプに属す動詞（現代ロシア語でいえば不定形が -ить に終

わる動詞）は，ほとんどが I 語幹の現在形（現代ロシア語でいえば第 2 変化）
を持ちます。

> уточнить (уточню, уточнишь ～), ударить (ударю, ударишь ～),
> утомить (утомлю, утомишь ～), решить (решу, решить ～),
> изучить (изучу, изучишь ～), изобразить (изображу, изобразишь ～),
> осудить (осужу, осудишь ～)

　上記の通り，現代ロシア語で不定形が -ить で終わる動詞は，大半が第 2 変
化の現在形を持ちます。不定形が -ить で終わりながら，第 2 変化以外の現在
形を持つ動詞を探すのは（пить, бить など古代教会スラヴ語の分類で不定形語
幹 A5 に属する動詞以外は），けっこう難しいはずです。
　ただし，上に書いたことがらは，逆も真というわけにはいかないので，第 2
変化の現在形を持つ動詞は，不定形がすべて -ить で終わるか，というと，そ
ういうわけではありません。「痛い」という意味の болеть は，現代ロシア語で
は 3 人称以外使われませんが，単数は болит，複数は болят で，第 2 変化の現
在形を持ちます。古代教会スラヴ語の基準で示すと，不定形 болѣти，3 人称単
数 болитъ，3 人称複数 болѩтъ ということになります[6]。
　ただ，不定形語幹で B2 タイプに属す動詞，すなわち，不定形が，現代ロシ
ア語で -еть で終わり，古代教会スラヴ語で -ѣти で終わる動詞は，上に挙げた
болѣти も含めて，自動詞が多いのです。現代ロシア語でも белеть（白く見え
る，白くなる）-белить（白くする）のように，〈-еть で終わる動詞（自動詞），
-ить で終わる動詞（他動詞）〉という組み合わせは，けっこうあります。古
代教会スラヴ語には現代ロシア語の оскорбить にあたる оскръбити にくわえ
て，оскръбѣти もあるのですが，後者は оскорбиться に近い意味で，自動詞で
す。ですから，このタイプの動詞から受動（被動）形動詞が派生してくること
は，比較的少ないのです[7]。
　обидеть は，本来このタイプの動詞でした。不定形語幹の分類でいえば B2
タイプに属し，I 語幹の現在形を持ちます。不定形と現在形 1 人称単数，2 人
称単数を示すと，

> обидѣти (обижджж, обидиши)

ということになるわけです。
　dj は古代教会スラヴ語では жд(žd') を与え，古代ロシア語では ж(ž') を与え
ます（→『共通スラヴ語音韻論概説』§79）。現代ロシア語は古代ロシア語の

形を受け継いでいますから，1人称単数のところが少し違いますが，本質的には古代教会スラヴ語も現代ロシア語も同じ変化です。そして，この動詞は，自動詞ではなくて，他動詞です。

不定形が -ѣти で終わる他動詞というのは，古代教会スラヴ語の語彙の中でも比較的少ないのですが，同じような動詞は，まだあるにはあります。

現代ロシア語の снабдить は，古代教会スラヴ語では，やはり不定形語幹 B2 タイプに属していて，сънабъдѣти という形でした。これも，同じく I 語幹の現在形を持ちます。そして，обидѣти と同じ他動詞です。同じく不定形と現在形 1 人称単数，2 人称単数を示すと，

сънабъдѣти (сънабъждж, сънабъдиши)

となります。

つまり，обидѣти と сънабъдѣти は，本来まったく同じ構造をもった動詞なのです。

сънабъдѣти は，現代ロシア語では снабдить という，古代教会スラヴ語の分類でいえば B3 タイプに属する動詞に形を変えています（この動詞は古代教会スラヴ語からロシア語に入ったものと考えられています）。歴史上のどこかで，微妙にメタモルフォーゼしているわけです。

обидѣти のほうは，本来の形を保ち続け，*обидить にメタモルフォーゼしませんでした。ところが，受動（被動）形動詞のほうだけは，不定形が *обидить にメタモルフォーゼしたと勘違いして，勝手に обиженный になってしまったのです。だから，обиженный から逆算してえられる *обидить という不定形は，どこを探しても出てきません。

古代教会スラヴ語 **сънабъдѣти** → ロシア語（不定形）снабдить
　　　　　　　　　　　　　　　　　（受動分詞過去）снабжённый
古代教会スラヴ語 **обидѣти** → ロシア語（不定形）обидеть
　　　　　　　　　　　　　　　　　（受動分詞過去）обиженный

*снабдеть と обидеть のあいだに，こういう運命の違いが出てきた理由は，はっきりとはわかりませんが，*снабдеть が снабдить にメタモルフォーゼした気持ちは，わからないでもありません。

『古代教会スラヴ語入門』の補説 8 でも書きましたが，動詞の体の対応というのは，古代教会スラヴ語の時代には，はっきりしたものではありませんでした。古代教会スラヴ語の教科書を見ると，よく「完了体」とか「不完了体」とか書

いてありますが，これは多分に後世の結果から導き出したレッテルで，古い時代のスラヴ語に，現代のスラヴ諸語がもっているのと同じ体の対応があったとは思えません。昔のスラヴ人はおそらく，「これは完了体だ」とか「これは不完了体だ」といったことは考えていなかったでしょう。体の対応は，後世のスラヴ語の歴史の中で少しずつはっきりしたものになっていった，と考えるべきです。

　обидеть も，*снабдеть も，単独の動詞として存在していた時期には，別に居心地の悪さを感じる理由はありませんでした。ところが，体の対応が少しずつはっきりしてきて，ударять-ударить, изображать-изобразить, осуждать-осудить といった，この補遺の最初に挙げたような不完了体と完了体のペアが次々に生まれてくると，だんだんと肩身が狭くなってくる。снабдеть はついに節を屈して，снабдить に変身したわけです。ついでに снабжать という伴侶を作り出し，снабжать-снабдить という体のペアの一員になって，ちゃっかり他のグループにまぎれこみました（снабжать に当たる語は，古代教会スラヴ語の語彙の中にはありません。ついでに言うと，スレズネフスキーの辞書にも сънабъдити は登録されておらず，сънабъдѣти が登録されていますので，この変身は，けっこう遅くなっておこったものと思われます）。「痛い」という意味の болеть は不完了体だからいいですが，もしこれが完了体で，*болять-болеть というペアがあったら，*болить に変身していたかもしれません。

　обидеть のほうは，完了体であるにもかかわらず，そして обижать という立派な伴侶を得たにもかかわらず，夫婦別姓を押し通して，обидеть にとどまったわけです。その意気は壮とすべきですが，それならなぜ受動（被動）形動詞だけが，обиженный に変身してしまったのかは，よくわかりません。*обиденный でもよかったはずで，子供がお母さんの苗字を名乗っているようなものです。

　私はこういうことを，ずっと考えてきて，はじめにも書いた通り，答えらしい答えには行きついていないのですが，私が20年前に思いつきで学生に返した答え，つまり「унизить の受動（被動）形動詞 униженный の影響ではないか」という解答は，もしかしたら，当たらずとも遠からず，だったのかもしれません。ドストエフスキーの «Униженные и оскорблённые» の邦訳は『虐げられし人々』ですが，この ж という音は，たしかになんだか「虐げられて」いる感じがします。унизить は -ить で終わる動詞ですから，その受動（被動）形動詞は униженные でいいのですが，もしこれが *унизенные だと，ちょっといじめられた程度で，虐げられた感じがしない。увиденный に似た *обиденный よりも，обиженный のほうが「屈辱を味あわされた」感じが強いような気がします（ついでに言うと，оскорблённые も，оскóрбленные では，胸をはりす

ぎている感じがします）。

　語学教師がこういうことを言うと，学者さんの中には怒る人もいますが，この手の「岡目八目」は，そう馬鹿にしたものでもないかもしれません。私は，обиженный が *обиденный に変わる日はこないだろうが，обидеть が *обидить に変わる日はくるかもしれないと思っています。ちなみに，ウクライナ語は обидеть ではなく обидить です。これは古い形を残しているのではなく，新しく生まれた形です。

【注】

1　об- にはもともと「避ける」「周りをまわる」の意があり（→§293），「避けて見る」というところから，「ないがしろにする」の意味が生じました（bv > b については『共通スラヴ語音韻論概説』§119）。

2　сидеть は自動詞だが，接頭辞がついた высидеть などは他動詞としても使われ，その受動形動詞は высиженный になる。同様の例はこれしかない。この動詞は，時間そのものを対格補語にとった他動詞として使うことができる。Эти три года в тюрьме он высидел.（この3年間を，彼は監獄で頑張りとおした）。

3　жд も本来はシュー音。

4　古代教会スラヴ語では н はひとつ→§78。

5　古代ロシア語の音変化（dj>ž）を受ける→『共通スラヴ語音韻論入門』§79。

6　『古代教会スラヴ語入門』§38 脚注に書いた通り，млъчати（現ロ：молчать），дрьжати（現ロ：держать）と言った動詞も（表面的には不定形語幹の分類で B1 タイプに属す動詞に思えますが）本来は B2 タイプに属す動詞で，現在形は I 語幹を持ちますから，このタイプの動詞に相当します。

7　現代ロシア語でも，-еть に終わる他動詞は одеть, запереть のような，特殊な変化の仕方をするもの（『古代教会スラヴ語入門』で採用した分類によれば，B2 タイプに属さないもの）を除いて，ほとんどありません。терпеть などは，このようなタイプの他動詞の数少ない例のひとつですが，*терпленный とか *потерпленый といった受動（被動）形動詞は使われません。

補遺③

ошибиться の不思議

　補遺②で書いた通り，обидеть という動詞は，なかなか不思議な動詞です。普通にロシア語を勉強しているとわかりませんが，こういう「少し不思議な単語」というのが，ときどきあって，植物好きの人が植物を観察するような気持ちでいないと，うっかり見逃します。

「間違う」という意味で頻繁に使う ошибаться-ошибиться も，けっこう不思議な動詞です。

『古代教会スラヴ語入門』で，動詞の構造を勉強した方は，すぐわかるでしょうが，完了体が ошибиться なら，不完了体は *ошибляться になるのが自然です。前にシュー音があるわけでもないのに，不完了体が -ать で終わり，対応する完了体が -ить で終わるような動詞は，あることはありますが，数は多くありません。

　たとえば，完了体動詞 бросить に対応する不完了体は，*брошать でもいいのですが（бросить の現在形 1 人称単数は брошу，受動（被動）形動詞過去はброшенный です），бросать です。完了体動詞 пропустить に対応する不完了体は *пропущать でもいいのですが（пропустить の現在形 1 人称単数は пропущу，受動（被動）形動詞過去は пропущенный になります），пропускать です。こういうようなこともあることはありますが，頻繁に見られる現象，というほどではありません。ちなみに，оскорблять-оскорбить の構造を示せば，以下の通りです。

оскрънблıати (oskrŭbl'jati < o-skrŭbj-a-ti)
　　不完了体：оскорблять
оскрънбити (o-skrŭb-i-ti)
　　完了体：оскорбить

　ошибиться, ошибка などを作る語根 шиб は，ロシア語以外のスラヴ語ではほとんど使われていません（チェコ語に「間違い」を意味する chyba という名詞があって，関係があるだろうと考えられています）。ロシア語で使われ始めたのも，新しい時代で，16 世紀以降のようです。古代教会スラヴ語には，当然この動詞に相当する動詞はありません。«Русско-старославянский словарь» という，なかなか面白い辞書があって，現代ロシア語からそれに該当する古代教会スラヴ語の単語が引けるようになっているのですが，ошибиться を引くと，сънблазнити сѧ が出てきます。これは「誘惑されて，道を間違う」といったニュアンスの動詞です。

　ошибаться-ошибиться や ушибать-ушибить に使われる，この шиб という語根は，「ぶつかる」というニュアンスを持っているようです。擬音語的な感覚で生まれた語根のように思えます。

　ところで，このタイプの動詞でもうひとつおかしなところは，完了体 ошибиться の過去形が，ошибся, ошиблась 〜 になることです。この形の過去形は，нести, вести といった，（古代教会スラヴ語の分類でいう）不定形語幹 A タイプの動詞，および погибнуть のような，（古代教会スラヴ語の分類でいう）不定形語幹 C1 タイプの動詞でしか現れませんから，過去形だけ見ると，不定形は *ошибтись あるいは *ошибнуться であるかのように見えるのです。この動詞の過去形は，普通にいけば，*ошибился, *ошибилась 〜 になるところです。上に挙げた動詞を例にとると，бросить の過去形が *брос, *бросла 〜 になっているようなものです。

　どうしてこういうことが起こるのかは，やはりわかりません。しかし「語学教師的な」推察はできます。

　「しまった，間違った」と言うときに，*Я ошибился! と長々しく言うよりも，Я ошибся! と簡潔に言うほうが，「しまった」という感じは出るのではないかと思います。またしても，専門家を怒らせそうな推察ですが，補遺②でも書いた通り，こういう素朴な考えは，けっこう馬鹿にしたものではありません。

　「滅ぶ」という意味の погибнуть は本来 погинуть で，b は脱落しています→『ロシア語史講話』§35，『共通スラヴ語音韻論概説』§119。後になって b が復活してくるのですが，この b などは，いかにも「滅ぶ」という感じがする（日本語の horobu も b が出てきます）。古代教会スラヴ語には，погынѫти,

погꙑбнѫти の両方がありますが，погꙑбнѫти のほうがよく使われます。ъ が
あることで，悲惨な感じが出るのだと思います。現代ロシア語の前置詞 о は，
直後に子音がくるときは об になりませんが，「ぶつかる」という意味（対格要
求）の時は，Он ударился о стену. と言っても，Он ударился об стену. と言って
もいいことになっています。これなどは，б を入れることで，「ぶつかる」感
じが出るからでしょう。ъ という破裂音には，どこかそういう，びっくりした
ような，痛々しいような響きがあるのではないかと思います。学生にそういう
ふうなことを言ったら，みんな笑っていましたが，私は，あながち的外れな推
察でもないと思っています。

補遺④

ꙗсти に接頭辞を付した動詞

『古代教会スラヴ語入門』の §155 で書いた通り，現代ロシア語の есть（食べる）にあたる古代教会スラヴ語の動詞は ꙗсти です。一方で，同じ『古代教会スラヴ語入門』の §293 には，сънѣсти（現ロ：съесть）と出ています。この点，説明不足でしたので，補っておきます。

古代教会スラヴ語では，語頭に ě があった場合，その前に j が生じ，jě >ja の変化によって ꙗсти が生まれます→『共通スラヴ語音韻論概説』§133。

    jěsti > jasti (ꙗсти)

古代ロシア語では，ě の前に j が生まれませんので，古代教会スラヴ語の ꙗсти にあたる動詞は ѣсть で，現代ロシア語の есть はこの形を受け継いでいます。

ꙗсти に母音で終わる接頭辞（→ §293）がついた場合，接頭辞末の母音とのあいだに，楔の子音 j（→『共通スラヴ語音韻論概説』§130）が生じますので，〈接頭辞＋ ꙗсти〉という形になります。該当する動詞は поꙗсти くらいしかありません。

    po-ěsti > po-jěsti > pojasti (поꙗсти)

ꙗсти に子音で終わる接頭辞（→ §293）がついた場合，楔の子音は生じませんので，〈接頭辞＋ ѣсти〉という形になります。

    sŭn-ěsti > sŭněsti (сънѣсти)

上のようなことですので，現代ロシア語の есть にあたる古代教会スラヴ語の動詞は гасти，現代ロシア語の съесть にあたる古代教会スラヴ語の動詞は съньсти，ということになるわけです（現代ロシア語で н が脱落することについては→『ロシア語史講話』§49 〜 55）。

　グラゴール文字で書かれた文献では，ꙗ と ѣ が同じ Ⱑ という文字で表されます（→§11）ので，上の違いは，表面上は解消されますが，キリール文字で書かれた文献の場合は，この違いがはっきり現れます。古代教会スラヴ語の辞書を引くときに，注意してみてください。

　語頭の母音に上のような対応が見られる動詞は，古代教会スラヴ語の語彙の中に，гасти 以外にはほとんどありません。現代ロシア語の ехать にあたる гахати などはこのタイプの動詞ですが，この動詞自身はそれほど使われることがありませんし，接頭辞を付した形で使われることは，ほとんどありません。

補遺⑤

лгать, ткать の不思議

　補遺②と補遺③で，現代ロシア語の обидеть と ошибиться が，（よくよく見てみると）かなり特殊な形態を持った動詞であることを説明しました。もうひとつ，似たような例をあげておきます。

　現代ロシア語の動詞 лгать の現在形は，次のように変化します。

　лгу, лжёшь, лжёт, лжём, лжёте, лгут

　この現在形のパラダイムを見て，即座に「少しおかしい」と思える人は，なかなかの目利きかもしれません。

　現代ロシア語で，1 人称単数と 3 人称複数が -гу, -гут で終わり，2 人称単数から 2 人称複数までが -(жешь)жёшь, -(жет)жёт, -(жем)жём, -(жете)жёте で終わる動詞は，мочь, лечь, беречь など，不定形が -чь で終わるものしかありません。これらの動詞は，本書の分類でいえば不定形語幹の分類で A2 タイプに入り，古代教会スラヴ語では不定形が -**щи** で終わります。その構造を示すと，以下のようになります。

мощи

mog —— mog

↓　　　↓　　　　　↓

mog-ti　mog-ǫ　mog-e-tŭ

↓　　　↓　　　　↓

mošt'i　mogǫ　mož'etŭ

(**мощи**)　(**могж**)　(**можєтъ**)

лгать という動詞は，不定形が -ать で終わるくせに，不定形が -чь で終わる
動詞の仲間のふりをしているわけです。古代教会スラヴ語の動詞 лъгати は JE
タイプの現在形を持つ動詞で，その変化は лъжж, лъжеши, лъжетъ, лъжемъ,
лъжете, лъжжтъ，つまり писати と同じ変化です。

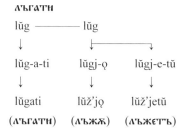

Аште да(ви)доу солъжж ～・сѣмѧ его въ вѣкы прѣбждетъ ～
(Ѣще)(Давидоу)　　　　(сѣмѧ)(кго)

我，ダヴィデに偽りを言わんか（……）。その裔はとこしえに続く（……）
(シナイ詩篇 89-35, 36)

　лгать の現在形 1 人称単数が лжу から лгу に変わり，3 人称複数が лжут から
лгут に変わったのがいつかはわかりませんが，Срезневский の辞書には，古い
ほうの綴りが登録されていますので，かなり新しい時代の変化なのではないか
と思います。
　ткать という動詞は，現代ロシア語ではそれほど使いませんが，さらに風変
わりな道筋をたどって変化しています。
　ткать の古代教会スラヴ語の綴りは тъкати で лъгати とまったく同じです。
ですから，この動詞は本来 JE 語幹の現在形を持ち，そのパラダイムは *тъчж,
тъчеши, тъчетъ, тъчемъ, тъчете, *тъчжтъ であったはずなのですが，古代
教会スラヴ語の時点ですでに不定形語幹 A2 タイプの動詞の真似をしていて，
тъкж, тъчеши, тъчетъ, тъчемъ, тъчете, тъкжтъ と変化します[1]。しかもこ
の動詞は，現代ロシア語ではさらに進化が加速して，

　　тку, ткёшь, ткёт, ткём, ткёте, ткут

という現在形のパラダイムを持つにいたっています。
　ткать という動詞は頻度があまり高くないので，意識することはないかもし

れませんが，上の現在形の変化をあらためて見てみると，違和感を覚える人は多いのではないかと思います。брать の現在形あたりの影響を受けた変化のしかたのようですが，これは，少し早まりすぎた影響の受け方です。кё という子音と母音の連続は，現代ロシア語ではきわめて異質ですし（「京都」でさえ Киото と書くくらいです），動詞の現在形の変化の中で出てくることは，まずありません。печь の現在形が пеку, *пекёшь, *пекёт, *пекём, *пекёте, пекут になっているようなものです [2]。せめて тку, *тчёшь, *тчёт, *тчём, *тчёте, ткут にとめておくべきだった，と著者などは思います。

　補遺②や補遺③，またこの補遺⑤で書いたようなことは，普通にロシア語を学習する人がいちいち考えるようなことではありませんが，古代教会スラヴ語と現代ロシア語の関係，あるいはロシア語の歴史そのものに興味を持っている人にとっては，検討に値する現象です。こういうことを考えるさいには，逆引き辞典がたいへん便利です。興味のある方には，『古代教会スラヴ語入門』で紹介した А. К. Поливанова 編 «Старославянский язык» の巻末に付されている逆引き辞典，および А.А.Зализняк 編の決定版現代ロシア語逆引き辞典 «Грамматический словарь русского языка» を，つらつらと眺めまわしてみることをお薦めします。

【注】

1　このあたりはたいへん微妙で，J.Kurz 編の «Slovník jazyka staroslověnského» でも，«Старо-сровянский словарь по рукописям 10-11 веков» でも，接頭辞 съ- を付した сътъкати のほうは，現在形 1 人称に，сътъкж、сътъчж の両方が認められています。

2　現代ロシア語の искать なども，かなり危険な動詞で，この動詞の古代教会スラヴ語の現在形のパラダイムは ищж, ищеши, ищет 〜，現代ロシア語も ищу, ищешь, ищет 〜で，同じですが，古くから，*иску, ищешь, ищет 〜 という変化がまじりがちでした（古代教会スラヴ語でもこの混乱がおきかけていることは，『古代教会スラヴ語入門』中の例文を注意深く検討していただければわかります）。ткать の例からいけば，иску, *искёшь, *искёт 〜までいってもおかしくないのですが，искать は，気高く先祖伝来の城を守っています。

語彙

凡例

「語彙」の項には，本書（『古代教会スラヴ語入門【選文集】』）および『古代教会スラヴ語入門』に用いられる語をすべて収録しました（テキスト⑥，テキスト⑫に含まれる語彙も収録していますので，古代教会スラヴ語の辞書には掲載されていない単語も含まれます）。現代ロシア語に該当する語があり，語義にも差がない場合は，現代ロシア語の形を語義の部分で示します。現代ロシア語に該当する語がない場合（あるいはほとんど使われない場合），また語義に差がある場合は，日本語でその語義を示します。格支配等は現代ロシア語とのあいだに違いがあるときに示します。

動詞

（動）と示し，（『古代教会スラヴ語入門』で採用した）不定形語幹の分類，現在語幹の分類で，どの分類に含まれるかを示します。その後で，現在形 1 人称単数の形と 2 人称単数の形を示します。無テーマ動詞は（無）と表記します（無テーマ動詞の場合は，『古代教会スラヴ語入門』の §146 から §186 までを参照してください）。

> измѣнити（動 В3 I -нѭ, -ниши）изменить
> дати（動 無）дать

　よく使われる動詞に接頭辞を付した動詞の場合は，「→」で接頭辞なしの動詞に導くようにしてあります。

> отъдати（動 → дати）отдать

名詞

（名）と示し，（『古代教会スラヴ語入門』で採用した）分類でどの分類に含まれるかを示します。固有名詞の場合は（固名）と表記します。その示し方は以下の通りです。複数形で使われるのが普通である名詞は，複数形で示し，（複）と表記します。集合名詞は（集）と記します。a 語幹名詞，ja 語幹名詞の類型で変化する例外的な男性名詞は（a 男）（ja 男）と記します。

127

o 男	o 語幹硬変化男性名詞
jo 男	o 語幹軟変化男性名詞
o 中	o 語幹硬変化中性名詞
jo 中	o 語幹軟変化中性名詞
a 女	a 語幹硬変化（女性）名詞
ja 女	a 語幹軟変化（女性）名詞
ŭ 男	ŭ 語幹（男性）名詞
ĭ 男	ĭ 語幹男性名詞
ĭ 女	ĭ 語幹女性名詞
en 男	en 語幹男性名詞
en 中	en 語幹中性名詞
es 中	es 語幹（中性）名詞
er 女	er 語幹（女性）名詞
ent 中	ent 語幹（中性）名詞
ŭv 女	ŭv 語幹（女性）名詞

воинъ（名 o 男）воин

имѧ（名 en 中）имя

врата（名 o 中複）ворота

Витаниꙗ（固名 ja 女）ヴィタニア

братиꙗ（集名 ja 女）兄弟たち，修道士たち

слоуга（名 a 男）слуга

代名詞

　人称代名詞（（人代）と表記），疑問代名詞（（疑代）と表記）は，単数主格の形を示してあります。指示代名詞（（指代）と表記）は，男性単数主格の形を示してあります。もっぱら形容詞長語尾形の変化をする指示代名詞に関しては，長語尾形男性単数主格の形で示します。代名詞的変化と形容詞長語尾的変化をあわせもつ指示代名詞は，代名詞的変化の男性単数主格の形を示します（例：онъ を見出し語とし，онъи を見出し語としない）。再帰代名詞（（再代）と表記）は себе（生格）一語。вьсь は特殊な代名詞として（特代）と表記しました。мои, нашь といった代名詞は「所有代名詞」とし，（所代）と記しました。

азъ（人代）я

къто（疑代）кто

которыи（指代）どんな，いかなる，どの

онъ（指代）その，この，あの，むこうの

мои（所代）мой

形容詞

　物主形容詞以外の形容詞は（形）と示し，硬変化の場合は（硬），軟変化の場合は（軟）と示します。形容詞は，短語尾男性主格の形で示すのが通例ですが，名詞との区別を明確にするために，長語尾男性単数主格の形を示します。

　　　добръıи（形硬）добрый
　　　синıи（形軟）синий

　物主形容詞は，（物形）と示し，男性単数主格の形を示します。-ов タイプ (-ov)，-кв タイプ (-ev)，-ин タイプ (-in)，-ни タイプ (-ii)，-j タイプ (-j) の別（→ §277, 278）を示します。

　　　адамовъ（物形 -ov）アダムの
　　　божии（物形 - ii）божий
　　　чловѣчь（物形 -j）人間の

数詞

　基数詞は（基数）と示し，男性形を示します（**оба, обѣ** も基数詞とします）。順序数詞は（順数）と示し，長語尾形男性単数主格の形を示します。集合数詞と言う概念はありませんが，現代ロシア語の двое などに当たる語は（集数）と記しました。

　　　шесть（基数）шесть
　　　пръвъıи（順数）первый
　　　дъвои（集数）двое

その他

　前置詞は（前），副詞は（副），接続詞は（接），間投詞は（間），小詞は（小）と示します。

а

а（接）а

абиѥ（副）ただちに

авити（動 В3 I авлѭ, авиши）явить

аврамль, авраамль（物形 -j）アブラハム
の

Аврамъ, Авраамъ（固名 о 男）アブラハ
ム

Агарь（固名 ī 女）ハガル

аггелъ（名 о 男）= ангелъ

адамовъ（物形 -ov）アダムの

Адамъ（固名 о 男）アダム

адъ（名 о 男）ад

Азарига（固名 ja 女）アザリア，アザリ
アス

азъ（人代）私

акы（接）〜のように

алавастръ（名 о 男）アラバスター，ア
ラバスターの器

александровъ（物形 -ov）アレクサンダ
ーの，アレクサンドルの

Александръ, Алезандръ（固名 о 男）
アレクサンダー，アレクサンドル
Александръ Павьловичь アレクサンド
ル 1 世

али（接）〜であろうか［разве に近い意
味］

алъгоуи（名 jo 男）アロエ

алъгоуинъıи（形硬）アロエの

алъкати（動 В1 JE алъчѭ, алъчеши）飢
える

алътарь（名 jo 男）聖壇

Амаликъ（固名 о 男）アマリク

аминъ, аминь（間）アーメン

Ананига（固名 ja 男）アナニア，アナニ
アス

ангелъ（名 о 男）ангель（名 jo 男）ангел

ангельскъıи（形硬）ангельский

Ариматеıа, Ариматѣıа, Ариматиıа（固
名 ja 女）アリマテア

ариганьскъıи（形硬）アリウス派の

архангелъ（名 о 男）大天使アルハンゲリ

архангельскъıи（形硬）大天使アルハン
ゲリの

архиереи, архиерѣи（名 jo 男）（ユダヤ教
の）大司祭，祭司長

архиереовъ, архиерѣовъ（物形 -ov）（ユ
ダヤ教の）大司祭の，祭司長の

аспида（名 а 女）蛇，害虫

Аоугрилиганъ（固名 о 男）アウリリヤノ
ス（人名）

Африканъ（固名 о 男）アフリカヌス

Африкиıа（固名 ja 女）アフリカ

африкьскъıи（形硬）アフリカの

ацѥ（接）もしも

ашоутъ（副）ゆえなく

Б

багърѣница, багърѣница（名 ja 女）紫
色の服

без（前）без

безаконие（名 jo 中）無法

безаконьникъ（名 о 男）無法者, 犯罪者

безаконьнъıи（形硬）無法の

безбожьнъıи（形硬）神なき，神を知ら
ぬ

бездение（名 jo 中）深淵

безмѫжьнъıи（形硬）夫ではない［без-
мѫжьнъıи мѫжь で「夫ではない夫」
「形だけの夫」。キリストの母マリアの
夫ヨセフを指す］

безоумити（動 В3 I -млѭ, -миши）正気
を失う，狂気に陥る

бестоудьнъıи（形硬）恥知らずの

бесѣдовати（動 В1 JE -доуѭ, -доукши）
беседовать

бециıадик（名 jo 中）［без-чад-ик > бециıа-
дик］子供がいないこと

било（名 о 中）銅鑼

бисьръ（名 о 男）真珠

бити（動 А5 Е биѭ, биеши; бьѭ, бь-
кши）［-ѭ, -кши で終わるが, Е 語幹動

詞。bĭj-eš'i > вькши] бить

благо（名 о 中）благо

благодать（名 ī 女）恩寵

благодатьникъ（名 о 男）恩寵を与える
もの

благодѣть（名 ī 女）恩寵

благословеник（名 jo 中）благословение

благословити（動 B3 I -влж, -виши）бла-
гословить

благословлıати（動 B1 JE -лıаж, -лıакши）
благословлять

благословлкник（名 jo 中）благословение

благость（名 ī 女）恩寵

благочьстивъıи（形硬）благочестивый

благъıи（形硬）благой

блаженъıи（形硬）блаженный, 祝福され
た

ближьнии（形軟）ближний

близньць（名 jo 男）близнец

близъ, близь（副）近くに（前）～の近
くに

блюсти（動 A1 E блюдж, блюдеши）блю-
сти

блжждьнъıи（形硬）блудный

бо（小）бо, なぜなら

богатъıи（形硬）богатый

богомжждростьнъıи（形硬）賢明な

богъ（名 о 男）бог

богъıни（名 ja 女）богиня

божии（物形 -ii）божий

божьство（名 о 中）божество

болии（形軟）[本来は比較級] 大きい, よ
り大きい

болѣзнь（名 ī 女）病気, 痛み

болѣринъ（名 о 男）= болıаринъ

болѣти（動 B2 I болıж, болиши）[第 1 変
化の現在形（болею, болеешь）にあた
る変化はない] 病気である, 痛む

бости（動 A1 E бодж, бодеши）刺す

болıаринъ（名 о 男, 複 болıаре）боярин

болıати сıа（動 B1 I боıж, боиши）бояться

бракъ（名 о 男）брак

брань（名 ī 女）戦い

брати сıа（動 A5 JE борıж, борıеши）бо-
роться

братиıа, братриıа（集名 ja 女）兄弟たち,
修道士たち

братръ, братъ（名 о 男）брат

брачьнъıи（形硬）婚姻の

брашьно（名 о 中）食事

бросити（動 B3 I -шж, -сиши）бросить

брѣгъ（名 о 男）берег

боукъ（名 ūv 女）буква

боурıа（名 ja 女）буря

бъдѣти（動 B2 I -ждж, -диши）бдеть

бъıвати（動 B1 JE -важ, -вакши）бывать

бъıти（動 無）быть

бъıтик（名 jo 中）存在

бьрати（動 B1 E берж, береши）брать

бѣгати（動 B1 JE -гаıж, -гакши）走る,
避ける

бѣда（名 a 女）беда

бѣжати（動 B2 I -жж, -жиши）[-ати で
終わるが B2 タイプの動詞（bĕgĕti >
bež'ati）] 走る, 逃げる

бѣсити сıа（動 B3 I -шж, -сиши）悪魔に
取り憑かれる, 狂気に陥る

бѣсованик（名 jo 中）悪魔に取り憑かれ
ること, 狂気

бѣство（名 о 中）[бѣгство の г が脱落
した形] 逃走

бѣсъ（名 о 男）бес

бѣсьновати сıа（動 B1 JE -ноуıж, -ноу-
кши）悪魔に取り憑かれる, 狂気に陥る

бѣсьнъıи（形硬）悪魔に取り憑かれた,
狂った

В

варити¹（動 B3 I -рıж, -риши）煮る

варити²（動 B3 I -рıж, -риши）追いつく,
追い越す

варıати（動 B1 JE -рıаıж, -рıакши）追い
つく, 追い越す

вашь（所代）ваш

велии（形）[-ii 型物主形容詞と同じ変化のしかたをする。女性形 велига，中性形 велиѥ（→ §277）] 大きい

великъıи（形硬）великий

вельми（副）とても

вельмѫжь（名 jo 男）貴族の男

верига（名 a 女）鎖，枷

веселити сѧ（動 B3 I -лⱓ, -лиши）喜ぶ，愉しむ

вести[1]（動 A1 E ведⱓ, ведеши）вести

вести[2]（動 A1 E везⱓ, везеши）везти

ветъхъıи（形硬）古い　ветъхъıи законъ, ветъхъıи завѣтъ 旧約聖書

вечеръ（名 o 男）вечер

видимъıи（形硬）видимый

видъ（名 o 男）вид

видѣти（動 B2 I -ждⱓ, -диши）видеть

вина（名 a 女）理由，罪

вино（名 o 中）вино

виноградъ（名 o 男）葡萄園

висѣти（動 B2 I -шⱓ, -сиши）висеть

Витаниꙗ（固名 ja 女）ヴィタニア

вити（動 A5 E -вⱖⱓ, -виѥши; -въⱓ, -въⱖⱖши）[-ⱓ, -ⱖⱖши で終わるが，E 語幹動詞。vīj-eš'i > виѥши] вить

Витьлѣѥомъ, Витлеемъ, Вифьлеомъ（固名 o 男）Витьлѣѥмь（固名 jo 男）ベツレヘム

владъıка（名 a 男）владыка

владъıчьство（名 o 中）владычество

власти（動 A1 E -дⱓ, -деши）所有する，支配する〈+造格，与格〉

власть（名 ĭ 女）власть

власъ（名 o 男）волос

влъкъ, вльⱒъ（名 o 男）волк

влъна（名 a 女）волна

влъшьба（名 a 女）魔術

влѣⱒⱖ（動 A2 E влѣⱒⱖ, влѣчеши）влечь

вода（名 a 女）вода

водити（動 B3 I -ждⱓ, -диши）водить

водьнъıи（形硬）水の

вои（名 jo 男）軍隊，兵士

воинъ（名 o 男）воин

воиньство（名 o 中）воинство

Вльга（固名 a 女）ヴォルガ川

волъ（名 o 男）вол

волꙗ（名 ja 女）воля

вонъ（副）= вънъ

вонꙗти（動 B1 JE -нꙗⱓ, -нꙗѥши）ふくよかに香る

вопль（名 jo 男）= въпль

воѥвода（名 a 男）воевода

воѥводинъ（物形 -in）воевода の

врагъ（名 o 男）враг

врата（名 o 中複）ворота

врътъпъ（名 o 男）洞窟，庭

врьхоу（副）上に

врьхъ[1]（名 ŭ 男）верх

врьхъ[2]（前）～の上に〈+生格〉

врѣдити（動 B3 I -ждⱓ, -диши）вредить

врѣдъ（名 o 男）вред

врѣждати（動 B1 JE -ждаⱓ, -ждаѥши）害する

врѣмѧ（名 en 中）время

врѣⱒⱖ（動 A2 E врьгⱓ, врьжеши）投げる

въ（前）в

въбѣгнⱖти（動 C1 NE -нⱖ, -неши）走りこむ

въврѣти（動 A3 E -врⱓ, -врѣши）投げ入れる

въврѣⱒⱖ（動→ врѣⱒⱖ）投げ入れる

въгаждати（動 B1 JE -ждаⱓ, -ждаѥши）役に立つ

въжагати（動 B1 JE -гаⱓ, -гаѥши）燃やす

въз（前）～の代わりに〈+対格〉

възбранити（動 B3 I -нⱖ, -ниши）邪魔する，阻害する

възбоудити（動 B3 I -ждⱓ, -диши）возбудить

възбѣсити сѧ（動 B3 I -цⱖ, -сиши）怒り狂う

въꙁвеселити（動 B3 I -лѭ, -лиши）楽しませる

въꙁвести（動 → вести[1]）возвести

въꙁвратити（動 B3 I -цѭ, -тиши）возвратить

въꙁвѣстити（動 B3 I -цѭ, -стиши）知らせる

въꙁгнѫшати сѧ（動 B1 JE -шаѭ, -шакши）嫌になる，嫌悪する

въꙁдавати（動 → давати）与える，献上する

въꙁдати（動 → дати）与える，献上する

въꙁдаꙗти（動 → даꙗти）与える，献上する

въꙁдвигнѫти（動 C1 NE -нѫ, -неши）воздвигнуть

въꙁдрадовати сѧ（動 B1 JE -доуѭ, -доукши）［挿入音の д が入った形。この形が規範］喜ぶ

въꙁдрасти（動 → расти）［挿入音の д が入った形。この形が規範］成長する

въꙁдоунѫти（動 C2 NE -нѫ, -неши）息をつく，息を吹きかける

въꙁдоухъ（名 o 男）воздух

въꙁдꙑханиѥ（名 jo 中）息

въꙁискати（動 → искати）探す，捜す

въꙁити（動 → ити）登る

въꙁлагати（動 B1 JE -гаѭ, -гакши）возлагать

въꙁлежати（動 → лежати）（何かの上に）横たわる，横たわっている

въꙁлещи（動 → лещи）（何かの上に）横になる，横たわっている

въꙁливати（動 B1 JE -ваѭ, -вакши）注ぐ，塗りつける

въꙁложити（動 B3 I -жѫ, -жиши）置く，そえる

въꙁлѣсти（動 → лѣсти）登る

въꙁлюбити（動 → любити）возлюбить

въꙁмощи（動 → мощи）возмочь

въꙁмѣрити（動 → мѣрити）はかる

въꙁмѫтити（動 B3 I -цѭ, -тиши）возмутить

въꙁмѫщати（動 B1 JE -щаѭ, -щакши）возмущать

въꙁненавидѣти（動 → ненавидѣти）возненавидеть

въꙁнести（動 → нести）вознести

въꙁнисти（動 A1 E -ньꙃѫ, -ньꙃеши）下げる，傾ける

въꙁъвати（動 → зъвати）воззвать

въꙁъпити（動 → пити）叫ぶ

въꙁьрѣти（動 → зьрѣти）見る，見上げる

въꙁѧти（動 A4 E възьмѫ, възьмеши）взять

въкопати（動 B1 JE -паѭ, -пакши）вкопать

въкоупѣ（副）いっしょに

въкоусити（動 B3 I -шѫ, -сиши）食べる，味わう

въливати（動 B1 JE -ваѭ, -вакши）вливать

вълѣсти（動 → лѣсти）入る，入り込む

въметати（動 → метати）投げる，投げ入れる

въмѣнꙗти（動 B1 JE -нꙗѭ, -нꙗкши）考える，みなす

вънеꙁаапъ, вънеꙁаапѫ（副）突然

вънити（動 → ити）войти

въноꙁити（動 B3 I -жѫ, -ꙁиши）突き刺す

вънъ（副）вон

вънѣ（副）外に（前）～の外に

вънѣждѣ, вънѣждоу, вънѣжда（副）外側は

вънѥгда（副）その時

вънѧти（動 B4 E въньмѫ, въньмеши）注意を払う

вънѫтрь（副）внутри

вънѫтрьнии（形軟）внутренний

вънѫтрьѭдоу, вънѫтрьѭждѣ, вънѫтрьѭжда（副）内側は

въорѫжити（動 B3 I -жѫ, -жиши）вооружить

въпасти（動→ пасти¹）впасть

въпити（動→ пити）叫ぶ

въпль（名 jo 男）вопль

въпрашаник（名 jo 中）質問

въпрашати（動 B1 JE -шаιж, -шакши）
質問する

въпросити（動 B3 I -шж, -сиши）質問する

въсадити（動 B3 I -ждж, -диши）入れる

въселенаιа（名）[въселити の受動分詞
過去。硬変化形容詞女性形の変化]世
界

въсиιати（動 B1 JE -сиιаιж, -сиιакши）вос-
сиять

въскорѣ（副）вскоре

въскочити（動 B3 I -чж, -чиши）вскочить

въскрьснжти（動 C1 NE -нж, -неши）вос-
креснуть

въскрѣсити（動 B3 I -шж, -сиши）復活
させる

въскрѣшеник（名 jo 中）[с が j の影響
で ш に変わる。vŭskrěsjenîje > vŭskrě-
š'jenîje］воскресение

въскжιж（副）なぜ

въспѣти（動→ пѣти）歌いだす

въспьть（副）вспять

въсстати（動→ стати）= въстати

въссылати（動→ сылати）= въсылати

въставити（動→ ставити）вставить, 立
たせる，置く

въстати（動→ стати）встать

въстирати（動 B1 JE -раιж, -ракши）ぬ
ぐう，ふき取る

въстрепетати（動→ трепетати）震えだ
す

въстрьзати（動 B1 JE -заιж, -закши）
[ѕ は第 3 硬口蓋化で生まれたもの。
vŭstrgati > vŭstrūz'ati］抜き取る，奪う

въсоук（副）ゆえなく

въсхвалити（動→ хвалити）восхвалить

въсходити（動→ ходити）всходить

въсылати（動→ сылати）воссылать

въсжждъ（名 о 男）聖体拝領

въторицеιж（副）二度目に

въторыи（順数）второй

въходити（動→ ходити）входить

въходъ（名 о 男）вход

вы（人代）вы

высокыи（形硬）высокий

выспрь（副）上に，上へ

выше（副）[высокыи の比較級］より
高い съ выше до ниже 上から下まで

вышьнии（形軟）вышний

выιа（名 ja 女）首

вдовица（名 ja 女）вдовица

вьсакъ（指代）всякий

вьсачьскыи（形硬）всяческий

вьсегда（副）= вьсьгда

вьсемогыи（形硬）, вьсемогжции（形軟）
[вьсемоци の能動分詞現在］万能の

вьсь¹（特代）весь

вьсь²（名 ῐ 女）村

вьсьгда（副）всегда

вьсьде（副）везде

вьсιакъ（指代）= вьсакъ

вьсιачьскыи（形硬）= вьсачьскыи

вьсжждж, вьсжждѣ（副）всюду

вѣдати（動 B1 JE вѣдаιж, вѣдакши）ве-
дать

вѣдѣти（動 無）知っている

вѣко（名 о 中）веко

вѣкъ（名 о 男）век въ вѣкъ 永遠に

вѣньць（名 jo 男）冠

вѣньчати（動 B1 JE -чаιж, -чакши）冠を
かぶせる

вѣра（名 а 女）вера

вѣровати（動 B1 JE -роуιж, -роукши）ве-
ровать

вѣрьныи（形硬）верный

вѣтръ（名 о 男）ветер отъ четыръ вѣт-
ръ 四方から

вѣчьныи（形硬）вечный

г

Гавьрилъ（固名 o 男）ガヴリエル

газофилакига（名 ja 女）賽銭箱

газофилакиковъ（物形 -ov）賽銭箱の

галиленскъıн, галилѣискъıн（形硬）ガリ
ラヤの

Галилега（固名 ja 女）ガリラヤ

гвоздии（名 jo 男）釘

гвоздь（名 ī 男）гвоздь

Гедеонъ（固名 o 男）ゲデオン

глава（名 a 女）голова

глаголати（動 B1 JE -лиж, -лкши）言う，
話す

глаголъ（名 o 男）言葉

гладъ（名 o 男）голод

гласъ（名 o 男）голос

глашати（動 B1 JE -шаиж, -шакши）呼ぶ

глоуҳъıн（形硬）глухой

глѧдати（動 B1 JE -даиж, -дакши）見る

глѫбина（名 a 女）глубина

глѫбокъıн（形硬）глубокий

гнести（動 A1 E -тж, -теши）圧迫する

гнѣвати（動 B1 JE -ваиж, -вакши）怒ら
せる

гнѣвъ（名 o 男）гнев

гобино（名 o 中）大量　въ гобинѣ 十分
ある

говорити（動 B3 I -рiж, -рiши）говорить

говѧждь（形軟）[短語尾形しか使われな
い。物主形容詞ではない] 牛の

година（名 a 女）時間

годъ（名 o 男）год

Голиафъ, Голиадъ（固名 o 男）ゴリアト

Голъгота, Голъгофа（固名 a 女）ゴルゴ
タの丘

голѫбь（名 ī 男）голубь

гонити（動 B3 I -ниж, -ниши）追う

гора（名 a 女）гора

горько（副）горько，ひどく

горькъıн（形硬）горький

горьнін（形軟）горьнъıн（形硬）горный

горѣ（副）上へ

горк（名 jo 中）горе

господинъ（名 o 男）господин

господь（名 ī 男）[o 語幹軟変化男性名詞,
o 語幹硬変化男性名詞の類型で変化す
る場合がある→ §215] господь

господьнін（形軟）主の

госоударь（名 jo 男）主人

готовъıн（形硬）готовый

градъ[1]（名 o 男）город，場所

градъ[2]（名 o 男）霰

градьнъıн（形硬）町の

градьскъıн（形硬）городской

градьць（名 jo 男）小さな町

гражданинъ（名 o 男, 複 граждане）町
の住民

грети（動 A1 E -бж, -беши）漕ぐ

Григории（固名 jo 男）グレゴリオス

гробъ（名 o 男）гроб

гръıсти（動 A1 E -зж, -зеши）грызть

грѣховьнъıн（形硬）罪の

грѣхъ（名 o 男）грех

грѣшьникъ（名 o 男）грешник

грѣшьница（名 ja 女）грешница

грѣшьнъıн（形硬）грешный

грѣгати（動 B1 JE грѣıж, грѣкши）温め
る

грѧсти（動 A1 E -дж, -деши）歩く，行く

гънати（動 B1 E женж, женеши）гнать

гъıбати（動 B1 JE -ближ, -блкши）滅ぶ，
死ぬ

гъıбнжти（動 C1 NE -нж, -неши）滅ぶ，
死ぬ

гжба（名 a 女）海綿

д

да（接，小）да

давати（動 B1 JE даваиж, давакши）да-
вать

давидовъ, давъıдовъ（物形 -ov）ダヴィ
デの

Давидъ, Давъыдъ（固名 o 男）ダヴィデ

далекъын（形硬）далекий

далече（副）［далекъын の比較級］遠くに

далꙗ（名 ja 女）距離　въ далꙗ 離れたところに

Даниилъ（固名 o 男）ダニエル

даровати（動 B1 JE -роуж, -роукши）贈る

даръ（名 o 男）дар

дарьствовати（動 B1 JE -воуж,-воукши）贈る

дати（動 無）дать

даꙗти（動 B1 JE -даж, -дакши）与える

двигати（動 B1 JE -жж, -жеши; -гаж, -гакши） = двиѕати［古代教会スラヴ語では第3硬口蓋化のおこった двиѕати が使われる］

двигнѫти（動 C1 NE -нж, -неши）двигнуть

двиѕати（動 B1 JE -жж, -жеши; -ѕаж, -ѕакши）［ѕ は第3硬口蓋化で現れたもの。dvigati > dviz'ati］двигать

дворъ（名 o 男）двор

двьрь（名 ĭ 女）дверь［複数で使われることも多い］

двьрьца（名 ja 女）小さなドア［複数で使われることも多い］

девѧтъын（順数）девятый

Декии（固名 jo 男）デキウス

десница（名 ja 女）右手

деснъын（形硬）右の　о деснѫж 右手に

десѧтъын（順数）десятый

десѧть（基数）десять

диво（名 es 中）奇跡

диꙗволъ, дыꙗволъ（名 o 男）悪魔

длъгъ（名 o 男）долг, 負債

длъжьнъын（形硬）должный, 負債がある

днесь（副） = дьньсь

до（前）до　до селе 今まで

добити（動→ бити）добить

доблии（形軟）よい, 素晴らしい

доблю, добьѥ（副）勇敢に, 正しく

добръын（形硬）добрый

добрѣ（副）ねんごろに

доити（動→ ити）дойти

доколѣ（副）どこまで

доконьчати（動→ коньчати）まっとうする

долоу（副）下に, 下を

дома（副）дома

домови（副）［本来は домъ の単数与格］домой

домъ（名 й 男）дом

доньде, доньдеже, дондеже（接）～まで

достоинъын（形硬）достойный

достоꙗник（名 jo 中）достояние

досѣлѣ（副）今まで

дотолѣ（副）それまで

драгъын（形硬）дорогой

древьнии（形軟）древний

дроугъ[1]（指代）другой

дроугъ[2]（名 o 男）друг

дроужина（名 a 女）仲間たち

дръжава（名 a 女）держава

дръжати（動 B2 I -жж, -жиши）［-ати に終わるが B2 タイプ。drŭgěti > drŭž'ati］держать

дръзновеник（名 jo 中）勇敢な行為

дръзость（名 ĭ 女）дерзость, 勇敢な行為, 蛮行

дрѣво（名 es 中）дерево

дрѣмати（動 B1 JE -млж, -млкши）дремать

драхлъын（形硬）悲しげな

Доунавъ（固名 o 男）ドナウ川

доуновеник（名 jo 中）息

доухъ（名 o 男）дух

доуша（名 ja 女）душа

доузъ（名 o 男）将軍, 隊長

дъва（基数）（男性に用いる）два

дъвои（集数　女性 дъвоꙗ 中性 дъвоѥ）двое　на дъвоѥ まっぷたつに

дъвѣ（基数）（中性, 女性に用いる）две

дъждевьнъын（形硬）雨の

137

дъждь（名 jo 男）дождь

дъци（名 er 女）дочь

дьнь（名 en 男）день

дьньсь, дьнесь（副）今日，いま

дьрати（動 B1 E держ, дерешн）剥がす，むしる

дѣва（名 a 女）дева

дѣвица（名 ja 女）девица

дѣло（名 es 中）дело

дѣти（名複 i 女）дети

дѣти сѧ（動 A5 JE деждж, деждешн）隠れる

дѣꙗти（動 B1 JE дѣѭж, дѣкшн）する，おこなう не дѣи やめろ，邪魔するな

джбрава（名 a 女）森，木立

дѫти（動 A4 E дъмж, дъмешн）дуть

Е

евангелик（名 jo 中）福音書

Еввга（固名 a 女）エヴァ

егоупетъскъιн, егупетъскъιн（形硬）エジプトの

Егоупьтъ, Егупьтъ（固名 o 男）エジプト

еда（間）〜であろうか

единъ（基数）= кдинъ

ен（間）はい

ели（間）神よ（アラム語）

еликъ（指代）= кликъ

Елисѣи, Елисеи（固名 jo 男）エリセイ川

елон（間）= ели

Еръданъ（固名 o 男）ヨルダン

еръданьскъιн（形硬）ヨルダンの

етеръ（指代）或る

ехидьна（名 a 女）蛇，害虫

Ж

жалость（名 i 女）жалость

же（小）же

жезлик（名 jo 中）= жьзлик

жезлъ（名 o 男）= жьзлъ

желати（動 B1 JE -лаιж, -лакшн）желать

желѣзнъιн（形硬）железный

желѣзо（名 o 中）железо

желѣти（動 B2 JE -лѣιж, -лѣкшн）= желати

жена（名 a 女）女，妻

жеци（動 A2 E жегж, жежешн）жечь

животъ（名 o 男）живот

живъιн（形硬）живой

жидовьскъιн（形硬）жидовский

жизнодавьць（名 jo 男）生命を与えるもの

жизнь（名 i 女）жизнь

жила（名 a 女）血管，腱

житель（名 jo 男）житель

жити（動 A5 E живж, живеши）жить

житик（名 jo 中）житие

житьница（名 ja 女）житница

жрътва（名 a 女）жертва

жрѣбин（名 jo 男）жребий

жрѣбѧ（名 ent 中）жеребёнок

жрѣти（動 A3 E жьрж, жьреши）[不定形は жрътн も用いられる] 生贄を捧げる

жьзлик（名 jo 中）棒

жьзлъ（名 o 男）笏

жѧдати（動 B1 JE -ждж,-ждешн; -даιж, -дакшн）渇望する

жѧтва（名 a 女）刈り入れ

жѧти（動 A4 JE жьнж, жьнкши）（農作物を）刈る [不定形語幹 A4 に属す動詞だが，現在形は JE 語幹になる。現代ロシア語では，жну, жнёшь 〜という変化になっている。жму, жмёшь 〜と変化するタイプの動詞は，古代教会スラヴ語の語彙にはない]

Ѕ

ѕвѣзда（名 a 女）[ѕ は第 2 硬口蓋化で現れたもの。gvoi̯zda > z'vězda] звезда

ꙃѣло（副）[ꙃ は第 2 硬口蓋化で現れたもの。goi̯lo > z'ělo] とても

З

за（前）za

забꙑвати（動 B1 JE -ваѭ, -ваѥши）забывать

забꙑти（動→ бꙑти）забыть

завахъ̀тани あなたは私を見捨てた（アラム語）

заврѣти（動 A3 E -вьрѭ, -вьрєши）塞ぐ, 埋める

завѣтъ（名 o 男）契約

заградити（動 B3 I -ждѭ, -диши）囲む, 塞ぐ

задѣти（動 A5 JE -дѣждѫ, -дѣкши; -деждѭ, -деждеши）強制する

зазьрѣти（動→ зьрѣти）怒る, 苛立つ, とらえる, つかまえる

заклати（動→ клати）屠る, 殺す

законопрѣстѫпьнъıи（形硬）無法の

законъ（名 o 男）法律

закрꙑвати（動 B1 JE -ваѭ, -ваѥши）закрывать

закрꙑти（動→ крꙑти）закрыть

заложити（動 B3 I -жѫ, -жиши）заложить

занѥ（接）なぜならば

западьнъıи（形硬）西の

запечатьлѣти（動 B2 JE -лѣѭ, -лѣѥши）запечатлеть

заповѣдати（動→ вѣдати）заповедать

заповѣдь（名 i 女）заповедь

запрѣтити（動 B3 I -цѭ, -тиши）命じる, 禁じる　запрѣтити доухоу 嘆く

запрѣщати（動 B1 JE -цѣѭ, -цꙗѥши）命じる, 禁じる

застѫплѥник（名 jo 中）заступление

затварꙗти（動 B1 JE -рꙗѭ, -рꙗѥши）閉じる, 閉じ込める

затворити（動 B3 I -рѭ, -риши）閉じる, 閉じ込める

заоутра（副）翌日, 朝に

защищеник（名 jo 中）防御

заѩти（動→ ѩти）занять

звонъ（名 o 男）звон

звѣзда（名 a 女）= ꙃвѣзда

звѣринъ（物代 -in）獣の

звѣринъıи（形硬）獣の

звѣрик（集名 jo 中）獣

звѣрь（名 i 男）зверь

зелик（集名 jo 中）野菜

земльскъıи（形硬）大地の, 地上の

землꙗ（名 ja 女）земля

земь（名 i 女）大地, 地上

земьнъıи（形硬）земной

зима（名 a 女）зима

Зинонъ（固名 o 男）ゼノ

злато（名 o 中）золото

змрьна（名 a 女）没薬

знаменати（動 B1 JE -наѭ, -накши）徴（しるし）をつける, 徴（しるし）を与える

знаменик（名 jo 中）徴（しるし）

знати（動 A5 JE знаѭ, знаѥши）знать

зракъ（名 o 男）幻影, 姿

зъвати（動 B1 E зовѫ, зовєши）звать

зъло¹（名 o 中）悪, 災難

зъло²（副）悪く, ひどく

зъловѣрик（名 jo 中）悪しき信仰

зълобѣсьнъıи（形硬）悪魔にとり憑かれた

зълодѣи（名 jo 男）злодей

зълосъмрьтьнъıи（形硬）悪しき死に値する

зълъıи（形硬）злой

зълѣ（副）ひどく, 悪く

зьрѣти（動 B2 I зьрѭ, зьриши）見る

ꙃѣло（副）= ꙃѣло

зѩть（名 i 男）зять

зѫбъ（名 o 男）зуб

И

и¹（人代）он

и² （接）и

иго （名 о 中）иго

идє （副）где

нєрєн （名 jo 男）＝ икрен

Иєроусалимъ （固名 о 男）エルサレム

нєръдановъ （物形 -ov）ヨルダンの

нжгънати （動 B1 E ижденж, ижденеши）
　［изгънати ＞ ижгънати］＝ изгънати

нждити （動 A5 E иждивж, иждивеши）
　［изжити ＞ иждити］浪費する

из （前）из

избавити （動 B3 I -влж, -виши）избавить

избавлгати （動 B1 JE -лгаж, -лгакши）из-
　бавлять

избъвати （動→ бъвати）十分ある

избътъкъ （名 о 男）十分な量

избьрати （動→ бьрати）избрать

извлгати （動 B1 JE -влгаж, -влгакши）彫
　る，刻む

извести （動→ вести¹）運び出す

изволити （動 B3 I -лж, -лиши）изволить

изврѣщи （動→ врѣщи）投げ捨てる

извѣстьно （副）はっきりと

извѣстьнъин （形硬）известный

изгънати （動 B1 E ижденж ［изженж ＞
　ижденж], ижденеши）изгнать

изгъбнжти （動 C1 NE -нж, -неши）滅ぶ

издалече （副）遠くから，遠くに

издраиловъ （物形 -ov）［挿入音の д が入
　った形。この形が規範］イスラエルの

Издраилљ （固名 jo 男）［挿入音の д が入
　った形。この形が規範］イスラエル

издраилквъ （物形 -ev）［挿入音の д が入
　った形。この形が規範］イスラエルの

издъхнжти （動 C1 NE -нж, -неши）息絶
　える，息をつく

изити （動→ ити）出てくる

изливати （動 B1 JE -важ, -вакши）汲み
　出す，注ぎだす

излити （動→ лити）汲み出す，注ぎだ
　す

излигати （動 B1 JE -лѣж, -лѣкши）汲み

出す，注ぎだす

излѣсти （動→ лѣсти）出てくる

изморити （動 B3 I -рж, -риши）殺す

измрѣти （動→ мрѣти）死ぬ

измѣнити （動 B3 I -нж, -ниши）изменить

измѣнкник （名 jo 中）изменение

изнемагати （動 B1 JE -гаж, -гакши）へ
　とへとになる

изнемощи （動→ мощи）へとへとになる，
　不可能である ［「不可能である」という
　意味の時は，無人称動詞として使う］

изнести （動→ нести）運び出す

Израилљ （固名 jo 男）［挿入音の д の入
　らない形］＝ Издраилљ

изъсѣщи （動→ сѣщи）＝ исѣщи

изъходити （動→ ходити）＝ исходити

изъчитати （動→ читати）＝ нщитати

изъити （動 A1 E изъидж, изъидеши）
　＝ изити

изѣсти （動 無）食べる ［補遺④参照］

изѩти （動 A4 E изьмж, изьмеши）取り
　出す

или （接）или

илиннъ （物形 -in）イリヤの

Илига （固名 ja 男）イリヤ

имати （動 B1 JE кмлж, кмлкши）取る

императоръ （名 о 男）император

имѣник, имѣнк （名 jo 中）財産

имѣти （動 無）иметь

имѩ （名 en 中）имя

инако （接）そうでなければ

иногда （副）＝ инъгда

иносъказакмъин （形硬）譬えによる

инъ （代）別の

инъгда （副）иногда

инъдиктъ （名 о 男）индикт （ビザンテ
　ィンで採用されていた暦）

ноановъ （物形 -ov）ヨハネの

Иоанъ, Иоаннъ （固名 о 男）ヨハネ

Иоръданъ （固名 о 男）ヨルダン

носновъ （物形 -ov）ヨセフの

Иосифъ （固名 о 男）ヨセフ

Ираклъ（固名 o 男），Иракль（固名 jo 男）ヘラクレス

Иродъ（固名 o 男）ヘロデ

Ирсалимъ（固名 o 男）エルサレム

исаковъ（物形 -ov）イサクの

искариотъ（固名 o 男）イスカリオテ

　　Июда искариотъ イスカリオテのユダ

искати（動 B1 JE ищж ないし искж, ище-ши）искする［補遺⑤注 2 参照］

искони（副）最初から

искочити（動 B3 I -чж, -чиши）飛び出す

исплънити（動 B3 I -нж, -ниши）исполнить

исповѣданиѥ（名 jo 中）исповедание

исповѣдати（動 → вѣдати）исповедовать

исповѣдѣти（動 → вѣдѣти）исповедовать

испръва（副）まず最初に

испрь（副）= въыспрь

испоустити（動 → поустити）出す

испоущати（動 → поущати）出す

испытати（動 B1 JE -таж, -юташи）испыт испытする

истина（名 a 女）истина

истиньнъын（形硬）истинный

истирати（動 B1 JE -раж, -ракши）揉む，揉みだす

истовъын（形硬）本当の

исоунжти（動 C2 NE -нжти, -неши）（剣などを）抜く

истопити сѧ（動 B3 I -плиж, -пиши）沈む，溺れる

истопнжти（動 C1 NE -нж, -неши）= истонжти

истонжти（動 C2 NE -нж, -неши）溺れる

источьникъ（名 o 男）泉

истьлѣньнъын（形硬）はかない

Исоусъ（固名 o 男）イエス

исходити（動 → ходити）出る

исходъ（名 o 男）出口

исцѣлити（動 B1 I -лж, -лиши）= ицѣлити

исцѣлѣти（動 B2 JE -лѣж, -лѣюши）= ицѣлѣти

исцѣлкниѥ（名 jo 中）= ицѣлкник

исѣщи（動 A2 E исѣкж, исѣчеши）［из-сѣщи > исѣщи］切り取る

ити（動 A1 E идж, идеши）идти

ицитати（動 B1 JE -таж, -такши）みなす，考える

ицѣлити（動 B3 I -лиж, -лиши）癒す

ицѣлѣти（動 B2 JE -лѣж, -лѣюши）癒える

ицѣлкниѥ（名 jo 中）癒し

Июда（固名 a 男）ユダ

июден, июдѣи（名 jo 男）ユダヤ人

июденскъын, июдѣискъын（形硬）ユダヤの

Июдега, Июдѣга（固名 ja 女）ユダヤ

икаковль（物形 -j）ヤコヴの

Икаковъ（固名 o 男）ヤコヴ

икреи, икрѣи（名 jo 男）иерей

Икроусалимъ（固名 o 男）エルサレム

К

канафа, кангафа（名 a 女）地下牢

кангафинъ（物形 -in）地下牢の

како（副）いかに

какъ（指代）いかなる

каменик（集名 jo 中）石

камень（名 en 男）［камъи の対格を主格に転用した形→ §218］石

камо（副）どこへ

камъи（名 en 男）石

камъкъ（名 o 男）石

каменъын（形硬）石でできた

Кана（固名 a 女）カナ

капати（動 B1 JE -плиж, -плкши）капать

капище（名 jo 中）偶像

капищьнъын（形硬）異教の

кенътоурионъ（名 o 男）百人隊長

керастъ（名 o 男）蛇，害虫

кесаровъ（物形 -ov），кесарквъ（物形 -ev）皇帝の

кесарь（名 jo 男）皇帝

кланꙗти（動 B1 JE -нꙗж, -нꙗкши）傾ける ～сѧ 礼をする，拝跪する

класти（動 A1 E кладж, кладши）класть

класъ（名 o 男）колос

клати（動 A3 JE колж, колкши）колоть

клицаник（名 jo 中）[ц は第 3 硬口蓋化で現れたもの。krikanĭje > kric'anĭje]叫び

клицати（動 B1 JE -чж, -чеши）[ц は第 3 硬口蓋化で現れたもの。krikati > kric'ati]叫ぶ

кличаник（名 jo 中）= клицаник

клѣть（名 ĭ 女）僧庵

клꙗтва（名 a 女）клятва

клати（動 A4 E кльнж, кльнеши）клясть

ковати（動 B1 E ковж, ковеши; JE коуж, коукши）ковать

когда（副）= къгда

Кодратъ（固名 o 男）コンドラトス

кожа（名 ja 女）кожа

козьлѧ（名 ent 中）козлёнок

колижьдо（副）誰であれ

коликъ（指代）どれほどの，どれほど多くの

колъ（名 o 男）кол

колѣно（名 o 中）колено

конобъ（名 o 男）釜

конь（名 jo 男）конь

коньць（名 jo 男）конец

коньчати（動 B1 JE -чаж,-чакши）кончать

копик（名 jo 中）копье

корабль（名 jo 男）корабль

корабь（名 jo 男）= корабль

корень（名 en 男）[本来の単数主格は *коры だった。対格を主格に転用した形→§218]корень

коснжти сѧ（動 C1 NE -нж, -неши）коснуться

кость（名 ĭ 女）кость

которꙑи（指代）どんな，いかなる，どの [関係代名詞としては使わない]

котꙑга（名 a 女）衣服，布地

крꙗи（名 jo 男）край

кранивъ（物形 -ev）しゃれこうべの кранкво мѣсто ゴルゴダの丘

краса（名 a 女）飾り

красти（動 A1 E крадж, крадеши）красть

красьнꙑи（形硬）美しい

кричаник（名 jo 中）叫び

кричати（動 B2 I -чж, -чиши）[-ати で終わるが B2 タイプの動詞。krikěti > krič'ati]кричать

кровъ（名 o 男）кров

кромѣ（副）遠くに（前）～以外に

кротость（名 ĭ 女）温和さ

кротъкꙑи（形硬）温和な

кротѣти（動 B2 JE -тѣж, -тѣкши）穏やかになる

кръвь（名 ĭ 女）[生格は кръвє になる→§230]кровь

кръвьнꙑи（形硬）血の

крꙑти（動 A5 JE крꙑж, крꙑкши）крыть

крьститель（名 jo 男）洗礼者

крьстити（動 B3 I -цж, -стиши）крестить

крьстиꙗнинъ（名 o 男 , 複 крьстиꙗнє）（男の）キリスト教徒

крьстиꙗнъ（名 o 男）= крьстиꙗнинъ

крьстиꙗнꙑни（名 ja 女）（女の）キリスト教徒

крьстиꙗньскꙑи（形硬）キリスト教の

крьстъ（名 o 男）крест

крьстьнꙑи（形硬）крестный

крьщати（動 B1 JE -щаж, -щакши）крещать

крьщеник（名 jo 中）洗礼

крѣпити（動 B3 I -плж, -пиши）крепить, 略奪する

крѣплꙗти（動 B1 JE -лꙗж, -лꙗкши）強くする

крѣпость（名 ĭ 女）крепость

крѣпъкꙑи（形硬）крепкий

крѣпъın（形硬）＝ крѣпкъın

кръгъ（名 o 男）круг

коумиръ（名 o 男），коумирь（名 jo 男）
　кумир

коупити（動 B3 I -плж, -пиши）купить

коупьно（副）いっしょに

къ（前）к

къгда（副）когда

къде（副）где

къжьдо（副）それぞれが，めいめい

къннга（名 a 女）книга，文書［通常は
　複数形で使われる］

къннжьникъ（名 o 男）学者，識者

кънажь（物形 -j）族長の，王の，公の

кънаѕь, кънаѕь（名 jo 男）［ѕ は第 3 硬
　口蓋化で現れたもの。kŭnengĭ > kŭnęgĭ >
　kŭnęzʼĭ］ローマ帝国時代の地方の族長，
　王，公

къто（疑代）кто

кън（指代）どんな，ある

кѫдоу（副）куда

кѫпѣль（名 ĭ 女）水をためるところ，洗礼

кѵрѣнинъ, кѵрининъ（名 o 男）キレナの
　住人

кѵрѣнѣнинъ, кѵринѣнинъ（物形 -in）キ
　レナの

Λ

ладин（名 ja 女）舟

Лазарь（名 jo 男）Лазалъ（名 o 男）ラ
　ザロ

лазити（動 B3 I -жж, -зиши）лазить

ледъ（名 o 男）лёд

лежати（動 A2 JE -жж, -жиши）［-ати に
　終わるが B2 タイプ。legěti > ležʼati］
　лежать

лема（副）なぜ（アラム語）

летѣти（動 B2 I -цж, -тиши）лететь

лецı（動 A2 E лагж, лажеши）лечь

ли（小）ли

ликъ（名 o 男）宴会，歌

лима（副）＝ лема

лисин（物形 -ii）狐の

лисъ（名 o 男）狐

лити（動 A5 E лиж, лиюши; льж, лькши）
　［-иж, -кши で終わるが，E 語幹動詞。lĭj-
　ešʼi > лиюши］лить

лице（名 jo 中）лицо

лишити（動 B3 I -шж, -шиши）лишить

ловитва（名 a 女）罠

ложе（名 jo 中）ложе

лозьнъın（形硬）лозный

лоужа（名 ja 女）лужа

лоукъ（名 o 男）лук

лоуна（名 a 女）луна

лоуча（名 ja 女）луч［現代ロシア語の луч
　にあたる男性名詞はない］

лоучин（形軟）（добръın の比較級）
　лучший

лъгати（動 B1 JE -жж, -жеши）лгать［補
　遺⑤参照］

лъжин（形軟）偽りの

лъжь（名 ĭ 女）ложь

львовъ（物形 -ov）獅子の

льстити（動 B3 I льцж, льстиши）誘惑
　する，おべっかを使う

льсть（名 ĭ 女）лесть

лѣвъın（形硬）левый

лѣпъın（形硬）よい

лѣсти（動 A1 E -зж, -зеши）лезть

лѣсъ（名 o 男）лес

лѣто（名 o 中）夏，年

лѣха（名 a 女）畝

любити（動 B3 I -блж, -биши）любить

любодѣица（名 ja 女）情婦

любодѣиць（名 jo 男）淫行をおこなう者，
　放蕩者

любодѣıаннк（名 jo 中）淫行

любън（名 ūv 女）любовь

людн（名 jo 男 複）［людик の к が落ちた
　もの］人々

людик, людьк（集名 jo 中）人々

людьскꙑи（形硬）людской
лютꙑи（形硬）лютый
лютѣ（副）ひどく
лъкавьство（名 o 中）狡猾さ
лъца（名 ja 女）槍

М

Магдалина（固名 ja 女）マグダラ
　Мариꙗ Магдалꙑнꙗ マグダラのマリア
Мадиамъ, Мадиамъ（固名 o 男）マデ
　ィアム
мало（副）мало
малꙑи（形硬）малый
манастꙑрь（名 jo 男）монастырь
мариинъ（物形 -in）マリアの
Мариꙗ（固名 ja 女）マリヤ
Марѣта（固名 a 女）マルタ
масть（名 ĭ 女）香り
мати（名 er 女）мать
Маꙁимъ（固名 o 男）マクシムス
медъ（名 o 男）мёд
междоу（前）между
мести（動 A1 E метꙙ, метеши）мести
метати（動 B1 E -метꙙ, -метеши JE -ме-
　цꙙ, -мешеши; -метаꙙ,-метакши）投
　げる　метати жрѣбии 籤をひく
мечь（名 jo 男）меч
милосрьдовати（動 B1 JE -доуꙗ, -доуꙗши）
　慈悲をほどこす
милосрьдꙑи（形硬）милосердный
милосрьдьнꙑи（形硬）милосердный
милостивꙑи（形硬）милостивый
милостꙑнꙗ, милостꙑнии（名 ja 女）慈
　愛・慈悲
милость（名 ĭ 女）милость
милꙑи（形硬）милый
мимо（副）мимо（前）мимо〈＋対格〉
мимограсти（動→ грасти）通過する
мимоходити（動→ ходити）通過する
минꙙти（動 C2 NE -нꙙ, -неши）минуть
миръ（名 o 男）世界, 社会, 平和, 平穏

миса（名 a 女）皿, 盆
Мисаилъ（固名 o 男）ミサエル
младеницъ（名 jo 男）子供
младеньць（名 jo 男）子供
младꙑи（形硬）молодой
млатъ（名 o 男）молот
мльнии, млъниꙗ（名 ja 女）молния
млъчати（動 B2 I -чꙙ, -чиши）［-ати に終
　わるが B2 タイプ。mlūkěti > mlūč'ati］
　молчать
млѣти（動 A3 JE мелꙗ, мелеши）молоть
мои（所代）мой
Моисеи, Мосии, Моисѣи, Мооусии,
　Моусии（固名 jo 男）モーゼ
молебенъ（名 o 男）祈り
молитва（名 a 女）милитва
молити（動 B3 I -лиꙗ, -лиши）молить［сꙗ
　をともなって使われるときもある。意
　味はほぼ同じ］
монастꙑрь（名 jo 男）＝ манастꙑрь
морьскꙑи（形硬）морской
морꙗ（名 jo 中）море
моци（動 A2 E могꙗ, можеши）мочь
моцьнꙑи（形硬）強い
мразъ（名 o 男）мороз
мрачьнꙑи（形硬）мрачный
мрьтвꙑи（形硬）мёртвый
мрѣкориꙗ（名 ja 女）官邸の庭
мрѣти（動 A3 E мьрꙗ, мьреши）死ぬ
мрьцати（動 B1 JE -чꙗ, -чеши）［ц は
　第 3 硬口蓋化で現れたもの。mr̥kati >
　mrūc'ati］меркнуть
моуха（名 a 女）муха
мъногашдꙑ, мъногашьди, мъногажди,
　мъногашти, мъногашди（副）何度も
мъногоочитꙑи（形硬）多くの目を持つ
мъногоцѣньнꙑи（形硬）貴重な
мъногъ（指代）たくさんの
мъного（指副）много
мъножьство（名 o 中）множество
мꙑ（人代）мы
мꙑслити（動 B3 I -шлꙗ［с が j の影響を

受けて ш に変わる。mysljǫ > myš'l'ǫ], -слиши）考える

мъіслᴊ（名 ĭ 女）мысль

мъіслᴊнъіи（形硬）心の，思考の

мъітарᴊ（名 jo 男）мытарь

мъіти（動 A5 E мъіж, мъікши）мыть

мъішᴊ（名 ĭ 女）мышь

мъішᴊца（名 ja 女）筋肉

мᴊзда（名 a 女）мзда

мᴊнии（形軟）より小さい［本来は比較級］

мᴊнѣти（動 B2 I -нѫ, -ниши）思う，みなす

мᴊстᴊ（名 ĭ 女）месть

мѣдᴊ（名 ĭ 女）медь

мѣдѣнъіи（形硬）青銅の

мѣнити（動 B3 I -нѭ, -ниши）思う，考える

мѣра（名 a 女）мера

мѣрити（動 B3 I -рѭ, -риши）思う，考える，量る

мѣсто（名 o 中）место

мѣсѧцᴊ（名 jo 男）месяц, луна

мѧгъкъіи, мѧкъкъіи（形硬）мягкий

мѧсо（名 o 中）мясо

мѧтежᴊ（名 o 男）混乱，不穏

мѫдростᴊ（名 ĭ 女）мудрость

мѫдростᴊнъіи（形硬）賢明な

мѫдръіи（形硬）мудрый

мѫжᴊ（名 jo 男）男，夫

мѫка（名 a 女）苦しみ

мѫченикъ（名 o 男）мученик

мѫчение（名 jo 中）мучение

мѫчилᴊнъіи（形硬）拷問の

мѫчителᴊ（名 jo 男）мучитель

мѫчити（動 B3 I -чѫ, -чиши）мучить

мѵра（名 a 女), мѵро（名 o 中）聖油

Н

на（前）на

надежда（名 ja 女）надежда

надъ（前）над

Назареи, Назарѣи（固名 jo 男）ナザレ

наимᴊникъ（名 o 男）наёмник

наказати（動 B1 JE -жѫ, -жеши; -заѭ, -заѥши）教える［「罰する」の意味では一般に使われない］

належати（動→ лежати）上に横になっている

наливати（動 B1 JE -ваѭ, -ваѥши）наливать

налити（動→ лити）налить

наложити（動 B3 I -жѫ, -жиши）置く

нанести（動→ нести）もってくる，（危害などを）加える

нападати（動 B1 JE -даѭ, -даѥши）落ちる

напасти（動→ пасти[1]）落ちる，飛びつく

напаꙗти（動 B1 JE -ꙗѭ, -ꙗѥши）飲ませる

написаник, напᴊсаник（名 jo 中）文書 ～ винъі 罪標

написати, напᴊсати（動→ писати, пᴊсати）написать

нареꙍи（動→ реꙍи）呼ぶ

наришати（動 B1 JE -цаѭ, -цаѥши）［ц は第3硬口蓋化で現れたもの。narikati > naric'ati］呼ぶ

народъ（名 o 男）народ

нарочитъіи（形硬）定められた，すばらしい

нарѫгати сѧ（動 B1 JE -гаѭ, -гаѥши）罵り，あざ笑う

насадити（動 B3 I -ждѫ, -диши）すえる，置く

насладити（動 B3 I -ждѫ, -диши）насладить

наслѣдити（動 B3 I -ждѫ, -диши）наследить

настати（動→ стати）настать

насъітити（動 B3 I -цѫ, -тиши）насытить

145

наоучити（動→ оучити）научить, 学ぶ

начинаник（動 jo 中）行為，（複）事業

начѧти（動 A4 E -чьнѫ, -чьнеши）начать

начѧтъкъ（名 o 男）始まり

нашь（所代）наш

наѩти（動→ ѩти）нанять

не（小）не

небесьнъꙑи（形硬）небесный

небесьскъꙑи（形硬）空の，天の

небо（名 es 中）небо

небрѣщи（動 A2 E -брѣгѫ, -брѣжеши）無視する，等閑視する

небꙑтик（名 jo 中）無

недостоиньство（名 o 中）недостоинство

недѫгъ（名 o 男）病気

неже（接）〜より нежели

незаходѧщии（形軟）尽きせぬ

ненстьлѣньнъꙑи（形硬）朽ちることのない

немоць（名 ī 女）無力

ненавидѣти（動→ видѣти）ненавидеть

неправьдьнъꙑи（形硬）неправедный

непристѫпьнъꙑи（形硬）近づくことのできない

неразоримъꙑи（形硬）壊すことのできない

нести（動 A1 E -сѫ, -сеши）нести

Несторъ（固名 o 男）ネストル

нечистъꙑи（形硬）нечистый

нечьстивъꙑи（形硬）不誠実な，不敬の

ни（小）ни（単独で全否定の意を表しうる）

нигде（副）нигде

нижни（形軟）[本来は比較級] 下の
　съ въꙑше до ниже 上から下まで

никако（副）決して〜ない

никакъ（指代）いかなる〜も

Никола（固名 a 男）ニコラス

николи（副）決して〜ない

никъто（疑代）никто

Нисни（固名 jo 男）ニシオス

нищии（形軟）нищий

ничьто（疑代）ничто

но（接）но

новъꙑи（形硬）новый

нога（名 a 女）нога

ножь（名 jo 男）нож

носити（動 B3 I -шѫ, -сиши）носить

ноцииж, ноцьꙗж（副）ночью

ноць（名 ī 女）ночь

ноудити（動 B3 I -ждѫ, -диши）= нѫдити

ноужда, ноужа（名 ja 女）= нѫжда, нѫжа

ноуждеиж, ноужеиж（副）= нѫждеиж, нѫжеиж

нъ（接）= но

нъꙑнѣ, нъꙑна（副）今，現在

нъꙑнѣшьнии（形軟）нынешний

нѣколикъ（指代）いくつかの

нѣкоторъꙑи（指代）некоторый

нѣкъꙑи（疑代）некий

нѣмъꙑи（形硬）немой

нѣсмь = не ксмь

нѣстъ = не кстъ

нѣчьто（疑代）нечто

нѫ（接）= но

нѫдити（動 B3 I -ждѫ, -диши）強制する

нѫжда, нѫжа（名 ja 女）暴力

нѫждеиж, нѫжеиж（副）無理やり，力づくで

о

о, об（前）о

оба（基数）（男性に使う）оба

обидѣти（動 B2 I -ждѫ, -диши）обидеть

обиновати сѧ（動 B1 JE -ноуѭ, -ноукши）避ける，躊躇する

обладати（動 B1 JE -даѭ, -дакши）持っている

облакъ（名 o 男）雲 [現代ロシア語の oblako にあたる中性名詞はない]

область（名 ī 女）権威

облежати（動→ лежати）まわりにある

облещи（動→ лещи）横になる，夜をす

ごす

облобъызати（動 B1 JE -заиж, -закши）キスする

обльгъчавати（動 B1 JE -ваиж, -вакши）軽減する

обльгъчати（動 B1 JE -чаиж, -чакши）облегчать

облѣщи（動 A2 E -лѣкѫ, -лѣчеши）［об-влѣщи > облѣщи］着せる

обнавлꙗти（動 B1 JE -лꙗиж, -лꙗкши）обновлять

обновити（動 B3 I -влиж, -виши）обновить

образити（動 B3 I -жж, -зиши）作る

обратити（動 B3 I -цⷨж, -тиши）обратить［об-вратити > обратити］

обрѣзати（動 B1 JE -рѣжж, -рѣжеши）切り取る，割礼をほどこす

обрѣсти（動 A1 JE -рѧцⷨж, -рѧцⷨеши）見つける

обрѫчити（動 B3 I -чж, -чиши）約束する，請け負う，婚約させる

обоути（動 A5 JE обоуⷨж, обоуⷨеши）обуть

обоуꙗти（動 B1 JE -ꙗиж, -ꙗкши）正気を失う

обѣ（基数）（女性，中性に使う）обе

обѣдъ（名 o 男）食事

обѣтованиѥ（名 jo 中）約束

обѣщаниѥ（名 jo 中）обещание

обѣщати（動 B1 JE -цⷨаиж, -цⷨакши）обещать［сѧ を付して使われるときもある。意味はほぼ同じ］

обꙗзати（動 B1 JE -жж, -жеши）巻く，くるむ

обꙗти（動 A4 E объмж, объмеши）обнять

овъ（指代）この，その

овъде（副）ここに，そこに

овьца（名 ja 女）овца

овьчь（物形 -j）羊の

овьчии（物形 -ii）羊の

овьчѧ（名 ent 中）羊の子供

огнь（名 jo 男）огонь

огньнъии（形硬）огненный

оградити（動 B3 I -ждж, -диши）оградить

одежда（名 ja 女）одежда

одръ（名 o 男）寝床

одръжаниѥ（名 jo 中）権力，国土

одоушевити（動 B3 I -влиж, -виши）одушевить

одъждати（動 B1 JE -ждаиж, -ждакши）雨を降らす

одѣти（動 A5 JE одеждж, одеждеши）одеть

одѣꙗниѥ（名 jo 中）одеяние，服

оживити（動 B3 I -влиж, -виши）оживить

ожити（動→ жити）生き返る

озарити（動 B3 I -рⷨж, -риши）озарить

озмьренъии（形硬）没薬入りの

окамѣнити（動 B3 I -нⷨж, -ниши）石にする

окаꙗньнъии（形硬）окаянный

око（名 es 中）目

оковати（動 B1 JE окоуⷨж, окоуⷨеши）оковать

окрьсть（前）～のそばに〈＋生格〉（副）そばに

окрѫжити（動 B3 I -жж, -жиши）окружить

олє（間）いかに，ああ

олѣи（名 jo 男）香油

омочити（動 B3 I -чж, -чиши）омочить

оноуцⷨа（名 ja 女）靴

онъ[1]（指代）その，この，あの，むこうの

онъ[2]（人代）он

онъде（副）そこに

оплъчити（動 B3 I -чж, -чиши）武装させる

опона（名 a 女）幕

опоустити（動 B3 I -цⷨж, -стиши）опустить

орѫжиѥ（名 jo 中）оружие，車

осанна, осана（間）ホサナ

освѣщати（動 B1 JE -щаѭ, -щаѥши）
освещать

освѧтити（動 B3 I -щѫ, -тиши）освятить

освѧщати（動 B1 JE -щаѭ, -щаѥши）
освящать

оскврънити（動 B3 I -нѭ, -ниши）
осквернить

оскръбити（動 B3 I -блѭ, -биши）
оскорбить

оскръблꙗти（動 B1 JE -лꙗѭ, -лꙗѥши）
оскорблять

оскръбѣти（動 B2 I -блѭ, -биши）［現在形の変化は оскръбити と同じだが、自動詞］屈辱を受ける、悲しむ

ослабити（動 B3 I -блѭ, -биши）ослабить

ослѣпити（動 B3 I -плѭ, -пиши）ослепить

осмꙑи（順数）восьмой

осмь（基数）восемь

основаниѥ（名 jo 中）основание

осолити（動 B3 I -лѭ, -лиши）塩をまぶす

осрамити（動 B3 I -млѭ, -миши）осрамить

оставити（動 B3 I -влѭ, -виши）оставить

остати（動→ стати）остать　остати сѧ 捨てる、破棄する〈＋生格〉

острогъ（名 o 男）острог

острꙑи（形硬）острый

осѫпа（名 a 女）疫病

осьлѧ（名 ent 中）ослёнок

осѣнити（動 B3 I -нѭ, -ниши）осенить

осѫдити（動 B3 I -ждѫ, -диши）осудить

осѫждати（動 B1 JE -ждаѭ, -ждаѥши）
осуждать

осѫждениѥ（名 jo 中）осуждение

от（前）＝ отъ

отврѣсти（動 A1 E -връзѫ, -връзеши）
開ける

отити（動→ ити）отойти

отроковица（名 ja 女）отроковица, 娘

отрокъ（名 o 男）子供、少年

отрочѧ（名 ent 中）子供

отрѣти（動 A3 E отърѫ, отъреши）拭う
　［不定形は отрѣти, отрьти も使われる］

отъ（前）от［部分を表す場合がある。
otъ вина ワインの一部］

отъвести（動→ вести¹）отвести

отъврѣщи（動→ врѣщи）投げ捨てる

отъвѣтъ（名 o 男）ответ, 判決

отъвѣщавати（動 B1 JE -ваѭ,-ваѥши）
答える

отъвѣщати（動 B1 JE -щаѭ, - щаѥши）
答える

отъгънати（動→ гънати）追い出す

отъдати（動→ дати）отдать、赦す

отъдохнѫти（動 C1 NE -нѫ, -неши）от-
дохнуть

отъдꙑхати（動 B1 JE -хаѭ, -хаѥши）от-
дыхать

отъкрꙑвати（動 B1 JE -ваѭ, - ваѥши）
открывать

отъкрꙑти（動→ крꙑти）открыть

отъкѫжда, отъкѫждѣ（副）откуда

отънѫдоу（副）どこから

отънѫждь, отънѫждж（副）決して～ない

отъпасти（動→ пасти¹）倒れる

отъпоустити（動→ поустити）отпустить

отъпоущати（動→ поущати）отпускать

отъпоущениѥ（名 jo 中）отпущение

отъринѫти（動 C2 NE -нѫ, -неши）от-
ринуть

отърѭвати（動 B1 E -рѭвѫ, -рѭвеши）
拒否する

отъскочити（動 B3 I -чѫ, -чиши）飛び上-
がる

отъстѫпити（動→ стѫпити）отступить

отъсѣщи（動→ сѣщи）切り取る

отътръгнѫти（動 C1 NE -нѫ, -неши）
отторгнуть

отъходити（動→ ходити）отходить

отъмещати（動 B1 JE -щаѭ, -щаѥши）

害をおよぼす

отъꙗти（動）= отѧти

отьць（名 jo 男）отец

отьчь（物形 -j）父の

отѧти（動 A4 E отьмѫ, отьмеши）отнять

оцьтъ（名 o 男）酢

оцьтьнꙑи, оцьтѣнꙑи（形硬）酢の

оцѣпенѣти（動 B2 JE -нѣѭ, -нѣеши）麻痺する

очистити（動 B3 I -щѫ, -стиши）очистить

очищениѥ（名 jo 中）очищение, 浄罪

П

Павьлъ（固名 o 男）パウロ，パウロス，パーヴェル

пагоуба（名 a 女）滅亡，破滅

пакость（名 ĭ 女）害

пакꙑ（副）再び

палица（名 ja 女）棒

памѧть（名 ĭ 女）память

пасти¹（動 A1 E падѫ, падеши）пасть

пасти²（動 A1 E пасѫ, пасеши）пасти

пастоухъ（名 o 男）пастух

пасха（名 a 女）пасха

патриархъ（名 o 男）патриарх

Паоулъ（固名 o 男）= Павьлъ

паче（副）むしろ，より多く，さらに

пелена（名 a 女）пелена

Петръ（固名 o 男）ペテロ，ペテロス

пещера（名 a 女）пещера

пещи（動 A2 E пекѫ, печеши）печь
～ сѧ 心を砕く，心配する

пещь（名 ĭ 女）пещь

печаль（名 ĭ 女）печаль

печальнꙑи（形硬）печальный

Пилатъ（固名 o 男）ピラト

пилаць（物形 -j）ピラトの

Пионии（固名 jo 男）ピオニオス

пиръ（名 o 男）пир

писаниѥ, пьсаниѥ（名 o 中）文書，書きもの

писати, пьсати（動 B1 JE -шѫ,-шеши）писать

пити（動 A5 E пиѭ, пиѥши; пьѭ, пькши）[-иѭ, -кши で終わるが，E 語幹動詞。pĭj-eš'i > пиѥши]пить

питомꙑи（形硬）肥えた

пища（名 ja 女）пища

плакати（動 B1 JE плачѫ, плачеши）плакать [сѧ を付して使われるときもある。意味はほぼ同じ]

пламень（名 en 男）[пламꙑ の対格を転用した形→ §218]炎

пламꙑ（名 en 男）炎

племѧ（名 en 中）племя

плести（動 A1 E плетѫ, плетеши）плести

плодити（動 B3 I -ждѫ, -диши）плодить

плодъ（名 o 男）плод

плоути（動 A5 E пловѫ, пловеши）плыть

плѣзати（動 B1 JE плѣжѫ, плѣжеши）ползать

плѣзъкꙑи（形硬）すべりやすい

плънꙑи（形硬）полный

плъть（名 ĭ 女）плоть

пльвати（動 B1 JE плюѭ, плюѥши）плевать

плѣвелъ（名 o 男）毒草

по（前）по

побити（動→ бити）叩く

поболѣти（動→ болѣти）痛みを感じる

побѣда（名 a 女）победа

побѣдити（動 B3 I -ждѫ, -диши）победить

повелѣвати（動 B1 JE -ваѭ, -ваѥши）повелевать

повелѣниѥ（名 jo 中）повеление

повелѣти（動 B2 I -лѭ, -лиши）повелеть

повити（動→ вити）くるむ，包む

поврѣщи（動→ врѣщи）投げる

повѣдати（動→ вѣдати）伝える

повѣдѣти（動→ вѣдѣти）伝える

повѣсити（動 B3 I -шѫ,-сиши）повесить

поганьскꙑи（形硬）異教の

поганꙗти（動 B1 JE -нꙗѭ,-нꙗкши）по-
гонять

погнести（動→ гнести）圧迫する

погребеник, погребеньк（名 jo 中）埋葬

погрести（動 A1 E -гребѫ, -гребеши）＝
погрети

погрети（動→ грети）埋葬する

погразнѫти（動 C1 NE -нѫ, -неши）汚す

погоубити（動 B3 I -блѭ, -биши）погу-
бить

погънати（動→ гънати）急ぐ

погꙑбнѫти（動→ гꙑбнѫти）＝ погꙑ-
нѫти

погꙑбѣльнꙑи（形硬）死の

погꙑнѫти（動 C1 NE -нѫ,-неши）滅ぶ,
死ぬ

подати（動→ дати）подать

подвижати（動 B2 I -жѫ,-жиши）[-ати
で終わるが B2 タイプ動詞。podvigěti ＞
podviž'ati] 動かす

подобати（動 B1 JE -баѭ, -бакши）〜し
なければならない

подобьнꙑи（形硬）подобный

подъ（前）под

подъстьлати（動→ стьлати）下に置く

подъꙗти（動→ ꙗти）поднять

пожрѣти（動→ жрѣти）生贄を捧げる

позлатити（動 B3 I -цѭ, -тиши）金色に
塗る

познати（動 знати）知る，認識する

позорище（名 jo 中）舞台

поити（動→ ити）пойти

показати（動 B1 JE -жѫ,-жеши）показать

покаꙗти сꙗ（動 B1 JE -каѭ,-какши）後
悔する，懺悔する

поклаꙗти（動→ клаꙗти）傾ける
〜 сꙗ 礼をする，拝跪する

поклонити（動 B3 I -нѭ,-ниши）傾ける
〜 сꙗ 礼をする，拝跪する

покорити（動 B3 I -рѭ,-риши）покорить

покрꙑти（動→ крꙑти）покрыть

покꙑвати（動 B1 JE -ваѭ, -вакши）ゆす
る，動かす

покꙑновеник（名 jo 中）命令

полагати（動 B1 JE -гаѭ, -гакши）пола-
гать

положити（動 B3 I -жѫ,-жиши）置く，
〈対〉を〈対〉にする，任じる

полоунощи（副）[полоунощь の生格ない
し処格] 真夜中に

полоунощь（名 ī 女）真夜中

полъ（名 ŭ 男）半分，側　онъ полъ 向
こう側，向こう岸

польꙃа（名 ja 女）[ꙃ は第 3 硬口蓋化で
現れたもの。polĩga ＞ polĩz'a] польза

польꙃьнꙑи（形硬）полезный

полк（名 jo 中）поле

помагати（動 B1 JE -гаѭ, -гакши）помо-
гать

помазати（動 B1 JE -жѫ, -жеши; -заѭ,
-закши）помазать

пометати（動→ метати）投げる

помиловати（動 B1 JE -лоуѭ,-лоукши）
помиловать

помолити（動→ молити）помолить [сꙗ
をともなって使われることもある。意
味はほぼ同じ]

помощи（動→ мощи）помочь

помощь（名 ī 女）помощь

помощьникъ（名 o 男）помощник

Помпии（固名 jo 男）ポンペイウス

помꙑслити（動→ мꙑслити）考える，思
いをいたす

помꙑшлꙗти（動 B1 JE -лꙗѭ, -лꙗкши）
помышлять

помьнити（動 B3 I -нѭ, -ниши）помнить

помьнѣти（動 B2 I -нѭ, -ниши）помнить

помꙗнѫти（動 C2 NE -нѫ, -неши）思い
出す，心に留める

понашати（動 B1 JE -шаѭ, -шакши）非
難する，屈辱を与える〈＋与格〉

поносити（動→ носити）非難する，屈辱

を与える〈＋与格〉

поношати（動 B1 JE -шаж, -шакши）
＝ понашати

поношеник（名 jo 中）中傷，非難

понътъскъи（形硬）ポンティオスの

понѣ（接）なぜなら，せめて，〜のため
に

попалꙗти（動 B1 JE -лꙗж, -лꙗкши）燃
やす

попеци сѧ（動→ пещи）心配する，心を
砕く

попраник（名 jo 中）蹂躙　въ попраник
〈＋生格〉〜に蹂躙される

пораждати сѧ（動 B1 JE -ждаж, -жда-
кши）生まれる

поразити（動 B3 I -жж, -зиши）поразить

поривати（動 B1 JE -важ, -вакши）突く，
押す

поржгати（動→ ржгати）あざける［сѧ
を付して使われる場合もある。意味は
ほぼ同じ］

посвѧтити（動 B3 I -щж, -тиши）посвя-
тить

посвѧтати（動 B1 JE -таж, -такши）
посвятать

посвѧщати（動 B1 JE -щаж, -щакши）
посвящать

послоужити（動→ слоужити）послужить

послоушати（動→ слоушати）послушать

послѣди, послѣдь（副）その後

послѣдьнии（形軟）последний

посрамити（動 B3 I -млж, -миши）по-
срамить

посрамлꙗти（動 B1 JE -лꙗж, -лꙗкши）
посрамлять

поставити（動→ ставити）поставить

поставлꙗти（動 B1 JE -лꙗж, -лꙗкши）
置く

постити сѧ（動 B3 I -щж, -стиши）по-
ститься

постъ（名 o 男）пост

постъидѣти сѧ（動 B2 I -ждж, -диши）

постыдиться

посълати（動→ съłати）послать

посылати（動→ съłати）посылать

посѣтити（動 B3 I -щж, -тиши）посетить

потопити（動 B3 I -плж, -пиши）потопить

потъкнѫти（動 C1 NE -нж, -неши）突き
刺す　〜 сѧ 躓く

похоть（名 i 女）欲望

пощѧдѣти（動 B2 I -ждж, -диши）по-
щадить

починати（動 B1 JE -важ, -вакши）по-
чивать

поꙗсти（動→ ꙗсти）食べる

поꙗти（動→ ꙗти）とる

православьнꙑи（形硬）православный

правꙑи（形硬）正しい，まっすぐな

правьда（名 a 女）правда

правьдьнꙑи（形硬）праведный

праздьновати（動 B1 JE -ноуж, -ноу-
кши）無為に過ごす，祝う

праздьньство（名 o 中）無為，無為な生
活，祝い

прапрѫдъ（名 o 男），прапрѫжда（名 a 女）
紫色の服

прахъ（名 o 男）прах

при（前）при

приближати сѧ（動 B1 JE -жаж,-жакши）
приближаться

приближити сѧ（動 B3 I -жж,-жиши）
приближиться

привести（動→ вести¹）привести

привлѣщи（動→ влѣщи）привлечь

приводити（動→ водити）приводить

привѧзати（動 B1 JE -заж, -закши; -жж,
-жеши）привязать

призъвати（動→ зъвати）призвать

призꙑвати（動 B1 JE -важ, -вакши）
призывать

призьрѣти（動→ зьрѣти）見る，目をむ
ける

примати（動→ имати）принимать

прити（動→ ити）прийти

приклонити（動 B3 I -нѭ, -ниши）傾ける

прикоснѫти сѧ（動 C1 NE -нѭ, -неши）触れる

прикрꙑти（動→ крꙑти）прикрыть

прилагати（動 B1 JE -гаѭ, -гаеши）прилагать

приложити（動 B3 I -жѫ, -жиши）приложить

прилѣпити（動 B3 I -плѭ, -пиши）くっつける

прилѣплꙗти（動 B1 JE -лꙗѭ, -лꙗеши）くっつける

примꙑшлꙗти（動 B1 JE -лꙗѭ, -лꙗеши）考える，思案する

примꙑшлꙗник（名 jo 中）考え，思考

принести（動→ нести）принести

приносити（動→ носити）приносить

приносъ（名 o 男）供物

припасти（動→ пасти²）припасти

приразити сѧ（動 B3 I -жѫ, -зиши）ぶつかる

присно（副）永遠に

приспѣти（動→ спѣти）間に合う

пристѫпити（動→ стѫпити）приступить

притъча（名 ja 女）притча

приходити（動→ ходити）приходить

причисти（動→ чисти）数える，みなす

приꙗти（動→ ꙗти）принять

про（前）про

пробости（動→ бости）突き刺す

провести（動→ вести¹）провести

продати（動→ дати）продать

продаꙗти（動→ даꙗти）продавать

прозирати（動 B1 JE -раѭ, -раеши）見えるようになる

проказьство（名 o 中）狡猾さ，欺瞞

пролити（動→ лити）пролить

пролиꙗти（動 B1 JE -лѣѭ, -лѣеши）注ぐ

промꙑшлꙗник（名 jo 中）思考

проповѣдати（動 → вѣдати）проповедать

пропѧти（動 A4 E -пьнѫ, -пьнеши）架刑に処す，処刑する

пророкъ（名 o 男）пророк

просвьтѣти（動 B2 I -цѭ, -тиши）明らかにする　～ сѧ 輝く，この世に姿を現す

просвѣтити（動 B3 I -цѭ, -тиши）照らす

просвѣщати（動 B1 JE -щаѭ, -щаеши）照らす

просвѣщение（名 jo 中）照らすこと，輝き

просити（動 B3 I -шѫ, -сиши）просить

прославити（動 B3 I -влѭ, -виши）прославить

просльзити（動 B3 I -жѫ, -зиши）泣く，涙を流す［сѧ をともなって使われることもある。意味はほぼ同じ］

прострѣти（動 A3 E -стрѫ, -стрѣши）伸ばす

простъ（形硬）простой

противо（副）反対に（前）против〈＋与格〉

противъ（前）против〈＋与格〉

противьнъ（形硬）противный

противѫ（副）反対に（前）против〈＋与格，生格〉

протѧгнѫти（動 C1 NE -нѫ, -неши）伸ばす

проходити（動→ ходити）проходить

прочитати（動→ читати）読む，読み終える

прьвок（副）第一に［прьвъи の中性形］

прьвъи, прьвꙑи（順数）первый（形）上質の

прьвѣньць（名 jo 男）первенец

прьвѣк（副）第一に［прьвъи の比較級］

прьси（名 複）胸［i 語幹名詞だが，男性ととらえられる場合も，女性ととらえられる場合もある］

прьстень（名 i 男）指輪

прѣ（前）前に〈＋造格〉

прѣбꙑвати（動→ бꙑвати）пребывать

прѣбꙑти（動→ бꙑти）пребыть

прѣгꙑбати（動 B1 JE -баѭ, -баѥши）曲げる

прѣдати（動→ дати）передать 売る

прѣдаꙗти（動→ даꙗти）渡す，売る

прѣдъ, прѣдь（前）перед

прѣдъварити（動→ варити[2]）先んじる，追いつく

прѣдъварꙗти（動→ варꙗти）先んじる，追いつく

прѣдъити（動→ ити）前を行く

прѣдълежати（動→ лежати）前に置いてある

прѣдъреченꙑи（形硬）前述の［прѣдъ-рещи「前に述べる」の受動形動詞過去］

прѣдьнии（形軟）передний

прѣдѣлъ（名 o 男）предел

прѣжде（副）以前に，まず最初に（前）～までに

прѣзорьнꙑи（形硬）傲慢な

прѣзьрѣти（動→ зьрѣти）無視する，ないがしろにする

прѣити（動→ ити）перейти

прѣклонити（動 B3 I -ниѭ, -ниши）傾ける

прѣкрьстити（動→ крьстити）十字を切る

прѣкрьщати（動 B1 JE -щаѭ, -щаѥши）十字を切る

прѣложити（動 B3 I -жѫ, -жиши）переложить, 変える

прѣломити（動 B3 I -млѭ, -миши）переломить

прѣльсть（名 i 女）прелесть, 誘惑

прѣльщати（動 B1 JE -щаѭ, -щаѥши）誘惑する，騙す

прѣльщениѥ（名 jo 中）誘惑, 欺瞞

прѣмощи（動→ мощи）克服する，打ちかつ

прѣподобьнꙑи（形硬）преподобный

прѣпоꙗсати（動 B1 JE -поꙗшѫ, -поꙗше-ши）腰につける

прѣпьрѣти（動 B2 I -пьрѭ, -пьриши）説得する

прѣрѣканиѥ（名 jo 中）反論

прѣстати（動→ стати）перестать

прѣстолъ（名 o 男）椅子

прѣстѫпити（動→ стѫпити）переступить

прѣтварꙗти（動 B1 JE -рꙗѭ, -рꙗѥши）変える

прѣтворити（動 B3 I -рѭ, -риши）変える

прѣтити（動 B3 I -щѫ, -тиши）脅す ～въ себѣ 心配する，心を乱す

прѣторъ, преторъ（名 o 男）（ローマ総督の）官邸

прѣтькнѫти（動→ тькнѫти）あてる，ぶつける

прѣщениѥ（名 jo 中）脅し

прѣчистꙑи（形硬）たいへん清らかな

прꙗмо（副）прямо

прꙗмꙑи（形硬）прямой

псалъмъ（名 o 男）псалом

псалътꙑрь（名 jo 男）псалтырь, псалом

поустити（動 B3 I поущѫ, поустиши）пустить

поустꙑи（形硬）пустой

поустꙑнꙗ, поустꙑнии（名 ja 女）пустыня

поустѣти（動 B2 JE -тѣѭ,-тѣѥши）пустеть

поущати（動 B1 JE -щаѭ, -щаѥши）пускать

пъваниѥ（名 jo 中）期待, 希望

пъпьрище（名 jo 中）舞台，長さの単位（ギリシャ語 στάδιον ＝ 約190メートルの意味で使われる場合と，1マイルを表す場合がある）

пьрѣниѥ（名 jo 中）反対, 反駁

пьцьлъ（名 o 男）松脂

пьшеница（名 ja 女）пшеница

пѣниѥ（名 jo 中）歌, 歌うこと

пѣнѧѕь（名 jo 男）[ѕ は第 3 硬口蓋化で

現れたもの。pēnengŭ > pěnęẑ'i］お金

пѣснь（名 ǐ 女）［пѣснꙗ という形は使われれない］песня

пѣсъкъ（名 o 男）песок

пѣти（動 A5 E поѭ, поѥши）［-ѭ, -ꙗши で終わるが、E 語幹動詞。poĭ-eš'i > poješ'i > поѥши］петь

пѧть（基数）пять

пѧтꙑи（順数）пятый

пѫть（名 ǐ 男）путь

ρ

раба（名 a 女）= рабꙑни

работа（名 a 女）奴隷状態，仕事

работати（動 B1 JE -таѭ, -таѥши）奴隷状態にある，働く

рабъ（名 o 男）раб

рабꙑни（名 ja 女）女奴隷

равьни（形軟）равный

равьнꙑи（形硬）равный

ради（前）ради

радити（動 B3 I -раждь, -радиши）気にする，配慮する

радовати сѧ（動 B1 JE -доуѭ,-доукши）радоваться

радость（名 ǐ 女）радость

раждати（動 B1 JE -ждаѭ, -ждаѥши）産む

раждеци（動 A2 E раждегѫ, раждежеши）［раз-жеци > раждеци］燃やす

разарꙗти（動 B1 JE -рꙗѭ, -рꙗѥши）壊す，破壊する

разбоиникъ（名 o 男）盗人，罪人

разбоудити（動 B3 I -ждь, -диши）разбудить

разварити（動 B3 I -рѭ, -риши）разварить

разварꙗти（動 B1 JE -рꙗѭ, -рꙗѥши）煮る

развръсти（動 A1 E -връзѫ, -връзеши）裂く，割る

развръци（動→ връци）放り投げる，壊す

развѣ（接）разве（前）〜以外〈＋生格〉

разгнѣвати（動 B1 JE -ваѭ, -ваѥши）激怒させる

раздати（動→ дати）раздать

раздаꙗти（動→ даꙗти）раздавать

раздроушениѥ（名 jo 中）［挿入音の д が入った形。この形が規範］разрушение

раздрѣшити（動 B3 I -шѭ, -шиши）［挿入音の д が入った形。この形が規範］разрешить

раздьрати（動→ дьрати）引き裂く

раздѣлити（動 B3 I -лѭ, -лиши）разделить

разжеци（動 A2 E раждегѫ, раждежеши）= раждеци

ризличьнꙑи（形硬）различный

разорити（動 B3 I -рѭ, -риши）壊す，破壊する

разорꙗти（動 B1 JE -рꙗѭ, -рꙗѥши）= разарꙗти

разрѣшити（動 B3 I -рѭ, -риши）= раздрѣшити

разоумъ（名 o 男）разум

разоумѣти（動→ оумѣти）разуметь

рана（名 a 女）рана

рано（副）рано

ранꙑи（形硬）ранний

раскопати（動 B1 JE -паѭ, -паѥши）раскопать

распанѫти（動 C2 NE-нѫ, -неши）倒れる

распонъ（名 o 男）十字架

распространꙗти сѧ（動 B1 JE -нꙗѭ, нꙗѥши）распространяться

распѧти（動 A4 E -пьнѫ, -пьнеши）распять

распѧтиѥ（名 jo 中）распятие

растаꙗти（動 B1 JE -таѭ, -таѥши）растаять

раствариꙗти（動 B1 JE -рꙗѭ, -рꙗѥши）растворять

растворити（動 B3 I -рж, -риши）рас-
творить

растерзати（動 B1 JE -заж, -закши）責
めさいなむ

расти（動 A1 E растж, растеши）расти

расточити（動 B3 I -чж,-чиши）まき散ら
す，蕩尽する

растъ（名 o 男）рост

расхъщати（動 B1 JE -щаж,-щакши）奪
い取る，強奪する

рачити（動 B3 I -чж,-чжиши）望む，渇望
する

ребро（名 o 中）ребро

ремень（名 en 男）[本来の単数主格は
*ремы。対格を主格に転用した形]
ремень

рецити（動 A2 E -кж,-чеши）言う，話す

риза（名 a 女）服

рикнжти（動 C1 NE -нж, -неши）= рък-
нжти

римьскъи（形硬）римский

ринжти сА（動 C2 NE -нж, -неши）рину-
ться

родитель（名 jo 男）[単数形でも使う]
親，父

родити（動 B3 I -ждж, -диши）родить

родьство（名 o 中）誕生 ～ огньнок 地
獄

рождьство, рожьство（名 o 中）рожде-
ство

рожьць（名 jo 男）インゲン豆

роса（名 a 女）роса

Россиа（名 ja 女）Россия

роути（動 A5 E ровж, ровеши）吠える

роуфовъ（物形 -ov）ルフォスの

ръiба（名 a 女）рыба

ръiкнжти（動 C1 NE -нж, -неши）叫ぶ

ръiти（動 A5 JE ръiж, ръiкши）рыть

ржгати（動 B1 JE -гаж, -гакши）罵る，嘲
る[сА をともなって使われることもあ
る。意味はほぼ同じ]

ржка（名 a 女）рука

с

Сава（固名 a 男）サヴァ

савахтани = завахътани

Савинъ（固名 o 男）サヴィノス

Саломи, Саломии（固名 ja 女）[-иа で
終わる ja 語幹軟変化名詞の類型で変
化する]サロメ

самариании（名 o 男, 複 самариане）サ
マリヤ人

самодръжавъи（形硬）独裁の，専制の

Самоилъ, Самоуилъ（固名 o 男）サモイ
ル，サムイル

самъ（指代）сам

санъ（名 o 男）сан

сапогъ（名 o 男）сапог

свекръi（名 er 女）свекровь

свинии（名 ja 女）свиния

свинъи（形硬）豚の

свобаждати（動 B1 JE -ждаж, -ждакши）
解放する，自由にする

свободъи（形硬）自由な

свободьнъи（形硬）свободный

свои（所代）свой

свѣтильникъ（名 o 男）светильник，と
もしび

свѣтити（動 B3 I -щж, -тиши）светить

свѣтъ（名 o 男）свет

свѣтълообразьнъи（形硬）光り輝く

свѣтьлъи（形硬）светлый

свѣща（名 ja 女）свеча

свѣщьникъ（名 o 男）燭台

свАтити（動 B3 I -щж, -тиши）святить

свАтъи（形硬）святой

свАтъiни, свАтъiнй（名 ja 女）святыня

се（小）вот

себе（再代）себя

седмъи（順数）седьмой

седмь（基数）семь

село（名 o 中）畑，村

Серафимъ（固名 o 男）セラフィム

Сергии, Сергие, Сергие（固名 jo 男）セル

155

сестра（名 a 女）сестра

сила（名 a 女）сила

сильнъıи（形硬）сильный

симоновъ（物形 -ov）シモンの

Симонъ（固名 o 男）シモン

симонь（物形 -j）シモンの

синаискъıи（形硬）シナイの

синии（形軟）синий

Сионъ（固名 o 男）シオン

сиць（特代）このような

сквозѣ（前）сквозь

скврьньнѣгадениѥ（名 jo 中）不浄な食物，
不浄なものを食すこと

скврьньнъıи（形硬）скверный

скоро（副）скоро

скръбити（動 B3 I -блж，-биши）［自動
詞 скръбѣти と，現在形は同じ］苦し
める

скръбь（名 i 女）скорбь

скръбѣти（動 B2 I -блж，-биши）［他動
詞 скръбити と，現在形は同じ］苦し
む

слабъıи（形硬）слабый

слава（名 a 女）слава

славити（動 B3 I -влж，-виши）славить

славьнъıи（形硬）славный

сладъкъıи（形硬）сладкий

слово（名 es 中）слово

слоуга（名 a 男）слуга

слоужити（動 B3 I -жж，-жиши）служить

слоути（動 A5 E словж，словеши）〜と呼
ばれる，知られている

слоухъ（名 o 男）слух

слоушати（動 B1 JE -шаж，-шакши）слу-
шать

слъньце（名 jo 中）солнце

слъıшати（動 B2 I -шж，-шиши）［-ати で
終わるが B2 タイプ。slychěti > slyš'ati］
слышать

сльза（名 a 女）слеза

слѣдъ（名 o 男）след

слѣпъıи（形硬）слепой

смокъ（名 ūv 女）イチジク

смрьдѣти（動 B2 I -ждж，-диши）смер-
деть，悪臭を放つ

смъıсльнъıи（形硬）思慮深い

снопъ（名 o 男）сноп

снѣгъ（名 o 男）снег

собота（名 a 女）= сжбота

совати（動 B1 JE сжж，сжкши；соважж，со-
вакши）совать

содомьскъıи（形硬）ソドムの

созиждати（動 B1 JE -ждаж，-ждакши）
作る

соль（名 ī 女）соль

сотона（名 a 男）悪魔

спира（名 a 女）兵士の一群，部隊

спѣти（動 A5 JE спѣж，спѣкши）間に合
う，成功する

спѣшениѥ（名 jo 中）努力，精進

спжд ъ（名 o 男）器

срьдьце（名 jo 中）сердце

срьдьчьнъıи（形硬）сердечный

срѣда（名 a 女）真ん中

ставити（動 B3 I -влж，-виши）ставить

стадии（名 jo 男）長さの単位（ギリシャ
語 στάδιον＝約 190 メートル）

стадо（名 o 中）стадо

старость（名 ī 女）старость

старъıи（形硬）старый

стати（動 A5 E станж，станеши）стать

столъ（名 o 男）стол

стоıати（動 B1 I стож，стоиши）стоять

стражии（集名 jo 男）стражиѥ（集名 jo
中）番兵たち

стражь（名 jo 男）監視

страна（名 a 女）側，国，地方

страньнъıи（形硬）外国の，放浪の

страхъ（名 o 男）страх

страшьнъıи（形硬）страшный

строити（動 B3 I -рож，-роиши）строить

стръгати（動 B1 JE строуждж，строу-
ждеши）ひっかく

стрьмоглавь（副）さかさまに

стрѣщи（動 A2 E стрѣгж, стрѣжеши）警戒する

стоуждни（形軟）＝ цюуждин

стоухнıа（名 ja 女）自然

стьлати（動 B1 JE стелıж, стелеши）стлать

стжпити（動 B 3 I -плıж, -пиши）ступить

соукно（名 o 中）сукно

соухо（名 o 中）陸地

соушити（動 B3 I -шж, -шиши）сушить

соуктьнъın（形硬）空虚な，意味のない

съ（前）с

събирати（動 B1 JE -раıж, -раюши）собирать

съблажнıати（動 B1 JE -нıаıж, -нıаюши）[з が j の影響を受けて ж に変わる。-znjati > -ž'n'jati] 誘惑する, 邪魔する

съблазнити（動 B3 I -жнıж [з が j の影響を受けて ж に変わる。-znjǫ > -ž'n'jǫ], -зниши）誘惑する, 邪魔する

съблюсти（動→ блюсти）соблюсти

събъıти сѧ（動→ бъıти）実現する

събьрати（動→ бьрати）собрать

съвивати（動 B1 JE -ваıж, -ваюши）свивать

съвлѣщи（動→ влѣщи）脱がせる

съврьшати（動 B1 JE -шаıж, -шаюши）совершать

съврьшити（動 B3 I -шж, -шиши）совершить

съврѣщи（動→ врѣщи）投げる

съвѣдати（動→ вѣдати）知る, 認識する

съвѣдѣтель（名 jo 男）свидетель

съвѣдѣтельство（名 o 中）свидетельство

съвѣдѣтельствовати（動 B1 JE -воуıж, -воукши）свидетельствовать

съвѣдѣти（動→ вѣдѣти）知る, 認識する

съвѣтъ（名 o 男）意図, 計画, 忠告

съвѣщати сѧ（動 B1 JE -цıаıж, -цıаюши）協議する

съвѧзати（動 B1 JE -жж, -жеши; -заıж, -заюши）связать

съгорѣти（動 B2 I -рıж, -риши）сгореть

съгрѣшати（動 B1 JE -шаıж, -шаюши）согрешать

съгрѣшити（動 B3 I -шж, -шиши）согрешить

съдравъın（形硬）здоровый

съдѣлати（動 B1 JE -лаıж, -лаюши）сделать

съжещи（動→ жещи）сжечь

съзидати（動 B1 JE -даıж, -даюши）建てる

съзьдати（動 B1 JE -зиждж, -зиждеши）建てる

съказати（動 B1 JE -жж, -жеши; -заıж, -заюши）説明する, 意味を言う

съказаıемъın（形硬）[съказати の受動分詞現在] ～と呼ばれる

съконьчати（動→ коньчати）終える ～ сѧ 死ぬ

съкровище（名 jo 中）сокровище

съкроушати（動 B1 JE -шаıж, -шаюши）сокрушать

съкроушеник（名 jo 中）сокрушение

съкроушити（動 B3 I -шж, -шиши）сокрушить

съкръıвати（動 B1 JE -ваıж, -ваюши）скрывать

съкръıти（動 → кръıти）скрыть

съıлазити（動→ лазити）降りる

сълати（動 B1 JE сълıж, сълкши [л は j の影響を受けない→補説 7]）слать

сълоучати сѧ（動 B1 JE -чаıж, -чаюши）случаться, たまたま～する

сълъгати（動→ лъгати）солгать

съмирити（動 B3 I -рıж, -риши）смирить

съмирıати（動 B1 JE -рıаıж, -рıаюши）смирять

съмиркник（名 jo 中）平和, 和解

съмиркнъın（形硬）[съмирити の受動

157

分詞過去〕穏やかな

съмотрити（動 B3 I -цⷺрⷭ̑ж〔т が j の影響
で ⷰ に変わる。sūmotrjǫ > sūmošt'rjǫ〕,
-триши）смотреть

съмотрⷮ̑ꙗти（動 B1 JE -рⷺꙗж, -рⷺꙗкши）
＝ съмоⷰрⷮ̑ꙗти

съмоⷰрⷮ̑ꙗти（動 B1 JE -рⷺꙗж, -рⷺꙗкши）
〔т が j の影響で ⷰ に変わる。sūmotrjati >
sūmošt'rjati〕見る

съмрⷮ̑ть（名 ī 女）смерть

съмьнⷮ̑ти сⷶ, сⷪмьнⷮ̑ти сⷶ（動 B2 I
-нⷺж, -нⷺнши）疑う, 迷う

съмⷮ̑ркⷩнⷨк（名 jo 中）服従

съмⷯⷰꙗти（動 B1 JE -ⷰꙗж, -ⷰꙗкши）
смущать

сънабъдⷮ̑ти（動 B2 I -ждⷪж, -диши）守
る, 注意する

сънизⷩⷮ̑ти（動 B3 I -жⷪ, -зиши）снизить

сънⷮⷮⷮти（動→ ⷮⷮⷮти）сойти 〜 сⷶ 集まる

сънъ（名 о 男）сон

съньмиⷰе（名 jo 中）集会, 集会場, （ユ
ダヤ教の）シナゴーグ

сънⷮ̑дати（動 B1 JE -даⷺж, -дакши）食
べる

сънⷮ̑сти（動→ ⷮ̑сти）съесть

сънⷶти（動 A4 E сънⷺмⷪ, сънⷺмⷪⷺши）
снять 〜 сⷶ 集まる

съпасати（動 B1 JE -саⷺж, -сакши）спа-
сать

съпасⷩⷩⷩⷩⷩ（名 jo 中）спасение

съпаситⷮⷮⷮⷭ̑（名 jo 男）救済者

съпасти（動→ пасти²）спасти

съпасъ（名 о 男）救い

съпати（動 B1 I съпⷪⷺж, съпиши）спать

съплⷮⷮⷮти（動→ плⷮⷮⷮти）編む

съпрⷶⷮⷮти（動 B1 JE -таⷺж, -такши）非
難する, 邪魔する

съпⷮ̑ти（動→ пⷮ̑ти）спеть

сърⷮⷮсти（動 A1 JE -рⷶⷰⷪⷪ, -рⷶⷰеши）出
会う

съставити（動→ ставити）составить

съсⷪⷪⷭ̑（名 о 男）道具

сътворити（動→ творити）創る

сътворⷩ̑нⷨк（名 jo 中）сотворение

сътеⷰⷮ̑ сⷶ（動→ теⷰⷩⷩ）集まる

съто（基数）сто

сътрⷪⷪⷮ̑ти（動→ трⷪⷪⷮ̑ти）стерпеть

сътрⷮ̑ти（動 A3 E -тⷪⷪж, -тⷪⷪⷮ̑ши）ばら
ばらにする 〔不定形は сътрⷪⷪ̑ти も用
いられる〕

сътⷪⷪⷪти（動→ тⷪⷪⷪти）伝える

сътⷪⷩⷩⷩⷩ（名 о 男）百人隊長

сътⷪⷩⷩⷩ̑（順数）сотый

сътⷮ̑ⷷати（動 B1 JE -ⷷаⷺж, -ⷷакши; -жⷪ,
-жⷺⷺⷺⷺ）〔ⷷ は第 3 硬口蓋化で現れたも
の。sūtengati > sūtęgati > sūtęz'ati〕試練
を与える 〜 сⷶ 苦しむ

сътⷪжати（動 B1 JE -жаⷺж, -жакши）圧
力を加える

съхнⷪⷮ̑ти（動 C1 NE -нⷪж, -нⷺⷺⷺ）сохнуть

съходити（動→ ходити）сходить

съхранити（動→ хранити）сохранить

съⷪⷪⷪати（動 B1 JE -лаⷺж, -лакши）送る

сⷪⷩⷩⷪ（名 ŭ 男）сын

сь（指代）この

сⷪⷩде（副）ここに

сⷪⷩⷩⷩⷩⷩ（名 о 中）серебро

сⷮ̑верⷪ（名 о 男）север

сⷮ̑дⷮ̑ти（動 B2 I -ждⷪж, -диши）сидеть

сⷮ̑мо（副）こちらへ

сⷮ̑мⷶ（名 en 中）семя

сⷮ̑сти（動 A1 E сⷶⷪдⷪ, сⷶдеши）сесть

сⷮ̑ть（名 ī 女）сеть

сⷮ̑ⷰⷩ（動 A2 E сⷮ̑кⷪж, сⷮ̑ⷰⷩⷩⷩ）сечь

сⷮ̑ⷮ̑ати（動 B1 JE сⷮ̑ⷺж, сⷮ̑ⷺкши）сеять

сⷶⷮⷪ（小）直接話法を表す語（現代ロシ
ア語の говорит, мол, дескать などと同
じで, 挿入語として使われる）

сⷪбота（名 а 女）, сⷪбⷪⷮⷪ（名 о 男）
суббота, 休み

сⷪдити（動 B3 I -ждⷪж, -диши）судить
〈＋与格〉

сⷪдиⷰе（名 jo 中）裁きの場

сⷪдⷪ（副）сюда

сѫдъ（名 o 男）суд
сѫдьнꙑи（形硬）裁きの
сѫдѣ, сѫдꙋ（副）= сѫдоу
сѫкатꙑи（形硬）ごつごつした
сѫмьнѣти（動 B2 I -нѭ, -нишн）疑う
сѫпротивити сѧ（動 B3 I -влѭ, -вншн）抵抗する, 反対する
сѫпротивьникъ（名 o 男）敵対者, 敵
сѫпьрь（名 jo 男）敵対者, 敵

Т

таи（副）密かに
таина（名 a 女）тайна
таинꙑи（形硬）тайный
тако（副）そのように
таковъ（指代）そのような
такожде（副）同様に
такъ（指代）そのような
тамо（副）там
Танеосъ（固名 o 男）タニス
тать（名 ĭ 男）тать
тварь（名 ĭ 女）生き物
твои（所代）твой
творити（動 B3 I -рѭ, -рншн）する, 作る
тврьдость（名 ĭ 女）твёрдость
тврьдꙑи（形硬）твёрдый
тельць（名 jo 男）телец
телѧ（名 ent 中）телёнок
темьница（名 ja 女）= тьмьница
теплꙑи（形硬）тёплый
Терентни（固名 jo 男）テレンティウス
тети（動 A1 E тепѫ, тепешн）打つ
тетъка（名 a 女）女, 娘
тещи（動 A2 E текѫ, течешн）走る, 急ぐ, 流れる
течениѥ（名 jo 中）течение
Тиверни（固名 jo 男）チベリウス
тинь（名 ĭ 女）紐, 鞭
тихꙑи（形硬）тихий
тлѣщи（動 A2 E тлькѫ, тлъчешн）打つ

тогда（副）= тъгда
тожде（副）тоже
токъмо（副）только
толико, только（副）только
толикъ（指代）それほどの
тольма（副）только それほどに
Тома（固名 a 男）トマス
томитель（名 jo 男）迫害者
топлꙑи（形硬）= теплꙑи
трапеза, трепеза（名 a 女）（教会内の）食事
трепетати（動 B1 JE -щѭ, -щешн）震える, 恐れる
третии（順数）третий
третицеѭ（副）三度目に
три（基数）[中性, 女性に用いる] три
трик（基数）[男性に用いる] три
троудъ（名 o 男）труд
трьновъ（物形 -ov）茨の
трьнъ（名 o 男）茨
трьнѣнꙑи（形硬）茨の
трьпѣник（名 jo 中）терпение
трьпѣти（動 B2 I -плѭ, -пишн）терпеть
трьсть（名 ĭ 女）葦の茎
трьзѫбьць（名 jo 男）三またの槍
трьк（基数）= трик
трѣбовати（動 B1 JE -боуѭ, -боукшн）требовать
трѣва（名 a 女）трава
трѧсавица（名 ja 女）悪寒
трѧсти（動 A1 E -сѫ, -сешн）трясти
трѫдъ（名 o 男）= троудъ
трѫсъ（名 o 男）揺れ, 振動
тоу（副）そこに
тоук（副）ただで, 無料で
тъ（指代）тот
тъгда（副）тогда
тъкати（動 B1 E -кѫ, -чешн）押す, 織る [補遺⑤参照]
тъкнѫти（動 C1 NE -нѫ, -нешн）触れる
тъкъмо（副）только
тꙑ（人代）ты

159

тъісѧца, тъісѧщи, тъісѧцѩ, тъісѧщи（基数）[基数詞だが，а語幹軟変化女性名詞扱い] тысяча

тьма（名 a 女）闇，一万

тьмьница（名 ja 女）監獄，牢

тьмьничьнъіи（形硬）監獄の

тьсть（名 ĭ 男）тесть

тѣло（名 es 中）тело

тѣрѩти（動 B1 JE -рѩѫ, -рѩкши）терять

тѫдꙗ, тѫдѣ（副）туда

тѫжити（動 B3 I -жѫ, -жиши）苦しむ，悲しむ

оу

оу¹（前）у

оу²（副）уже　не оу еще не

Оуалерии（固名 jo 男）ワレリアヌス

оубивати（動 B1 JE -ваѭ, -ваѥши）убивать

оубити（動→ бити）убить

оубо（小）じっさい

оубогъіи（形硬）貧しい

оубоꙗти сѧ（動→ богати сѧ）恐れる

оуброусъ（名 o 男）スカーフ

оубѣдити（動 B3 I -ждѫ, -диши）強制する，説得する

оубѣжати（動→ бѣжати）убежать

оува, оувъва（間）ああ

оувидѣти（動→ видѣти）увидеть

оувѣдѣти（動→ вѣдѣти）知る

оувѣщати（動 B1 JE -щаѭ, -щаѥши）説得する，納得させる

оуготовати（動 B1 JE -ваѭ, -ваѥши）準備する

оуготовити（動 B3 I -влѭ, -виши）準備する

оударити（動 B3 I -рѭ, -риши）ударить

оударꙗти（動 B1 JE -рꙗѭ, -рꙗѥши）ударять

оудоблꙗти（動 B1 JE -лꙗѭ, -лꙗѥши）打ち負かす，制圧する〈＋与格〉

оудолѣти（動 B2 JE -лѣѭ, -лѣѥши）満足させる〈＋与格〉

оудръжати（動→ дръжати）удержать

оудъ（名 o 男）体の各部分，五臓六腑

оужасати（動 B1 JE -саѭ, -саѥши）脅す，怯えさせる

оужаснѫти сѧ（動 C1 NE -нѫ, -неши）震え上がる

оуже（小）уже

оуза（名 a 女），оузо（名 o 中）鎖，枷

оузьрѣти（動→ зьрѣти）目にとめる

оукрасити（動 B3 I -шѫ, -сиши）украсить

оукрои（名 jo 男）布，衣

оукръіти（動→ кръіти）укрыть

оукрѣпити（動 B3 I -плѭ, -пиши）укрепить

оумолити（動→ молити）頼む，請う

оуморити（動 B3 I -рѭ, -риши）殺す，破壊する

оумочити（動 B3 I -чѫ, -чиши）濡らす

оумрѣти（動→ мрѣти）умереть

оумоудити（動 B3 I -ждѫ, -диши）留まる，滞在する

оумъ（名 o 男）ум

оумъножити（動 B3 I -жѫ, -жиши）умножить

оумъіти（動→ мъіти）умыть

оумѣти（動 B2 JE оумѣѭ, оумѣѥши）уметь

оумждити（動 B3 I -ждѫ, -диши）＝ оумоудити

оумждрити（動 B3 I -ждрѭ [д が j の影響を受けて，жд に変わる。umdrjǫ > umžd'r'jǫ], -дриши）умудрить

оупитик（名 jo 中）酪酊

оупитѣньнъіи（形硬）肥えた

оупитѣти（動 B2 JE -тѣѭ, -тѣѥши）食べさせる

оуплатити（動 B3 I -щѫ, -тиши）уплатить

оуповати（動 B1 JE -ваѭ, -ваѥши）期待する

оуподобити（動 B3 I -блѭ, -биши）уподобить

оупотрѣбити（動 B3 I -блж, -биши）употребить

оупразнити（動 B3 I -жнж［з が j の影響を受けて，ж に変わる。upraznjǫ > upraž'n'jǫ］, -зниши）解放する，破壊する

оурѣзати（動 B1 JE -жж, -жеши）切り取る

оуслышати（動→ слышати）услышать

Оѵсоровъ（固名 o 男）ソロヴォス

оуспѣти（動→ спѣти）успеть

оусрѣдие（名 jo 中）усердие，努力

оуста（名 o 中複）уста

оуставити（動 B3 I -влж, -виши）уставить

оустрьмлꙗти сѧ（動 B1 JE -лꙗж, -лꙗкши）努力する，邁進する

оусънѫти（動 C2 NE -нж, -неши）уснуть

оусъпение（名 jo 中）眠り，死

оусѣщи（動→ сѣщи）切り取る

оутапати（動 B1 JE -паж, -пакши）溺れる

оутврьдити（動 B3 I -ждж, -диши）утвердить

оутолити（動 B3 I -лж, -лиши）утолить

оутомити（動 B3 I -млж, -миши）утомить

оутомлꙗти（動 B1 JE -лꙗж, -лꙗкши）утомлять

оутонѫти（動 C2 NE -нж, -неши）утонуть

оутрьни（形軟）朝の，翌日の

оутро（名 o 中）утро

оутроба（名 a 女）= жтроба

оутѣшати（動 B1 JE -шаж, -шакши）утешать

оутѣшити（動 B3 I -шж, -шиши）утешить

оухапати（動 B1 JE -паж, -пакши）打つ，叩く

оухо（名 es 中）ухо

оученикъ（名 o 男）ученик

оучитель（名 jo 男）учитель

оучити（動 B3 I -чж, -чиши）учить
～ сѧ учиться

ф

Фараонъ（固名 o 男）ファラオ

фараонь（物形 -j）ファラオの

фарисѣи（名 jo 男）パリサイ人

фарисѣовъ（物形 -ov）パリサイ人の

Фриканъ（固名 o 男）アフリカヌス

Фоуртоунатиꙗнъ（固名 o 男）フルトゥナティアヌス

х

хвала（名 a 女）称賛

хвалити（動 B3 I -лж, -лиши）хвалить

хвалкние（名 jo 中）称賛

Херовимъ（固名 o 男）ケルビム

хлѣбъ（名 o 男）хлеб

ходити（動 B3 I -ждж, -диши）ходить

хорѫгꙑ（名 ūv 女）旗，軍旗

хотѣти（動 B2 JE -хощж, -хощеши）［第 1 変化の類型はない］хотеть

храмина（名 a 女）家，建物

храмъ（名 o 男）храм

хранити（動 B3 I -нж, -ниши）хранить

хрисостовъ（物形 -ov）キリストの

христовъ（物形 -ov）キリストの

Христосъ, Христъ（名 o 男）キリスト

хромꙑи（形硬）хромой

хрьбьтъ（名 o 男）хребет，背中

хоудꙑи（形硬）худой

хоуждни（形軟）［хоудꙑи（悪い）の比較級］より悪い

хоула（名 a 女）誹り，罵り

хоулити（動 B3 I -лж, -лиши）誹る，罵る

хꙑзина（名 a 女）庵

хꙑщьникъ（名 o 男）盗賊

щ

щедрота（名 a 女）щедрота

щитъ（名 o 男）щит

щоуждии（形軟）чужой

ц

царь（名 jo 男）皇帝［цѣсарь の短縮形］

цвисти（動 A1 E цвьтѫ, цвьтеши）цвести

црькъвиште（名 jo 中）異教の教会

црькъвьныи（形硬）церковный

црькы（名 ūv 女）церковь

цѣловати（動 B1 JE -лоуѭ, -лоуѥши）挨拶する

цѣлыввати（動 B1 JE -ваѭ, -ваѥши）挨拶する

цѣсарь[1]（名 jo 男）皇帝

цѣсарь[2]（物形 -j）皇帝の

цѣсарьствиѥ（名 o 中）治世

цѣсарьство（名 o 中）帝国，御国

цѣсарьствовати（動 B1 JE -воуѭ, -воу-ѥши）支配する〈＋与格〉，皇帝の位にある

ч

чародѣи（名 jo 男）猛獣使い，妖術

часъ（名 o 男）час

чаꙗниѥ（名 jo 中）期待

чело（名 o 中）чело

четврътыи（順数）четвёртый

четврѣдьневьныи（形硬）4 日目の

четыре（基数）［男性に使う］четыре

четыри（基数）［中性，女性に使う］четыре

чии（所代）чей

число（名 o 中）число

чисти（動 A1 E чьтѫ, чьтеши）みなす，読む，敬う

чистыи（形硬）чистый

читати（動 B1 JE -таѭ, -таѥши）みなす，読む，敬う

чловѣколюбиѥ（名 jo 中）人を愛する心

чловѣколюбьць（名 jo 男）人を愛するもの

чловѣкъ（名 o 男）человек

чловѣчь（物形 -j）人間の

чловѣчьскыи（形硬）человеческий

чрѣво（名 o 中）体

чрѣзъ（前）через

чоудесьныи（形硬）чудесный

чоудити сѧ（動 B3 I -ждѫ, -диши）驚く

чоудо（名 es 中）чудо

чоудьныи（形硬）чудный

чоути（動 A5 JE чоуѭ, чоуѥши）感じる

чьи（所代）＝ чии

чьсть（名 ĭ 女）честь

чьстьныи（形硬）честный

чьто（疑代）что

чадо（名 o 中）子供

частыи（形硬）частый

часть（名 ĭ 女）часть

ш

шестокрилатыи（形硬）六つの羽をもった

шестыи（順数）шестой

шесть（基数）шесть

шоуи（形軟）［本来は男性 шоуи，中性 шоуѥ，女性 шоуꙗ。語尾の母音が落ちた形で使われる］左の　о шоуѭ 左手に

ю

юза（名 a 女）＝ оуза

юже（副）уже

юность（名 ĭ 女）юность

ꙗ

ꙗ（人代）она

ѩвити（動 B3 I ѩвлѭ, ѩвиши）＝ авити
ѩко（接）〜のように
ѩсли（名 ī 女複）厩
ѩсти（動無）есть
ѩхати（動 B1 E ѩдѭ, ѩдеши）ехать

Ѥ

ѥ（人代）оно
ѥгда（接）そのとき
ѥда（接）そのとき
ѥдинодоушиѥ（名 jo 中）единодушие
ѥдинъ, ѥдьнъ（基数 中性 ѥдино, ѥдьно, 女性 ѥдина, ѥдьна）один
ѥже（接）〜のために
ѥзеро（名 o 中）озеро
ѥлень（名 en 男）[本来の単数主格は *ѥлы。対格が主格に転用された形] олень
ѥликъ（指代）それほどの
Ѥрсалимъ（固名 o 男）エルサレム
ѥсень（名 ī 女）осень
ѥстьство（名 o 中）естество
ѥще（副）еще

Ѫ

ѫгълъ（名）угол
ѫже（名 jo 中）縄
ѫродивъıн（形硬）無知な, 愚かな

ѫродьнъıн（形硬）無知な, 愚かな
ѫродьство（名 o 中）無知, 蒙昧
ѫтроба（名 a 女）утроба
ѫтрьѭдоу, ѫтрьѭдѣ（副）内部は, 内面は

Ѩ

ѩдро（副）すばやく
ѩдръıн（形硬）速い
ѩзъıкъ（名 o 男）язык, 異邦人
ѩти（動 A4 E имѫ, имеши）取る

Ѱ

ѱалъмъ（名 o 男）＝ псалъмъ
ѱалътъırь（名 jo 男）＝ псалътъırь

Ѳ

Ѳекъла（固名 a 女）テクラ
Ѳеодора（固名 a 女）テオドラ
Ѳеодоръ（固名 o 男）テオドルス
Ѳесалоникъ（固名 o 男）テッサロニキ

Ѵ

ѵпокритъ（名 o 男）偽善者

著者について——
原求作（はらきゅうさく）　1954 年，鎌倉市に生まれる。専攻，
ロシア語学，ロシア語史。

古代教会スラヴ語入門【選文集】奥付
著者原求作
発行者鈴木宏
発行所株式会社水声社
東京都文京区小石川 2-7-5　郵便番号 112-0002
電話 03-3818-6040　fax03-3818-2437
［編集部］横浜市港北区新吉田東 1-77-17　郵便番号 223-0058
電話 045-717-5356　fax045-717-5357
郵便振替 00180-4-654100
URL：http://www.suiseisha.net
印刷・製本モリモト印刷
ISBN：978-4-8010-0746-8
第 1 版第 1 刷……2023 年 11 月 15 日印刷　2023 年 11 月 25 日発行

ロシア文法の要点

初級のロシア語文法を終えた学習者を対象にした，古今の様々なテクストからの豊富な例文をまじえた中級レベルのロシア語文法書。これまで存在しなかった，日本人による日本人のためのロシア語中級文法の決定版。　　　　4000 円

ロシア語動詞の構造

旧来しばしば行なわれてきた動詞分類の方法のある種の便宜主義，「覚えさせるための整理」といった方法を避け，動詞の「構造」を理解することにより「ロシア語動詞」をより深く学習するための一冊。　　　　3500 円

ロシア語の体の用法

ロシア語の動詞範疇のなかでも初学者にとってとりわけ難解とされる「完了体」と「不完了体」の使い分け方，その意味，用法を，懇切丁寧にときあかす総合的な概説書。「体」の問題への親しみやすく画期的な入門書。　　　　3000 円

ロシア語の体の用法【練習問題編】

ロシア語文法の難所「〈体〉の用法」を親しみやすい解説で論じた『ロシア語の体の用法』の続編＝練習問題編。初級から応用まで，幅広いレベルに対応する練習問題によってロシア語特有の表現の修得を目指す実践的問題集。　　2500 円

ロシア語の運動の動詞

従来，まとまったかたちで論じられることのほとんどなかった〈ロシア語の運動の動詞〉の用法を，語用論の観点からの理論的な説明をもまじえつつ詳述する。本邦初の〈運動の動詞〉についての包括的概説書。　　　　3000 円

ロシア語史講話

ロシア語の歴史を印欧諸語，スラヴ諸語の歴史のなかに位置づけるとともに，とりわけ現代ロシア語との関連の面で重要なトピックスを中心に平易に論じた，ロシア語歴史文法への読んで楽しめる入門書。　　　　5000 円

共通スラヴ語音韻論概説

個々の方言に分化せず同一性を保っていた時代のスラヴ語＝共通スラヴ語の音韻構造の概要を，現代ロシア語のよりよき理解のために，専門的な議論には立ち入らず，主として現代ロシア語との関係の中でときあかす。　　　　4500 円

古代教会スラヴ語入門

全てのスラヴ文章語の母体となった言語である古代教会スラヴ語の文法を，ロシア語との関連に重点をおいて詳述する。多数の例文を付した親しみやすい解説による決定版入門書。　　　　6000 円

［価格はすべて税別］